U0949331

主　　编　曹士兵　国家法官学院副院长
副 主 编　关　毅　国家法官学院科研部主任
　　　　　刘　畅　国家法官学院科研部副主任
主编助理　边疆戈　国家法官学院科研部编辑
　　　　　苏　烽　国家法官学院科研部编辑

《中国法院年度案例》编辑人员（按姓氏笔画）
边疆戈　关　毅　刘　畅　苏　烽　孟　军
罗胜华　赵丽敏　徐一楠　唐世银　曹士兵
曹海荣　梁　欣　程　瑛

本书编审人员　程　瑛

中国法院

2017年度案例

国家法官学院案例开发研究中心◎编

道路交通纠纷

中国法制出版社
CHINA LEGAL PUBLISHING HOUSE

《中国法院年度案例》通讯编辑名单

刘书星 北京市高级人民法院
刘晓虹 北京市高级人民法院
王　婧 天津市高级人民法院
王　磊 山东省高级人民法院
王　佳 河北省高级人民法院
马　磊 河南省高级人民法院
塔　娜 内蒙古自治区高级人民法院
张艳琪 黑龙江省高级人民法院
李慧玲 吉林省高级人民法院
邢　丹 辽宁省高级人民法院
周文政 辽宁省高级人民法院
陆　齐 上海市高级人民法院
马云跃 山西省高级人民法院
孙烁犇 江苏省高级人民法院
戴鲁霖 江苏省高级人民法院
沈　杨 江苏省南通市中级人民法院
周耀明 江苏省无锡市中级人民法院
胡　媛 江西省高级人民法院
黄金波 湖北省宜昌市中级人民法院
唐　竞 湖南省高级人民法院
庞　梅 安徽省高级人民法院
赵晓利 安徽省高级人民法院
杨　治 浙江省高级人民法院
李相如 福建省高级人民法院
李春敏 福建省高级人民法院
李文亮 广东省高级人民法院
贺利研 广西壮族自治区高级人民法院
唐　洁 广西壮族自治区高级人民法院
李周伟 海南省高级人民法院
豆晓红 四川省高级人民法院
游中川 重庆市高级人民法院
尤　青 陕西省高级人民法院
马小莉 陕西省高级人民法院
施辉法 贵州省贵阳市中级人民法院
陈　薇 云南省高级人民法院
冯丽萍 云南省昆明市中级人民法院
白　皓 云南省昆明市中级人民法院
石　燕 新疆维吾尔族自治区高级人民法院
王　琼 新疆维吾尔族自治区高级人民法院生产建设兵团分院
韦　莉 青海省高级人民法院
孙启英 青海省高级人民法院

序

法律的生命在于实施，而法律实施的核心在于法律的统一适用。《中国法院年度案例》丛书出版的价值追求，即是公开精品案例，研究案例所体现的裁判方法和理念，提炼裁判规则，为司法统一贡献力量。

《中国法院年度案例》丛书，是国家法官学院于2012年开始编辑出版的一套大型案例丛书，之后每年年初定期出版，由国家法官学院案例开发研究中心具体承担编辑工作。此前，该中心坚持20余年连续不辍编辑出版了《中国审判案例要览》丛书近90卷，分中文版和英文版在海内外发行，颇有口碑，享有赞誉。现在编辑出版的《中国法院年度案例》丛书，旨在探索编辑案例的新方法、新模式，以弥补当前各种案例书的不足。该丛书2012～2016年已连续出版5套，一直受到读者的广泛好评，并迅速售罄。为更加全面地反映我国司法审判的发展进程，顺应审判实践发展的需要，响应读者需求，2014年度新增3个分册：金融纠纷、行政纠纷、刑事案例。2015年度将刑事案例调整为刑法总则案例、刑法分则案例2册。2016年度新增知识产权纠纷分册。现国家法官学院案例开发研究中心及时编撰推出《中国法院2017年度案例》系列，新增执行案例分册，共21册。

总的说来，当前市面上的案例丛书是百花齐放，既有判决书网，可以查询各地、各类的裁判文书，又有各种专门领域的案例书籍汇编，以及各种案例指导、参考案例等读物，十分活跃，也各具特色。而我们的《中国法院年度案例》丛书则试图把案例书籍变得“好读有用”，故在编辑中坚持以下方法：一是高度提炼案例内容，控制案例篇幅，每个案例基本在3000字以内；二是突出争议焦点，剔除无效信息，尽可能在有限的篇幅内为读者提供有效、有益的信息；三是注重对案件裁判文书的再加工，大多数案例由案件的主审法官撰写“法官后语”，高度提炼、总结案例的指导价值。

同时，《中国法院年度案例》丛书还有以下特色：一是信息量大。国家法官学院案例开发研究中心每年从全国各地法院收集到的上一年度审结的典型案例超过10000件，使该丛书有广泛的选编基础，可提供给读者新近发生的全国各地的代表性案例。二是方便检索。为节约读者选取案例的时间，丛书分卷细化，每卷下还将案例主要根据案由分类编排，每个案例用一句话概括裁判规则、裁判思路或焦点问题作为主标题，让读者一目了然，迅速找到需求目标。

中国法制出版社始终坚持全力支持《中国法院年度案例》的出版，给了作者和编辑们巨大的鼓励。我们在此谨表谢忱，并希望通过共同努力，逐步完善，做得更好，真正探索出一条编辑案例书籍的新路，更好地服务于学习、研究法律的读者，服务于社会，服务于国家的法治建设。

本丛书既可作为法官、检察官、律师等司法实务工作人员的办案参考和司法人员培训推荐教程，也是社会大众学法用法的极佳指导，亦是教学科研机构案例研究的精品素材。当然，案例作者和编辑在编写过程中也不能一步到位实现最初的编写愿望，可能会存在各种不足，甚至错误，欢迎读者批评指正，我们愿听取建议，并不断改进。

目　录

Contents

一、交通事故中的主体问题

二、交通事故中的责任认定

三、交通事故损害赔偿

四、交通事故保险理赔

一、交通事故中的主体问题

1

车辆出卖未办理过户手续，原车主是否应对机动车发生交通事故致人损害承担赔偿责任

——黄珍诉陈文墨、苏清祥机动车交通事故责任案

【案件基本信息】

1. 裁判书字号

福建省厦门市翔安区人民法院（2015）翔民初字第779号民事裁决书

2. 案由：机动车交通事故责任纠纷

3. 当事人

原告：黄珍

被告：陈文墨、苏清祥

【基本案情】

2014年11月1日18时许，被告陈文墨驾驶闽DD8221号轻型普通货车搭载原告黄珍及案外人黄某糖沿翔安区413线由北往南行驶至古宅村路段弯道翻车，造成原告黄珍、案外人黄某糖受伤和货车及货车所载蔬菜损坏的后果。2014年11月7日，厦门市公安局交警支队翔安大队对该事故作出第3502132201400363号道路交通事故认定书，认定被告陈文墨负事故的全部责任，黄珍、黄某糖均不负事故的责任。事故发生后，原告黄珍即被送往厦门市第三医院治疗，于2014年12月22日出院，期间共住院治疗51天。原告黄珍的伤情经鉴定被评定为七级附加十级伤残，

后续取内固定物的费用约为9000元。另查明，闽DD8221号轻型普通货车的登记所有人系被告苏清祥，实际所有人系被告陈文墨，该车系被告陈文墨向被告苏清祥购买所得，但未办理过户手续。

【案件焦点】

本案争议的焦点在于：被告苏清祥作为闽DD8221号轻型普通货车的原所有人，是否应当对原告黄珍因本起交通事故所造成的合理损失承担赔偿责任。

【法院裁判要旨】

福建省厦门市翔安区人民法院经审理认为：本案系因交通事故引发的损害赔偿的侵权法律关系，当事人应当按照各自的过错承担损害赔偿责任。本案中，被告陈文墨驾驶闽DD8221号普通货车搭载原告黄珍及案外人黄某糖在翔安区古宅村路段事故弯道翻车，造成原告黄珍及案外人黄某糖受伤，该事故经交警部门作出责任认定，被告陈文墨负事故的全部责任。故原告黄珍因该事故所造成的合理损失应由被告陈文墨承担赔偿责任。被告陈文墨主张其受雇于郭瑞荣、洪春晓、郭清池、郭志强四人，涉案事故系在其履行职务期间所发生，认为原告黄珍的损失应由郭瑞荣、洪春晓、郭清池、郭志强四人承担赔偿责任，但未提交任何证据予以佐证，故被告陈文墨的该项抗辩意见缺乏相应的事实依据，法院不予采纳。至于原告黄珍要求被告苏清祥承担共同赔偿责任的诉讼请求，被告苏清祥辩称，其于2009年以60000元的价格将闽DD8221号轻型普通货车转让给被告陈文墨，但未办理相关的过户手续，并提供被告陈文墨在厦门市公安局交警支队翔安大队所作的询问笔录。法院认为，被告陈文墨在厦门市公安局交警支队翔安大队所作的询问笔录系其真实意思表示，庭审过程中，被告陈文墨也当庭确认闽DD8221号轻型普通货车系其向被告苏清祥购买所得，但未办理车辆过户登记手续，故应认定被告苏清祥与被告陈文墨之间的车辆买卖合同关系合法有效。根据《中华人民共和国侵权责任法》第五十条之规定："当事人之间已经以买卖等方式转让并交付机动车但未办理所有权转移登记，发生交通事故后属于该机动车一方责任的，由保险公司在机动车强制保险责任限额范围内予以赔偿。不足部分，由受让人承担赔偿责任。"故原告黄珍主张被告苏清祥承担赔偿责任的诉讼请求，缺乏相应的法律依据，法院不予支持。厦门市翔安区人民法院认定原告黄珍因事故造成的合理损失504538.21元，应由被告陈文墨承担赔偿责任。

福建省厦门市翔安区人民法院依照《中华人民共和国侵权责任法》第六条第一款、第十六条、第四十八条、第五十条，《中华人民共和国道路交通安全法》第七十六条，《中华人民共和国民事诉讼法》第六十四条第一款之规定，判决如下：

一、被告陈文墨应于本判决发生法律效力之日起七日内，向原告黄珍支付赔偿款504538.21元；

如果被告陈文墨未按本判决指定的期间履行给付金钱义务，应当依照《中华人民共和国民事诉讼法》第二百五十三条之规定，加倍支付迟延履行期间的债务利息。

二、驳回原告黄珍的其他诉讼请求。

【法官后语】

实践中，在当事人之间已经以买卖方式转让并交付机动车使机动车所有权发生转移时，因节省费用、以物抵债等多种原因可能出现买受人或受赠人未办理机动车所有权转移登记的情形，导致机动车名义所有人与实际所有人不一致的情况大量存在。此时一旦发生交通事故造成他人损害，应由谁来承担责任？通说认为，应当根据危险责任思想和报偿责任理论来确定机动车损害赔偿的责任主体，具体操作就是通过“运行支配”和“运行利益”两项标准加以把握。所谓运行支配，通常是指可以在事实上支配管理机动车之运行地位；所谓运行利益，一般认为是指因机动车运行而产生的利益。某人是否存在属于机动车损害赔偿责任的主体，要从其是否对该机动车运行于事实上居于支配管理地位和是否从机动车的运行中获得了利益两个方面加以判断。也就是说，某人是否是机动车损害赔偿的责任主体，要以其与机动车之间是否存在运行支配和运行利益的关联性加以确定。

本案中，虽然闽DD8221号轻型普通货车的登记车主系苏清祥，但该车于2009年就被苏清祥作价60000元出卖给陈文墨，并交付使用多年，本案事故发生时，苏清祥已经不是闽DD8221号轻型普通货车的实际所有人和控制人，既不能支配该车的运营，不具有防范事故发生的控制力，也未能从该车的运营中获得利益。闽DD8221号轻型普通货车的风险责任自交付之日起已转由实际控制人即陈文墨承担，故苏清祥不应对该车发生交通事故致黄珍受伤产生的损失承担赔偿责任。

笔者认为，目前的法律和行政法规并未规定车辆管理部门的登记是机动车买卖行为生效的必然要件。车辆变更登记是在《机动车登记规定》中规定的，该规定属于行政规章性质，目的是对车辆进行管理的需要，这与车辆买卖当事人之间确立的车辆买卖合同属于两种不同的法律关系。也就是说，车辆买卖是当事人之间的民事法律行为，未经过户登记而买卖是一种违反有关行政管理规定的行为，应受行政法规调整，而不能以此否定车辆买卖合同的效力。因此，购车但未办理过户手续，因车辆已交付，原车主既不能支配该车的运营，也不能从该车的运营中获得利益，故原车主不应对机动车发生交通事故致人损害承担赔偿责任。但是购车未办理过户手续，违反有关行政管理法规的，应受其规定调整。

编写人：福建省厦门市翔安区人民法院　蔡玉桂

2

多次转让车辆但未办理转移登记，应由最后一次转让并交付的受让人承担赔偿责任

——李龙文诉吴雲飞等机动车交通事故责任案

【案件基本信息】

1. 裁判书字号

湖南省娄底市中级人民法院（2016）湘13民终399号民事判决书

2. 案由：机动车交通事故责任纠纷

3. 当事人

原告（被上诉人）：李龙文

被告（上诉人）吴雲飞、吴彩飞

被告：罗松青、娄底市宇程汽车销售有限公司

【基本案情】

2015年8月2日23时05分许，被告吴雲飞持C1型机动车驾驶证驾驶湘KS3185号福克斯牌小型轿车，沿乐坪大道北幅中间机动车道由东往西行驶至娄底市物价局前地段，突然向左变更车道以每小时64~66公里的速度超越前车，进入最左侧车道后，将由南往北步行横过乐坪大道南幅机动车道后站在道路中心双黄实线位置让行北幅机动车道内行驶车辆的行人李龙文撞飞倒地（根据事故现场视频资料显示，行人李龙文发现行驶速度较快的轿车时，有明显的避让动作），造成轿车受损、原告李龙文受伤的道路交通事故。2015年9月2日，娄底市公安局交通警察支队直属一大队作出娄公交直一认字（2015）第84号《道路交通事故认定书》，认定被告吴雲飞应承担本次交通事故的全部责任，原告李龙文不承担本次交通事故责任。

原告李龙文受伤后，在娄底市中心医院、中南大学湘雅医院住院治疗58天，总共花费医药费237117元，该医药费由被告吴雲飞垫付26000元；2015年11月12日，娄底市湘中司法鉴定所对原告李龙文的伤情进行了鉴定，作出《娄底市湘中司法鉴定中心伤残鉴定意见书》【娄湘司鉴中心（2015）临鉴字831号】，鉴定意见为："1. 被鉴定人李龙文之损伤程度属八级伤残；2. 伤休时间从伤后起共计十个月；3. 2015年11月12日之前医疗费用凭医院发票由处理部门审核支付，2015年11月13日始继续治疗与检查费用限16000元使用（含取右肱骨内固定物费用）；4. 陪护一人四个月（含取内固定物期间陪护）"。原告李龙文用去鉴定费1200元。2015年9月17日，原告李龙文向法院起诉。

另查明，湘KS3185号福克斯牌小型轿车的登记车主是被告娄底市宇程汽车销售有限公司，该公司于2014年5月18日将该车卖给被告罗松青并交付，被告罗松青于2015年3月15日将该车卖给被告吴彩飞并交付。事发时，湘KS3185号福克斯牌小型轿车未投保交强险。

【案件焦点】

四被告对原告的损失是否承担赔偿责任。

【法院裁判要旨】

湖南省娄底市娄星区人民法院经审理认为：1. 娄底市公安局交通警察支队直

属一大队作出娄公交直一认字（2015）第 84 号《道路交通事故认定书》认定事实清楚、适用法律准确。关于本次交通事故责任划分问题，被告吴雲飞驾驶轿车夜间行驶时，未按规定降低行驶速度，以超过限速标志标明的最高时速地（超速 50% 以上）突然变更车道，超越前方车辆时，对车辆前方路面动态观察不周，临危措施明显不力，直接导致该事故发生并加大了事故的损害后果，其行为分别违反了《中华人民共和国道路交通安全法》第四十二条第一款、第二款及第二十二条第一款之规定；原告行人李龙文在事发路段横过道路未走人行横道，其行为违反了《中华人民共和国道路交通安全法》第六十二条之规定。根据《中华人民共和国道路交通安全法实施条例》第九十一条之规定，被告吴雲飞承担本次事故的主要责任；原告李龙文承担本次交通事故的次要责任。2. 关于四被告是否应对原告的损失承担赔偿责任的问题。经审查，湘 KS3185 号福克斯牌小型轿车的登记车主是被告娄底市宇程汽车销售有限公司，该公司于 2014 年 5 月 18 日将该车卖给被告罗松青并交付，被告罗松青于 2015 年 3 月 15 日将该车卖给被告吴彩飞并交付。车辆属动产，其所有权以买卖交付为转移，故该车的实际所有权人应为被告吴彩飞。根据法律规定，被多次转让但未办理转移登记的机动车发生交通事故造成损害，属于该机动车一方责任的，应由最后一次转让并交付的受让人承担赔偿责任。故被告娄底市宇程汽车销售有限公司、罗松青对原告损失不承担赔偿责任，被告吴彩飞作为车辆实际所有权人，其未依法投保交强险，应在交强险责任限额范围内先行承担赔偿责任。被告吴雲飞作为直接侵权人，应对原告的损失承担赔偿责任。3. 原告李龙文的合理损失为：（1）医药费 237117 元；（2）后续治疗费 16000 元；（3）残疾赔偿金 159420 元；（4）住院伙食补助费 2900 元；（5）误工费 15120 元；（6）护理费 10129 元；（7）被抚养人生活费 14440 元；（8）交通费 1000 元；（9）营养费 8000 元；（10）鉴定费 1200 元；（11）精神抚慰金 10000 元。以上十一项合计 475326 元，其中可计入交强险赔偿限额为 120000 元（医疗费用赔偿限额 10000 元、伤残赔偿限额 110000 元）。

综上，湘 KS3185 号福克斯牌小型轿车未投保交强险，原告的合理损失应先由被告吴雲飞在交强险责任限额范围内予以赔偿，被告吴彩飞承担连带清偿责任，不足部分由被告吴雲飞按责任比例 90% 承担赔偿责任。据此，湖南省娄底市娄星区人民法院依照《中华人民共和国侵权责任法》第六条第一款、第十六条，《中华人民共和国道路交通安全法》第七十六条第一款第（一）项，《最高人民法院关于审理道路交通事故损害赔偿案件适用法律若干问题的解释》第四条、第十九条，《最高人民法院关于民事诉讼证据的若干规定》第二条第一款、第二款之规定，判决如下：

一、原告李龙文的合理经济损失 475326 元，由被告吴雲飞赔偿原告李龙文 439793 元（已支付 26000 元，尚应支付 413793 元），被告吴彩飞在机动车交强险责任限额范围内的 120000 元承担连带赔偿责任；

二、驳回原告李龙文的其他诉讼请求。

吴雲飞、吴彩飞不服原判，提起上诉。

湖南省娄底市中级人民法院判决：

驳回上诉，维持原判。

【法官后语】

本案处理重点主要在于对机动车在多次转让且未办理变更登记情形下，发生交通事故机动车一方责任主体如何确定的问题。1. 动产物权变动交付生效理论。根据物权公示原则，不动产物权以登记为其公示手段，动产物权以占有和交付作为其公示手段。《物权法》第二十三条规定，“动产物权的设立和转让，自交付时发生效力，但法律另有规定的除外。”《民法通则》第七十二条第二款规定：“按照合同或者其他合法方式取得财产的，财产所有权从财产交付时起转移，法律另有规定或者当事人另有约定的除外。”《合同法》第一百三十三条规定：“标的物的所有权自标的物交付时起转移，但法律另有规定或者当事人另有约定的除外。”可见，我国民法历来坚持以交付作为动产所有权移转生效的要件。本案中，被告娄底市宇程汽车销售有限公司将湘 KS3185 号福克斯牌小型轿车卖给被告罗松青并交付，被告罗松青又将该车卖给被告吴彩飞并交付，故被告吴彩飞才是真正的机动车所有权人。2. 危险责任和报偿责任理论。根据危险责任和报偿责任理论来确定交通事故损害赔偿的责任主体，具体认定时是按照“运行支配”和“运行利益”为标准把握。多次转让并交付的车辆未办理过户手续，因车辆已经交付，原车主既不能支配该车的营运，也不能从该车的营运中获得利益，故原车主不应对机动车发生交通事故致人损害承担责任。本案中，被告娄底市宇程汽车销售有限公司将车转让并交付给被告罗松青，被告罗松青又将车转让并交付给吴彩飞，被告娄底市宇程汽车销售有限公司、罗松青已不能支配该车，也不能从该车获得利益，故应不再承担责任。

值得注意的是，根据《侵权责任法》第五十一条及《最高人民法院关于审理道路交通事故损害赔偿案件适用法律若干问题的解释》第六条的规定，拼装车、已达到报废标准的机动车或者依法禁止行驶的其他机动车被多次转让，并发生交通事故造成损害，当事人请求由所有的转让人和受让人承担连带责任的，人民法院应予支持。因而，在此情形下，《侵权责任法》第五十一条及《最高人民法院关于审理道路交通事故损害赔偿案件适用法律若干问题的解释》第六条应予以优先适用。

编写人：湖南省娄底市娄星区人民法院　陈容

3

车辆所有权人在车辆出借期间发生交通事故应否承担责任

——郝付堂诉孙同光等机动车交通事故责任案

【案件基本信息】

1. 裁判书字号

河北省邯郸市馆陶县人民法院（2014）馆民初字第503号民事判决书

2. 案由：机动车交通事故责任纠纷

3. 当事人

原告：郝付堂

被告：孙同光、孙心更、中华联合财产保险股份有限公司濮阳中心支公司

【基本案情】

2013年11月20日11时50分许，被告孙同光驾驶从其邻居孙心更处借来的豫JXG398号小型轿车沿309国道北线由东向西行驶，因采取措施不当，将前方同向行驶由原告郝付堂驾驶的二轮电动自行车撞倒，造成郝付堂颅脑和身体多部位受

伤，两车不同程度损坏的交通事故。经交警部门认定，被告孙同光负事故的主要责任，郝付堂负事故的次要责任。事故发生后孙同光为原告垫付医药费24000元，原告治疗花费总额233557.9元。邯郸市律正司法医学鉴定中心鉴定郝付堂构成四级伤残一处、十级伤残两处且伴有小癫痫发作，属于部分护理依赖。豫JXG398号小型轿车在被告中华联合财产保险股份有限公司濮阳中心支公司（以下简称濮阳中心支公司）投保了交强险，事故发生在保险期间。上述事实有《道路交通事故认定书》、豫JXG398号小型轿车行驶证、孙同光驾驶证、交强险保险单、住院病历、鉴定意见书等证实。

【案件焦点】

孙心更将车辆出借给孙同光使用时发生交通事故，孙心更是否应当承担赔偿责任。

【法院裁判要旨】

河北省邯郸市馆陶县人民法院经审理认为：被告濮阳中心支公司作为孙同光驾驶的豫JXG398号小型轿车的交强险保险人，应在交强险责任限额范围内对该车发生交通事故给原告造成的损失进行赔偿。超过责任限额的部分，由被告孙同光按照其过错程度承担赔偿责任。原告主张超出交强险部分由孙同光、孙心更共同承担连带赔偿责任，但因原告未能提供被告孙心更出借车辆存在过错的证据，其主张由被告孙心更承担赔偿责任的请求不予支持。

河北省邯郸市馆陶县人民法院依照《中华人民共和国侵权责任法》第十六条、第四十八条，《中华人民共和国道路交通安全法》第七十六条，《最高人民法院关于审理道路交通事故损害赔偿案件适用法律若干问题的解释》第十六条和《中华人民共和国民事诉讼法》第一百四十二条之规定，作出如下判决：

一、被告中华联合财产保险股份有限公司濮阳中心支公司于本判决书生效之日起十日内在机动车第三者责任强制保险责任限额内赔偿原告郝付堂120000元；

二、被告孙同光于本判决书生效之日起十日内赔偿原告郝付堂345652.4元；

三、驳回原告郝付堂对被告孙心更的诉讼请求和对被告孙同光、被告中华联合财产保险股份有限公司濮阳中心支公司的其他诉讼请求。

【法官后语】

本案中确定车辆所有权人应否对车辆出借期间发生交通事故承担赔偿责任的调查重点在于车辆所有权人在出借车辆时是否存有过错。我国《侵权责任法》第四十九条规定："因租赁、借用等情形机动车所有人与使用人不是同一人时，发生交通事故后属于该机动车一方责任的，由保险公司在机动车强制保险责任限额范围内予以赔偿。不足部分，由机动车使用人承担赔偿责任；机动车所有人对损害的发生有过错的，承担相应的赔偿责任。"

车辆所有权人存在过错的情形如下：(一) 知道或者应当知道机动车存在缺陷，且该缺陷是交通事故发生原因之一的；(二) 知道或者应当知道驾驶人无驾驶资格或者未取得相应驾驶资格的；(三) 知道或者应当知道驾驶人因饮酒、服用国家管制的精神药品或者麻醉药品，或者患有妨碍安全驾驶机动车的疾病等依法不能驾驶机动车的；(四) 其他应当认定机动车所有人或者管理人有过错的。同时，如果车辆所有权人没有依照法律对车辆投保交强险，即使车辆所有权人对交通事故的发生没有过错，当事人请求投保义务人员在交强险责任限额范围内予以赔偿或与侵权人承担连带赔偿责任的，法院也应予支持。

机动车已经成为我们日常出行必不可少的交通工具，我们在生活中经常遇到亲朋好友临时借用自己车辆的情况。在向他人出借车辆时，只有严格遵守法律规定、履行法律义务，才能有效避免车辆外借期间因"飞来横祸"给自己带来的麻烦。

编写人：河北省邯郸市馆陶县人民法院　张继稳

4

交通事故中乘车人与第三人如何认定

——李作坤等诉中国太平洋财产保险股份有限公司营口中心支公司机动车交通事故责任案

【案件基本信息】

1. 裁判书字号

河南省南阳市方城县人民法院（2015）民初字第103号民事判决书

2. 案由：机动车交通事故责任纠纷

3. 当事人

原告：李作坤、刘思奇、李树森、王淑清

被告：中国太平洋财产保险股份有限公司营口中心支公司

【基本案情】

2015年4月3日7时20分左右，林春明驾驶登记所有人为被告均鼎物流的辽H7959E（辽HE762挂）号解放牌重型半挂牵引车，沿兰南高速南阳至许昌方向行驶至241km+100m处时，车辆发生侧翻，乘坐人刘玉敏被甩出车外后被车辆碰撞挤压，造成刘玉敏死亡。该事故经交警部门认定，林春明负事故的全部责任，刘玉敏无责任。四原告于2015年4月27日起诉至法院，请求判令被告赔偿原告各项损失共计775875元。

【案件焦点】

受害人刘玉敏属于“乘坐人”还是“第三者”。

【法院裁判要旨】

河南省南阳市方城县人民法院经审理认为：林春明驾驶机动车发生侧翻，刘玉敏被甩出车外后被车辆碰撞挤压，造成刘玉敏死亡的交通事故。该事故经公安交管部门认定，林春明负事故的全部责任，刘玉敏无责任。原、被告对此事故认定均无异议，法院对事故认定中各方责任的划分予以确认。

河南省南阳市方城县人民法院依照《中华人民共和国侵权责任法》第十六条、第四十八条，《中华人民共和国道路交通安全法》第七十六条，《中华人民共和国保险法》第六十五条，《最高人民法院关于审理人身损害赔偿案件适用法律若干问题的解释》第十七条第三款、第二十七条、第二十九条，《中华人民共和国民事诉讼法》第六十四条之规定，判决如下：

一、被告中国太平洋财产保险股份有限公司营口中心支公司于本判决生效后十日内赔偿原告李作坤、刘思奇、李树森、王淑清因刘玉敏死亡产生的死亡赔偿金、丧葬费、交通费、住宿费等合理开支共计634865元；

二、驳回原告李作坤、刘思奇、李树森、王淑清的其他诉讼请求。

如果未按本判决指定的期间履行给付金钱义务，应当依照《中华人民共和国民事诉讼法》第二百五十三条之规定，加倍支付迟延履行期间的债务利息。

【法官后语】

在本案中，林春明驾驶机动车发生侧翻，刘玉敏被甩出车外后被车辆碰撞挤压，造成刘玉敏死亡。该交通事故经公安交管部门认定，林春明应负事故全部责任，刘玉敏无责任。原、被告对此事故认定均无异议，法院对事故认定中各方责任的划分予以确认。且事故发生时，刘玉敏已处于车辆之外，其死亡原因是受到车辆碰撞挤压，在此种情形下，刘玉敏的身份已由“乘坐人”转换为“第三者”，被告中国太平洋财产保险股份有限公司营口中心支公司主张刘玉敏属于“乘坐人”，故保险公司仅在座位险限额内承担责任的抗辩理由不能成立。

除此之外，法院认为，户籍改革的意义在于消除身份歧视，消除依附在户口性质上的差别待遇，本案中若仍以农村标准计算赔偿数额与户籍改革的目标背道而驰，亦不利于保护受害人的权利，故本案中受害人的各项损失应当以2014年辽宁省的城镇标准计算。四原告因刘玉敏死亡造成的各项损失共计634865元。

由于事故车辆在被告中国太平洋财产保险股份有限公司营口中心支公司投保有交强险，四原告的各项损失应当由被告中国太平洋财产保险股份有限公司营口中心支公司在交强险死亡限额11万范围内先行赔付。剩余部分524865元，由于事故车辆投保有三者险，且林春明负事故的全部责任，原告的各项损失并未超出三者险责任限额，故被告中国太平洋财产保险股份有限公司营口中心支公司应当对四原告的损失超出交强险部分全额赔付。

编写人：河南省南阳市方城县人民法院　曹天祥　李媛媛

5

上车过程中被机动车车门挤压后跌落地面而受伤的受害人不应认定为“车上人员”，而应认定为车外的“第三者”

——许鑫宇诉中华联合财产保险股份有限公司滨州中心支公司等机动车交通事故责任案

【案件基本信息】

1. 裁判书字号

山东省淄博市中级人民法院（2015）淄民三终字第640号民事判决书

2. 案由：机动车交通事故责任纠纷

3. 当事人

原告（被上诉人）：许鑫宇

被告（上诉人）：中华联合财产保险股份有限公司滨州中心支公司

被告（被上诉人）：邹平县汽车出租公司、位立明

【基本案情】

2015年4月19日，原告许鑫宇在淄博市周村区老火车站广场准备乘坐位立明驾驶的鲁M99067号客车。在上车过程中，因位立明关闭车门不慎将原告的腿夹住，致其摔倒受伤，造成道路交通事故。交警部门认定位立明在行车时未等门关好，负事故全部责任，原告无责任。原告受伤后于同日到医院门诊治疗，诊断为尾椎脱位，建议休息3个月，卧床休息4周，3个月内避免剧烈活动。期间医疗费由位立明支付。事故发生后，原告支付部分交通费。原告受伤之前在邹平黛西五路倾城婚纱礼服会馆工作。鲁M99067号客车登记所有人为邹平县汽车出租公司，位立明系该客车驾驶员。该车在中华联合财产保险股份有限公司滨州中心支公司（以下简称中联财保）投保交强险及商业三者险。其中交强险医疗费用赔偿限额10000元、死

亡伤残赔偿限额11万元、财产损失赔偿限额2000元。保险期间自2014年6月24日起至2015年6月23日止；商业三者险赔偿限额为100万元，附加不计免赔率险。保险期间自2014年11月25日至2015年11月24日。原告起诉要求中联财保在交强险范围内承担赔偿责任，不足部分由被告邹平县汽车出租公司和位立明承担连带赔偿责任。中联财保辩称原告属于车上人员，其不承担赔偿责任。

【案件焦点】

原告在事故发生时属于车上人员还是车外的第三者，中联财保应否在交强险范围内承担赔偿责任。

【法院裁判要旨】

山东省淄博市周村区人民法院经审理认为：被保险机动车发生道路交通事故造成本车人员、被保险人以外的受害人人身伤亡、财产损失的，由保险公司依法在交强险限额范围内予以赔偿；不足部分由其在商业三者险限额范围内按照侵权人应承担的责任比例根据保险合同予以赔偿；仍不足的，由侵权人按照过错比例予以赔偿。许鑫宇是在乘车过程中被客车车门挤压后跌落地面而受伤，其受伤时的空间位置相对于车辆而言系在车外，其与该肇事车辆形成相对第三者的关系。许鑫宇受伤部位虽系人体与地面撞击所致，但亦与要乘坐的车辆有直接关系，故许鑫宇应作为交强险及商业三者险的赔付对象。中联财保主张许鑫宇系车上人员故其不应赔偿的辩解意见，证据不足，不予采信。结合事故的经过及交警部门作出的事故责任认定，确定位立明承担全部赔偿责任。邹平县汽车出租公司作为肇事车辆的登记所有人，未能证明其不存有过错，故应对位立明赔偿份额承担连带赔偿责任。许鑫宇各项损失共计7143.62元，由中联财保在死亡伤残限额内赔偿许鑫宇误工费4803.62元、护理费2240元、交通费100元。邹平县汽车出租公司、位立明在本案中不再承担民事赔偿责任。据此一审判决中联财保在交强险限额内支付许鑫宇护理费、误工费、交通费共计人民币7143.62元。

中联财保持原审答辩意见提起上诉。山东省淄博市中级人民法院经审理认为：许鑫宇系在上车过程中被车门挤压后跌落地面致伤。从事故发生的原因力分析，车门挤压是造成许鑫宇受伤的直接原因，故本次事故应定性为机动车交通事故，且许鑫宇受伤前并未完成上车动作，不属于事故车辆的车上人员。原审判决认定事实清楚，适用法律正确，审判程序合法，应予维持。据此二审判决：驳回上诉，维持原判。

【法官后语】

本案最主要的争议焦点无疑是原告许鑫宇在事故发生时是否属于“车上人员”。因此本案所反映出的核心问题就在于，在机动车交通事故责任纠纷案件中，受害人在上车过程中被机动车车门挤压后跌落地面而受伤的，其应当认定为“车上人员”还是应认定为车外的“第三者”。而对这一问题的正确界定是认定受害人能否通过第三者责任险（包括交强险和商业三者险）获得赔偿的关键。

在一般情形下的机动车交通事故责任纠纷案件中，受害人系“车上人员”还是车外的“第三者”是比较容易区分的。例如，受害人如果自始至终都处于车上，则其显然应为车上人员而非第三者；再如，受害人自始至终都在肇事车辆之外的情形也是显而易见的。然而现实中交通事故具有复杂性和不确定性，如本案中受害人在上车过程中被机动车车门挤压后跌落地面而受伤的情形就时有发生。对于此情形下受害人应认定为“车上人员”还是“第三者”，原、被告双方往往存在较大争议。本案即是如此。本案中中联财保作为承保涉案车辆交强险的保险公司，其在一、二审中始终坚持抗辩认为原告属于车上人员，其因此不应承担赔偿责任。然而本案一、二审法院均未采纳其这一观点，而是认定原告在发生事故时并非属于事故车辆的“车上人员”，其属于事故车辆之外的“第三者”，故中联财保应依法在交强险限额内对原告进行赔偿。应当说本案中法院对这一问题的认定是正确的。正如本案所反映出的那样，在司法实践中认定受害人属于“车上人员”还是属于“第三者”，法院采取的基本思路就是必须以受害人在交通事故发生时是否身处事故车辆之上为依据进行判断，在车上即属于“车上人员”，否则为“第三者”。这样进行判断的原因在于，机动车作为一种交通工具，系为人们的出行提供便利，任何人都不可能永久地置身其中，这就决定了机动车保险合同中所涉及的“车上人员”和“第三者”均为在特定的时间空间情形下的临时性身份，而非永久和固定不变的身份；二者都是相对概念而非绝对概念，可以因特定时空条件的变化而相互转化。这样做可以说在最大程度上尊重了客观实际，符合公平正义的司法原则。

当然对于本案中这种在上车过程中被机动车车门挤压后跌落地面受伤的情形，

在依据上述的"以受害人在交通事故发生时是否身处事故车辆之上"原则来确定受害人是属于"车上人员"还是属于"第三者"时，还应坚持"近因原则"。近因原则是判断保险事故与保险标的损失之间的因果关系并确定保险赔偿责任的基本原则。所谓"近因"，是指引起保险事故发生的直接、最有效或者起决定作用的原因，而保险理赔须遵循近因原则，司法实践中近因原则也已成为判断保险人应否承担保险责任的一个重要标准。具体到本案，在原告上车过程中，因驾驶员位立明观察情况不够，突然关闭车门，导致车门将原告的腿夹住，车门挤压又导致原告摔倒受伤。其中驾驶员位立明观察情况不够而突然关闭车门系最先发生，这一事件直接引发了之后原告的腿被车门夹住、车门挤压又导致原告跌落地面受伤这一连串事件，这些前后发生的事件不仅存在连续性的因果关系，而且无任何逻辑中断，亦无其他外因介入，因此驾驶员位立明观察情况不够而突然关闭车门这一根源性事件是造成事故从而导致原告受伤的近因。根据近因原则，驾驶员位立明观察情况不够而突然关闭车门时原告并未完成上车动作，原告当时所处的空间位置相对于车辆而言系在车外，亦即其并未进入车辆的车体内，不属于事故车辆的车上人员，其与肇事车辆形成"相对第三者"的关系。这完全符合《道路交通安全法》和《机动车交通事故责任强制保险条例》中所说的"第三者"情形，应认定其为被保险车辆以外的人员，保险公司应当在交强险即机动车第三者责任强制保险限额范围内承担保险责任。

编写人：山东省淄博市中级人民法院　荣明潇

山东省淄博市张店区人民法院　刘晓辉

6

出租车引发交通事故出租车发包人与承包人应负连带责任

——曾兵诉陈波等机动车交通事故责任案

【案件基本信息】

1. 裁判书字号

江苏省宿迁市泗洪县人民法院（2015）洪民初字第03847号民事判决书

2. 案由：机动车交通事故责任纠纷

3. 当事人

原告：曾兵

被告：陈波、江苏泗洪汽车运输有限公司、中国人寿财产保险股份有限公司宿迁市中心支公司

【基本案情】

2012年9月29日23时50分，原告曾兵驾驶苏N8191M普通二轮摩托车沿泗洪县青阳镇金沙江路由西向东行驶至玉环路交叉路口左转弯时，与相对方向陈小磊驾驶的由东向西直行的苏NM6932小型轿车相撞，造成原告曾兵受伤，车辆损坏。经泗洪县交警大队处理，认定原告曾兵未按规定戴安全头盔驾驶摩托车在通过没有交通信号灯控制也没有交通警察指挥的交叉路口左转弯时未让直行车辆先行；陈小磊驾驶机动车在通过没有交通信号灯控制也没有交通警察指挥的交叉路口时未减速慢行，原告曾兵承担事故主要责任，陈小磊承担事故次要责任。经泗洪县人民医院司法鉴定所鉴定，原告曾兵构成道路交通事故一级伤残，终身全部依赖护理。原告医疗费、误工费、残疾赔偿金等相关费用，双方已在江苏省宿迁市泗洪县人民法院（2013）洪民初字第0480号案件中达成调解协议，其中约定原告护理费先行赔偿3年（2012年9月30日至2015年9月30日），3年后的护理费另案主张。

另，陈小磊驾驶的苏NM6932小型轿车登记所有人为被告江苏泗洪汽车运输有

限公司（以下简称洪运公司），由被告陈波承租该车从事出租车业务，陈小磊是被告陈波雇用的驾驶员；苏NM6932小型轿车在被告中国人寿财产保险股份有限公司宿迁市中心支公司（以下简称人寿财保宿迁支公司）投保交强险及限额为300000元的商业三者险，交强险限额已赔付完毕，商业三者险限额剩余30000元。

【案件焦点】

被告陈波、洪运公司如何承担赔偿责任，原告的护理费标准如何确定。

【法院裁判要旨】

江苏省宿迁市泗洪县人民法院经审理认为：雇员在从事雇佣活动中致人损害的，雇主应当承担赔偿责任。本案中，陈小磊驾驶苏NM6932小型轿车与原告曾兵发生道路交通事故，造成曾兵受伤，陈小磊是被告陈波雇用的驾驶员，雇员陈小磊在从事雇佣活动中致人损害，雇主陈波应当承担赔偿责任。机动车发生道路交通事故致人损害的，一般由对该车具有运行支配力的主体与享有运行利益的主体承担赔偿责任，发包、出租的车辆发生交通事故致人损害的，赔偿权利人可以选择承包人、租赁人或者发包人、出租人为被告。本案中，被告陈波承租洪运公司的车辆从事出租车业务，陈波与洪运公司间系出租汽车承包经营关系，苏NM6932出租汽车以洪运公司的名义从事出租车业务，采取公司制运营模式。陈波与洪运公司对苏NM6932出租汽车具有运行支配力，享有运行利益，故对洪运公司提出其不应承担赔偿责任的主张，法院不予支持，原告曾兵请求由被告陈波与洪运公司承担连带赔偿责任，法院予以支持。

江苏省宿迁市泗洪县人民法院依照《中华人民共和国侵权责任法》第六条第一款、第十六条、第二十六条，《最高人民法院关于审理道路交通事故损害赔偿案件适用法律若干问题的解释》第十六条第一款第（二）、（三）项，《最高人民法院关于审理人身损害赔偿案件适用法律若干问题的解释》第九条、第二十一条，作出如下判决：

被告中国人寿财产保险股份有限公司宿迁市中心支公司在商业三者险限额内赔偿原告曾兵护理费30000元；

被告陈波赔偿原告曾兵护理费21519元，被告江苏泗洪汽车运输有限公司承担连带责任。

一审判决作出后，双方当事人在法定期间未上诉，本案已经生效。

【法官后语】

机动车发生道路交通事故致人损害的，一般由对该车具有运行支配力的主体与享有运行利益的主体承担赔偿责任。发包人通过发包的营运车辆获取了发包费、出租费等，获取了运行利益。故运营车辆承包人（承租人）与发包人（出租人）承担连带责任，符合《侵权责任法》第四十九条确立的运行支配和运行利益的标准。车辆承包人（承租人）与发包人（出租人）承担连带责任，有利于案件的审理与执行。国家对道路运输经营设定严格的市场准入制度，根据《道路运输条例》第三十四条规定，禁止道路运输经营许可证的租借行为。发包人、出租人对其发包、出租营运车辆的行为明知或应知其违法而仍然为之，存有明显过错，促成了不具有经营资格的承包人、承租人进行运输经营，客观上提高了营运车辆发生事故的危害性，故承包人、租赁人与发包人、出租人构成共同侵权，原告主张由承包人、租赁人与发包人、出租人承担连带责任的，人民法院应予以支持。

本案被告陈波承租洪运公司的车辆从事出租车业务，陈波与洪运公司间系出租汽车承包经营关系，苏 NM6932 出租汽车以洪运公司的名义从事出租车业务，采取公司制运营模式。陈波与洪运公司对苏 NM6932 出租汽车具有运行支配力，享有运行利益，故对洪运公司提出其不应承担赔偿责任的主张，不予支持。

编写人：江苏省宿迁市泗洪县人民法院　张锐

7

存疑交通事故的认定

——张前峰诉中国人寿财产保险股份有限公司沛县支公司机动车交通事故责任案

【案件基本信息】

1. 裁判书字号

浙江省宁波市中级人民法院（2015）浙甬民二终字第 439 号民事判决书

2. 案由：机动车交通事故责任纠纷

3. 当事人

原告（被上诉人）：张前峰

被告（上诉人）：中国人寿财产保险股份有限公司沛县支公司

【基本案情】

2014年4月24日13时30分许，张前峰在慈溪市龙山镇某工地内作业时受伤，被送至慈溪市人民医院急诊，因病情严重被送至宁波市第六医院住院治疗，入院记录载明入院时间为2014年4月24日17时27分，患者于入院5小时前不慎被重物砸伤右足，被诊断为右足第1、2趾严重挤压伤，右足第1趾趾间关节脱位，右足皮肤挫裂伤。2015年4月25日8时许，苏CG5087号重型专项作业车车主纪开华（亦为张前峰姑父）以交通事故为由分别向交警部门和中国人寿财产保险股份有限公司沛县支公司（以下简称人寿保险公司）报案，纪开华陈述因办理好入院手术后已是晚上，故等到第二天上班时间才报案。接到报案后，人寿保险公司未进行勘验调查，龙山交警中队通知肇事司机高先东（纪开华雇用的驾驶员）到中队接受调查，高先东陈述在倒车时车右轮压到了伤者的右脚。由于是第二天报案、现场无法确定其真实性等原因，交警部门未做现场勘查。后交警部门到医院向张前峰做调查时，因张前峰已经转院回老家，所以未及时制作交通事故认定书。2014年4月28日，因张前峰要求，转院至中国人民解放军第102医院住院治疗，入院记录载明的病史为2014年4月24日，患者右足被机器挤压致伤，后经手术治疗后于同年6月26日出院。张前峰之伤共花费医疗费21408.83元。后肇事司机催促交警部门出具事故认定书，交警部门要求伤者（即张前峰）必须到场接受调查。2014年12月22日，张前峰和高先东一起到龙山中队写了一份当事人自述，龙山中队根据高先东提供的证据照片和两个当事人的自述，出具了道路交通证明一份，载明高先东驾驶重型专项作业车倒车时未确保安全，该行为是导致事故发生的一方面原因，无证据证明张前峰有导致此次事故的违法行为。因无法确定当事人双方事发时的精神状态，故出具此事故证明。肇事车辆在被告人寿保险公司投保了交强险、商业三者险和不计免赔险等险种，本事故发生在保险期间内。张前峰认为其因为肇事车辆驾驶员驾驶工程车时的重大过失受伤，本案系交通事故，属于保险事故。保险公司则认为，当事人在事发后24小时才报警，而交警则在事发后8个月才出具证明，上述行为违反了法律强制性规定。且原告在医院入院时陈述其被重物砸伤、被机器压伤。综上，原告受伤的事故不属于保险事故，被告不予赔偿。

【案件焦点】

本案是否属于交通事故。

【法院裁判要旨】

浙江省慈溪市人民法院经审理认为：本事故发生在2014年4月24日13时30分左右，被保险人在次日8时许分别向交警部门和保险公司报案，未超过48小时内报案的规定，保险公司接到报案后应派勘察人员到现场初步查勘是否属于保险事故。虽然，宁波市第六医院和解放军第102医院的入院记录，分别记载原告系被重物砸伤、机器压伤，原告解释系病历记载错误，可能是南北方口音的差别，其陈述的是轧伤。因入院记录系医院单方面所制作，客观上存在笔误的可能。原告提供的由慈溪市公安局交通警察大队作出的道路交通证明，虽系该交警大队根据事故当事人的陈述所作出，但当事人的陈述属于证据的一种，当事人在接受法院质询时对事故发生经过的陈述无明显漏洞，故在被告人寿保险公司未对涉案交通事故发生的事实提供反证据的情况下，对原告主张的交通事故发生事实予以认定。据此，依照《中华人民共和国侵权责任法》第六条、第十六条、第三十五条、第四十八条，《中华人民共和国道路交通安全法》第七十六条，《中华人民共和国民事诉讼法》第六十四条，《最高人民法院关于民事诉讼证据的若干规定》第二条之规定，作出如下判决：

一、被告中国人寿财产保险股份有限公司沛县支公司在机动车强制保险责任限额范围内赔偿原告张前峰70087元，款于本判决生效之日起十日内履行；

二、被告中国人寿财产保险股份有限公司沛县支公司在机动车第三者责任保险限额范围内赔偿原告张前峰16758.83元，款于本判决生效之日起十日内履行；

三、驳回原告张前峰的其余诉讼请求。

人寿保险公司持原审答辩意见向浙江省宁波市中级人民法院提起上诉。浙江省宁波市中级人民法院以相同的理由判决：

驳回上诉，维持原判。

【法官后语】

本案处理的难点在于对入院记录、事故证明和当事人陈述的证明力认定。前两者是根据当事人的陈述在诉前形成的，后者是当事人庭审中的陈述。对此，存在两种不同观点：

第一种观点认为：入院记录是作为第三方的医院根据受害人的陈述进行的记载，且系事发后第一时间的陈述，相当于当事人的自认，具有客观性和较高证明力。交通事故证明系交警部门根据当事人的陈述所出具的，并未依职权进行现场勘验，而车主即驾驶员的雇主系原告的姑父和肇事车辆的投保人，与原告和被告人寿保险公司之间均具有利害关系，不排除原告与车主和驾驶员相互串通的可能性，故交通事故证明的证明力实质上相当于当事人陈述，在无其他证据佐证的情况下，不能作为定案依据。综上，原告受伤原因应以入院记录为准，本案不宜认定为交通事故。

第二种观点认为：入院记录虽系第三方的医院根据受害人的陈述进行的记载，但入院记录系医院单方制作，并未经受害人及其家属签字确认，两个医院的记载也不完全相同，考虑到原告、驾驶员及车主等人均系外地到宁波工作的外地人，不排除由于南北方口音差别导致病例记载有误的可能性，且病例客观上也可能存在笔误。原告与车主系亲戚关系，故其在第一时间内因救人未想到报案具有可能性，结合其到宁波第六医院就诊已经是17时27分，车主因办理好入院手续后已是晚上，故第二天上班时间才报警也具有可能性；虽然交通事故证明系根据当事人的自述和提供的照片出具的，且交警部门未进行现场勘验与当事人未在第一时间报警有关，但车主报案未超过48小时内报案的规定，交警部门和保险公司也并非不能进行现场勘验或向事故发生地点的其他人进行调查事故原因，现因交警部门和保险公司自己怠于调查而否认当事人自述的效力，显然依据不足。结合法院传唤当事人询问事故发生细节时并未发现明显漏洞的事实，本案可以认定为交通事故。

两种观点分歧实质在于对当事人陈述的理解和认定，一、二审法院均持第二种观点。

值得注意的是，一、二审法院均非常审慎地对待当事人陈述的证明力，均要求当事人本人到庭接受询问，在事故所有当事人到庭时关于事故细节所作的陈述均无明显漏洞时，方认定交通事故的存在具有高度可能性。如此审慎判决有利于最大限度地保护受害人获得赔偿的权利，也在合理限度内排除了保险诈骗、虚假诉讼的可能。

编写人：浙江省慈溪市人民法院　张小玲

8

超期驾驶证的驾驶资格认定

——中国人民财产保险股份有限公司福清支公司诉何飞等机动车交通事故责任案

【案件基本信息】

1. 裁判书字号

福建省福州市中级人民法院（2015）榕民终字第3808号民事判决书

2. 案由：机动车交通事故责任纠纷

3. 当事人

原告（被上诉人）：中国人民财产保险股份有限公司福清支公司

被告（被上诉人）：张明、何飞

被告（上诉人）：阳光财产保险股份有限公司福清支公司

【基本案情】

2013年9月1日，被告何飞驾驶被告张明所有的闽ANB596轿车从福清往海口方向行驶过程中，于海口镇政府路段碰撞案外人陈某娇所有停放在路边的闽A8206R小车，造成两车受损的交通事故。本起事故经福清市公安局海口边防派出所民警现场勘查后认定，闽ANB596车的驾驶人即被告何飞负本事故的全部责任。事故发生后，经被告阳光财产保险股份有限公司福清支公司（以下简称阳光保险福清公司）定损，闽A8206R车辆损失金额为20000元（案外人陈某娇实际支付了维修费23545元），案外人陈某娇支付了施救费300元。案外人陈某娇所有的闽A8206R车在原告中国人民财产保险股份有限公司福清支公司（以下简称人保福清公司）投保车辆损失保险并约定了不计免赔率。后案外人陈某娇向原告人保福清公司索赔本次事故车辆损失赔偿款，原告人保福清公司于2014年3月5日向案外人陈某娇支付了车损险理赔款20300元（车损20000元及施救费300元），案外人陈某娇在收到赔偿款后向原告出具权益转让书，将已取得赔款部分保险标的一切权益转让给原告人保福清公司。肇事车辆闽ANB596轿车在被告阳光保险福清公司投保机动车交通事故责任强制保险以及保额为1000000元并约定不计免赔率的第三者责任险，保险期间均为2012年9月6日零时至2013年9月5日24时止，本起事故发生在保险期间内。事故发生时，被告何飞持准驾车型为C1的机动车驾驶证，驾驶证的起始日期为2007年6月21日，有效日期为6年，驾驶证副页注明“请于2013年6月21日前九十日内换领新驾驶证”，事故发生时被告何飞尚未申请换领新驾驶证，事故发生后，被告何飞向被告阳光保险福清公司报案称驾驶人为被告张明，被告阳光保险福清公司事后调查发现被告何飞报案时陈述的驾驶人存在顶替情况，遂与被告何飞交涉，被告何飞同意注销本起赔案（即放弃本案保险索赔的权利）。

【案件焦点】

被告何飞持有超期的驾驶证是否有驾驶资格。

【法院裁判要旨】

福建省福清市人民法院生效裁判认为：被告阳光保险福清公司以被告何飞肇事时驾驶证已经过期依据保险合同的约定保险人不负责赔偿以及被告何飞事后放弃向被告阳光保险福清公司关于本起事故保险索赔的权利为由，主张本案应当由被告何飞自行承担赔偿责任，法院认为，首先，被告何飞在发生交通事故时持有驾驶证是不存在争议的，驾驶证是公安机关交通管理部门对符合规定的驾驶许可条件的人颁发的，根据《中华人民共和国机动车驾驶证申领和使用规定》第五十七条的规定，机动车驾驶人应当于机动车驾驶证有效期满前九十日内，向机动车驾驶证核发地车辆管理所申请换证；第六十二条的规定又明确了机动车驾驶人超过机动车驾驶证有效期一年以上未换证的，车辆管理所应当注销其机动车驾驶证。从上述条文可以看出，机动车驾驶证在超过有效期限一年以内未换证的，主管部门仍保留该驾驶人的驾驶资格。因此，只要驾驶证未被注销，就应当认定驾驶人具有驾驶资格，虽然被告何飞在交通事故发生时所持有的驾驶证超过有效期限两个多月未申请换证，但其行为属于违反行政规章的行为，公安机关交通管理部门可以依据相关规定对其作出相应的行政处罚，不能以此认定被告何飞不具备驾驶资格。而即使第三者责任保险的合同对上述情形作出了保险人不负责赔偿的约定，因第三者责任保险合同是根据保险人提供的格式条款来订立的，被告阳光保险福清公司也无法提供其对保险合同中有关免除保险人责任条款的概念、内容及其法律后果以书面或口头形式向投保人作出常人能够理解的解释说明的证据来证明免责条款是产生效力的。其次，至于被告何飞放弃向被告阳光保险福清公司关于本起事故保险索赔的权利，亦不能成为被告阳光保险福清公司拒绝对原告作出赔偿的抗辩理由，责任保险是指以被保险人对第三者依法应负的赔偿责任为保险标的的保险，赔付的对象是第三者而不是被保险人，根据《中华人民共和国保险法》第六十五条的规定，责任保险的被保险人给第三者造成损害，被保险人未向该第三者赔偿的，保险人不得向被保险人赔偿保险金，从该规定来看，被告何飞未对给案外人陈某娇造成的损害进行赔偿，并未取得向被告阳光保险福清公司主张赔偿的权利，因此就不具有放弃本起事故保险索赔权利的权利，而即使其具有该权利，其行为也损害了第三者的利益，也不能成为被告阳光保险福清公司拒绝赔偿的理由。因此，被告阳光保险福清公司应在机动车交通事故责任强制保险以及第三者责任保险责任限额内承担相应的赔偿责任。综上，被告阳光保险福清公司应首先在机动车交通事故责任强制保险责任限额内先行赔偿原告人保福清公司 2000 元，原告的其他损失 18300 元，根据事故责任认定，全部由被告何飞承担，因肇事车辆在被告阳光保险福清公司投保了保额为 1000000 元并约定不计免赔率的第三者责任险，依据保险合同的约定，被告何飞应当承担的上述赔偿责任全部由被告阳光保险福清公司承担。原告人保福清公司要求三被告赔偿其自垫付 20300 元赔付款之日起的利息，缺乏法律依据，本院不予支持。因原告的损失已经全部由被告阳光保险福清公司予以赔偿，故被告何飞、张明无需再承担赔偿责任。

福建省福清市人民法院依照《中华人民共和国侵权责任法》第六条、第十五条第一款第（六）项、第四十八条，《中华人民共和国道路交通安全法》第七十六条第一款第（一）项，《中华人民共和国合同法》第四十四条、第六十条、第七十九条、第八十一条，《中华人民共和国保险法》第十七条、第六十五条，《中华人民共和国民事诉讼法》第六十四条、第七十五条，《最高人民法院关于适用〈中华人民共和国保险法〉若干问题的解释（二）》第十一条之规定，判决如下：

一、被告阳光财产保险股份有限公司福清支公司应在机动车交通事故责任强制保险责任限额内赔偿原告中国人民财产保险股份有限公司福清支公司损失2000元，在第三者责任险责任限额内赔偿原告中国人民财产保险股份有限公司福清支公司损失18300元，共计20300元，款于本判决发生法律效力之日起十日内付清；

二、驳回原告中国人民财产保险股份有限公司福清支公司的其他诉讼请求。

被告阳光保险福清公司不服原审判决，提起上诉。

福建省福州市中级人民法院审理认为：本案交通事故导致案外人陈某娇车辆损坏并为此支付20300元维修费的事实清楚，现案外人陈某娇已将其向侵权人索赔的权利转让给了被上诉人人保福清公司，故被上诉人人保福清公司依法享有向侵权人主张赔偿的权利。由于肇事车辆在上诉人处投保了机动车交通事故责任强制保险以及保额为100万元的不计免赔率的第三者责任险，因此，发生在有效保险期间的本起交通事故给受害人造成的损失，应由上诉人在保险责任限额内承担赔偿责任。上诉人上诉提出事故发生时被上诉人何飞编造虚假的事故原因（谎称驾驶人是被上诉人张明），后被上诉人何飞已放弃向上诉人索赔，因此，上诉人不需要承担本案的赔偿责任。但由于被上诉人何飞在本案交通事故中未先行对受害人进行赔偿，其尚未取得保险法所规定的放弃向保险人索赔的权利，故上诉人主张其无需承担本案赔偿责任，本院不予支持。至于上诉人阳光保险福清公司与被上诉人何飞之间的索赔问题，可依保险合同另行处理。综上，上诉人上诉理由不成立，原判正确，应予维持。依照《中华人民共和国民事诉讼法》第一百七十条第一款第（一）项之规定，判决如下：

驳回上诉，维持原判。

【法官后语】

对于合法取得驾驶证后因超期未年检是否属于无驾驶资格的问题，司法实践中存在争议。驾驶证超期是否属于“不具有有效驾驶资格”之一免责情形，主要有以下两种观点：第一种观点持肯定意见，认为属无证驾驶。驾驶证是一种许可证明，具有一定的时效性，发证部门核发证件时明确在证件上载明有效期限，证明驾照取得人在指定期限内具有驾驶资格，时效过期则证件失去证明力，失去证明力的证件即可按无证处理，故可对持有超过有效期限驾驶证的驾驶行为认定为无证驾驶。第二种观点持否定意见，认为驾驶证是对掌握了交通法规知识和驾驶技术的人员证明具有驾驶资格的证件，不能把驾驶证与驾驶资格两者概念混同起来，驾驶证过期并不等同驾驶资格被取消，驾驶证是形式要件，而驾驶资格是实质要件。故保险公司应当承担本次事故财产损失的赔偿责任。对上述争议笔者持否定观点，理由如下：1. 概念比较上，驾驶证和驾驶资格的内涵和外延虽有交叉但是并不完全等同。机动车驾驶证是指依法允许学习驾驶机动车的人员，经过学习、掌握了交通法规知识和驾驶技术后，经管理部门考试合格，核发许可驾驶某类机动车的法律凭证。驾驶资格则指的是为从事机动车驾驶活动而必须具备的先决条件。驾驶证的丢失并不意味驾驶资格的丧失，驾驶证过期也并不必然导致驾驶资格的丧失。机动车驾驶证的有效期并不是指机动车驾驶人驾驶资格的有效期，机动车驾驶证超过有效期，也并不必然导致机动车驾驶证持证人丧失驾驶资格的法律后果。2. 认定主体上，行政行为具有公定力，保险公司与驾驶人员同样作为被管理者无权自行认定驾驶证无效。虽然本起事故发生后被告阳光保险福清公司以被告何飞驾驶证过期为由自行认定被告何飞丧失驾驶资格，但是根据《机动车驾驶证申领和使用规定》第五十七条的规定，机动车驾驶人应当于机动车驾驶证有效期满前九十日内，向机动车驾驶证核发地车辆管理所申请换证；第六十二条的规定又明确了机动车驾驶人超过机动车驾驶证有效期一年以上未换证的，车辆管理所应当注销其机动车驾驶证。从上述条文可以看出，机动车驾驶证在超过有效期限一年以内未换证的，主管部门仍保留该驾驶人的驾驶资格。因此，只要驾驶证未被注销，就应当认定驾驶人具有驾驶资格，本案中虽然被告何飞在交通事故发生时所持有的驾驶证超过有效期限两个多月未申请换证，但其行为属于违反行政规章的行为，公安机关交通管理部门可以依据相关规定对其作出相应的行政处罚，不能以此认定被告何飞不具备驾驶资格。3. 从行政部门对超期换证作出的行为来看，驾驶人所持驾驶证已经超过原证认定的有效期但未被注销的情况下，后补办了换证手续，主管部门补发的驾驶证上载明的有效期是从原证有效期的截止日期次日起算，可见行政主管部门追认了驾驶人待证期间的驾驶资格。

编写人：福建省福清市人民法院　叶秀清　林逸群

9

被挂靠单位不应对机动车交通事故损害承担直接赔偿责任

——李某某等诉张某某、山东某物流有限公司机动车交通事故责任案

【案件基本信息】

1. 裁判书字号

山东省淄博市中级人民法院（2015）淄民三终字第565号民事裁定书

2. 案由：机动车交通事故责任纠纷

3. 当事人

原告（被上诉人）：李某某、孙某玉、孙某红、卜某霞

被告（上诉人）：山东某物流有限公司

被告：张某某

【基本案情】

2014年6月19日1时30分许，受害人卜某荣乘坐被告张某某驾驶的鲁GJ9027（鲁GR943R挂）号“东风牌”重型半挂车沿临沂市河东区省道342线九曲办事处朱斜坊村路段，与前方顺行的宋某某驾驶的鲁QS3486（鲁QCZ53挂）号“陕汽牌”重型半挂车相撞，造成卜某荣当场死亡，张某某受伤，双方车辆及货物部分损坏的道路交通事故。经交警部门认定，被告张某某承担事故的全部责任。原告因交通事故向被告索赔未果，形成诉讼。另查明，肇事车辆鲁GJ9027（鲁GR943R挂）号“东风牌”重型半挂车挂靠于被告山东某物流有限公司，原告明确表示放弃对实际车主徐某某的起诉，且两被告均表示不追加徐某某为本案被告。被告张某某系实际车主徐某某雇用的司机。事故发生后，徐某某已经向原告支付了现金43000元，丧葬费8400元、验尸费1000元。

二审庭审中，被上诉人李某某等四人认可受害人卜某荣生前工资由张某某发放。

【案件焦点】

被挂靠单位是否对机动车交通事故损害承担直接赔偿责任。

【法院裁判要旨】

山东省淄博市临淄区人民法院一审认为：维护道路交通秩序，预防和减少交通事故的发生，保护公民人身安全、财产安全及其他合法权益，是每个驾驶员应尽的义务。公民享有生命健康权，侵害公民身体造成伤害的，应承担民事赔偿责任。受害人卜某荣乘坐被告张某某驾驶的鲁 GJ9027（鲁 GR943R 挂）号“东风牌”重型半挂车沿临沂市河东区省道 342 线九曲办事处朱斜坊村路段，与前方顺行的宋某某驾驶的鲁 QS3486（鲁 QCZ53 挂）号“陕汽牌”重型半挂车相撞，造成卜某荣当场死亡，张某某受伤，双方车辆及货物部分损坏的道路交通事故。经交警部门认定，被告张某某承担事故的全部责任。交警部门作出的道路交通事故认定书认定事实清楚、责任划分正确，法院予以确认。该交通事故给原告造成的损失应由被告山东某物流有限公司承担连带赔偿责任。肇事车辆鲁 GJ9027（鲁 GR943R 挂）号“东风牌”重型半挂车的实际车主徐某某已经支付现金 43000 元及丧葬费 8400 元，经原、被告双方质证认可，应当从赔偿款中予以扣除。另外支付的验尸费 1000 元并不在原告的起诉范围之内。该交通事故给原告造成的损失为：1. 原告主张的死亡赔偿金 565280 元，参照 2014 年度山东省城镇居民人均可支配收入计算。被告山东某物流有限公司、张某某提出异议，认为应当按照农村标准计算。原告提交的稷下街道办事处证明一份、山东省人民政府建设用地批件一份、淄博市人民政府征收土地公告一份等证据，足以证实受害人卜某荣系失地农民，可以按照城镇标准计算其死亡赔偿金，被告山东某物流有限公司、张某某的异议不能成立，原告的该项主张，符合法律规定，法院予以支持；2. 原告主张的丧葬费 23193 元，按照山东省城镇在岗职工年平均工资计算，被告均无异议，符合法律规定，法院予以支持；3. 原告主张的处理事故人员误工费 5000 元，未提交相关证据证实，被告山东某物流有限公司、张某某认可按照三人三天，每人每天 100 元计算为 900 元，法院予以确认，对原告主张的过高部分，法院不予支持；4. 原告主张的交通费 20000 元，有单据一张为证，因本次事故发生在临沂市，属于淄博市范围外，法院酌情支持 3000 元；5. 原告主张的尸体存放费 2320 元、运尸费 3100 元，应当属于丧葬费范畴，系原告重复主张，法院不予支持；6. 原告主张的精神损害抚慰金 30000 元，被告山东某物流有限公司提出异议，认为数额过高。该交通事故造成受害人卜某荣死亡，给原告造成持久性的精神痛苦，被告应当赔偿原告精神损害抚慰金，被告山东某物流有限公司的异议不能成立，结合案件情况，法院酌情支持15000元，对原告主张的过高部分，法院不予支持。

山东省淄博市临淄区人民法院依照《中华人民共和国侵权责任法》第三条、第十五条第一款第六项、第四十八条，《中华人民共和国道路交通安全法》第七十六条，《最高人民法院关于审理人身损害赔偿案件适用法律若干问题的解释》第十七条、第十八条、第二十二条、第二十七条、第二十九条，《中华人民共和国民事诉讼法》第六十四条之规定，判决如下：

一、被告山东某物流有限公司赔偿原告李某某、孙某玉、孙某红、卜某霞因此次事故造成的损失：精神损害抚慰金15000元、死亡赔偿金565280元、丧葬费23193元、交通费3000元、处理事故人员误工费900元，以上共计607373元，扣除已经支付的51400元，余款555973元，于本判决生效后十日内支付；

二、驳回原告李某某、孙某玉、孙某红、卜某霞的其他诉讼请求。

宣判后，山东某物流有限公司提起上诉。山东省淄博市中级人民法院经审理认为：本案系机动车交通事故责任纠纷，事故发生时，张某某驾驶的重型半挂车与宋某某驾驶的重型半挂车相撞，虽然宋某某在本次事故中不承担责任，但其所驾驶车辆的保险人应在交强险无责险限额内承担赔偿责任，原审中未追加保险公司参加诉讼，漏列当事人。《最高人民法院关于审理道路交通事故损害赔偿案件适用法律若干问题的解释》第三条规定："以挂靠形式从事道路运输经营活动的机动车发生交通事故造成损害，属于该机动车一方责任，当事人请求由挂靠人和被挂靠人承担连带责任的，人民法院应予支持。"本案中，山东某物流有限公司作为涉案车辆的被挂靠人，应对事故损害承担连带责任，实际侵权人或者雇主应对事故损害承担直接赔偿责任。原审中未追加实际侵权人之雇主参加诉讼，导致实际赔偿主体缺失，原审判决判令连带责任人承担直接赔偿责任不当。综上，原审判决漏列案件当事人，诉讼程序不当。

山东省淄博市中级人民法院依照《中华人民共和国民事诉讼法》第一百七十条第一款第（四）项之规定，裁定如下：

一、撤销淄博市临淄区人民法院（2014）临民初字第2488号民事判决；

二、发回淄博市临淄区人民法院重审。

【法官后语】

《最高人民法院关于审理道路交通事故损害赔偿案件适用法律若干问题的解释》第三条规定："以挂靠形式从事道路运输经营活动的机动车发生交通事故造成损害，属于该机动车一方责任，当事人请求由挂靠人和被挂靠人承担连带责任的，人民法院应予支持。"司法解释规定挂靠人和被挂靠人对损害承担连带责任，在审判实践中，挂靠人和被挂靠人是作为共同被告出现的，在判决主文表述时，均是由挂靠人在超出交强险和（或）第三者责任险承担责任范围外承担赔偿责任，由被挂靠人对挂靠人的赔偿责任承担连带责任。也即实际侵权人或者雇主（挂靠人）应对事故损害承担直接赔偿责任，被挂靠人承担连带责任，而非直接赔偿责任。本案中，山东某物流有限公司作为涉案车辆的被挂靠人，应对事故损害承担连带责任，实际侵权人或者雇主应对事故损害承担直接赔偿责任。一审判决判令连带责任人承担直接赔偿责任不当。

根据连带责任的特征，挂靠情形下，在实体权利上受害人可以要求挂靠人承担责任，也可以要求被挂靠人承担责任。但在诉讼中，为查明事实、明确责任，受害人只能起诉挂靠人（被挂靠人），挂靠人（被挂靠人）要求追加被挂靠人（挂靠人）为共同被告的，人民法院应予准许；当事人均未申请追加，人民法院也应依职权追加另一方为共同被告。本案中，被告张某某系实际车主徐某某雇用的司机，原告在诉讼中明确表示放弃对实际车主徐某某的起诉，且两被告均表示不追加徐某某为本案被告。《最高人民法院关于审理人身损害赔偿案件适用法律若干问题的解释》第五条规定，赔偿权利人在诉讼中放弃对部分共同侵权人的诉讼请求的，其他共同侵权人对被放弃诉讼请求的被告应当承担的赔偿份额不承担连带责任。从司法解释起草的本意分析，这里的共同侵权，是指广义上的共同侵权，不包括本案所涉及的挂靠人和被挂靠人对损害承担连带责任的情形。因此，严格地讲，如果原告在诉讼中明确表示放弃对实际车主（挂靠人）的起诉，由于实际侵权人或者雇主（挂靠人）应对事故损害承担直接赔偿责任，被挂靠人承担连带责任，而非直接赔偿责任。在实际赔偿主体缺失的情况下，经法院释明，原告仍坚持放弃对实际车主（挂靠人）的起诉，被挂靠人也不再承担连带责任。本案中，二审法院出于保护受害人实体权益的考虑，以一审法院未追加实际侵权人之雇主参加诉讼，漏列当事人，诉讼程序不当为由撤销原判，发回重审，兼顾各方利益，具有事实和法律依据，值得肯定。

编写人：山东省淄博市临淄区人民法院　刘海红

10

未依法投保的机动车交由无驾驶资格的人驾驶，机动车投保义务人是否对交通事故承担过错责任

——廖龙诉唐波等机动车交通事故责任案

【案件基本信息】

1. 裁判书字号

湖南省株洲市攸县人民法院（2015）攸法民一初字第84号民事判决书

2. 案由：机动车交通事故责任纠纷

3. 当事人

原告：廖龙

被告：唐波、唐建、陈文选、张友程、中国平安财产保险股份有限公司攸县支公司

【基本案情】

2014年7月2日晚上，被告陈文选驾驶湘B7C217小轿车搭乘原告廖龙及案外人刘某康从攸县槚山乡张家如村出发，沿网株公路由西向东驶往攸县县城。20时26分，当湘B7C217号小轿车行驶至槚山乡株形村路段，遇被告唐波驾驶无牌改装平板农用车因故障停在道路南侧，被告唐建站在农用车车头修车。被告陈文选驾车操作不当致使湘B7C217号小轿车追尾撞到无牌改装平板农用车左后角。造成原告廖龙、被告陈文选、被告唐建、案外人刘某康受伤的交通事故。原告廖龙受伤后被

送往攸县人民医院治疗，后转院至武警湖南总队医院住院治疗。2014年7月25日，攸县公安局交通警察大队出具了株公交认字（2014）第00460号事故认定书，认定被告陈文选夜间驾驶机动车未确保安全是造成本次事故的主要原因，应承担事故主要责任，被告唐波夜间驾驶无灯光装置的机动车发生故障时未按规定设置警告标志应承担事故次要责任，原告廖龙不承担事故责任。

另查明，被告陈文选驾驶的湘B7C217号小轿车的车主系被告张友程，被告张友程在中国平安财产保险股份有限公司攸县支公司（以下简称平安财保攸县支公司）投保了最高保额为20000元/座的车上人员责任险（乘客），并购买了不计免赔率险别。被告唐波驾驶的无牌改装平板农用车车主系被告唐建，该车未购买交强险及商业险，事故发生时被告唐波持有“E”型机动车驾驶证。事故发生后，被告陈文选向原告支付了10000元医疗费，被告唐建向原告支付了1000元医疗费。

原告廖龙认为被告陈文选驾驶被告张友程所有的湘B7C217号小轿车与被告唐波驾驶的被告唐建所有的无牌农用车发生交通事故造成原告受伤，被告陈文选、唐波、张友程、唐建均应承担相应赔偿责任，其中被告唐建应在交强险责任范围内赔偿原告的损失，湘B7C217号小轿车的承保人被告平安财保攸县支公司应在商业险范围内承担理赔责任。

【案件焦点】

机动车投保义务人将未依法投保交强险的机动车交由无驾驶资格的他人驾驶，是否对交通事故承担过错责任。

【法院裁判要旨】

湖南省株州市攸县人民法院经审理认为：相关人员驾驶机动车发生交通事故造成人身伤害的，应当承担与其责任相当的民事赔偿责任。攸县公安局交通警察大队作出道路交通事故认定书认定被告陈文选承担事故的主要责任，被告唐波承担事故次要责任，原告廖龙不承担事故责任。交警队对事故责任的划分有事实和法律依据，法院予以采纳。被告张友程无偿将湘B7C217号小轿车借给具有合法驾驶资格的被告陈文选使用，其在本案中不存在过错，故原告要求被告张友程承担赔偿责任的诉讼请求法院不予支持。被告张友程为湘B7C217号小轿车购买了20000元/座的车上人员责任险（乘客），并购买了不计免赔条款，被告陈文选作为被保险人允许的合法驾驶人在使用保险车辆过程中发生意外事故，致使车上人员遭受伤害，被告平安财保攸县支公司应依据保险合同的约定进行赔偿。被告唐建作为无牌平板农用车的车主，其将车辆交付给未取得相应驾驶资格证的被告唐波驾驶，其对本次事故的发生具有过错，故被告唐建对原告的损失也应承担相应的赔偿责任。参照湖南省道路交通事故人身损害赔偿标准，结合本案已查明的事实，对原告廖龙因本次交通事故所受的损失核定为72533元，（其中在交强险医疗费项下为59957元，交强险伤残赔偿项下为11876元，鉴定费700元）。因事故发生时，被告唐波驾驶的无牌改装农用车未购买交强险，根据《中华人民共和国道路交通安全法》第七十六条之规定，机动车发生交通事故造成人身伤亡、财产损失的，由保险公司在机动车第三者责任强制保险责任限额范围内予以赔偿。以及《最高人民法院关于审理道路交通事故损害赔偿案件适用法律若干问题的解释》第十九条规定：未依法投保交强险的机动车发生交通事故造成损害，当事人请求投保义务人在交强险责任限额范围内予以赔偿的，人民法院应予支持。被告唐建作为无牌改装平板农用车的投保义务人，因此，本案中原告的损失应首先由被告唐建在交强险责任限额内依法赔付原告21876元（其中交强险医疗费项下限额内10000元，交强险伤残赔偿金项下11876元）。原告的损失超出交强险范围的有医疗费部分损失49957元及鉴定费700元共计50657元。对于超出部分，法院结合交警队对各方当事人在事故发生时的责任划分，认定被告唐波对原告超出交强险范围的损失承担20%的责任，即应赔偿原告10131.4元（50657×20%），认定被告唐建对原告超出交强险范围的损失承担10%的责任，即赔偿5065.7元（50657×10%）。因此，被告唐建在本案中共计应赔偿原告26941.7元（21876元+5065.7元），事故发生后，被告唐建已向原告赔偿了1000元，故被告唐建还应赔偿原告25941.7元。认定被告陈文选承担原告超出交强险范围损失部分70%的赔偿责任，即应赔偿原告35459.9元（50657×70%）。因被告陈文选应赔偿的数额已超过20000元，故被告平安财保攸县支公司应在车上人员责任险（乘客）最高限额内赔偿原告20000元，由被告陈文选赔偿原告15459.9元。事故发生后，被告陈文选已向原告赔付了10000元，还应赔偿原告5459.9元，

综上，被告唐波应赔偿原告廖龙10131.4元，被告唐建还应赔偿原告廖龙25941.7元，被告陈文选还应赔偿原告廖龙5459.9元，被告平安财保攸县支公司应赔偿原告廖龙20000元，被告张友程不承担本案赔偿责任。对于原告超出部分的诉

讼请求不予支持。湖南省株州市攸县人民法院依照《中华人民共和国侵权责任法》第十六条、第四十九条，《中华人民共和国道路交通安全法》第七十六条，《最高人民法院关于审理道路交通事故损害赔偿案件适用法律若干问题的解释》第一条、第十九条，《最高人民法院关于审理人身损害赔偿案件适用法律若干问题的解释》第十七条、第十九条、第二十条、第二十一条、第二十二条、第二十三条、第二十四条，《中华人民共和国民事诉讼法》第六十四条第一款、第一百四十四条之规定，判决如下：

一、限被告唐波在本判决生效之日起十日内赔偿原告廖龙 10131.4 元；

二、限被告唐建在本判决生效之日起十日内赔偿原告廖龙 25941.7 元；

三、限被告陈文选在本判决生效之日起十日内赔偿原告廖龙 5459.9 元；

四、限被告中国平安财险保险股份有限公司攸县支公司在本判决生效之日起十日内赔偿原告廖龙 20000 元；

五、驳回原告廖龙的其他诉讼请求。

【法官后语】

在审理此类案件时需明确投保义务人在本案中是否存在过错，在存在过错的前提下适用《侵权责任法》及《道路交通安全法》的相关规定承担赔偿责任，对于超出交强险赔偿责任范围的再根据过错程度承担相应的赔偿责任。

根据《最高人民法院关于审理道路交通事故损害赔偿案件适用法律若干问题的解释》第一条规定："机动车发生交通事故造成损害，机动车所有人或者管理人有下列情形之一，人民法院应当认定其对损害的发生有过错，并适用侵权责任法第四十九条的规定确定其相应的赔偿责任：（一）知道或者应当知道机动车存在缺陷，且该缺陷是交通事故发生原因之一的；（二）知道或者应当知道驾驶人无驾驶资格或者未取得相应驾驶资格的；（三）知道或者应当知道驾驶人因饮酒、服用国家管制的精神药品或者麻醉药品，或者患有妨碍安全驾驶机动车的疾病等依法不能驾驶机动车的；（四）其它应当认定机动车所有人或者管理人有过错的。"本案中，被告唐波持有"E"型驾驶资格证驾驶农用车系准驾不符，而唐建将改装的农用车交于被告唐波驾驶，其存在过错。另，根据《侵权责任法》第四十九条的规定："因租赁、借用等情形机动车所有人与使用人不是同一人时，发生交通事故后属于该机动车一方责任的，由保险公司在机动车强制保险责任限额范围内予以赔偿。不足部分，由机动车使用人承担赔偿责任；机动车所有人对损害的发生有过错的，承担相应的赔偿责任。”而本案中，作为投保义务人的唐建并未依法对肇事车辆投保机动车强制责任保险，根据《最高人民法院关于审理道路交通事故损害赔偿案件适用法律若干问题的解释》第十九条第一款的规定：“未依法投保交强险的机动车发生交通事故造成损害，当事人请求投保义务人在交强险责任限额范围内予以赔偿的，人民法院应予支持。”在庭审中，原告廖龙亦主张被告唐建在交强险责任限额范围内予以赔偿，因此原告在交强险范围内的损失应先由投保义务人被告唐建承担，对于超出交强险损失的部分，再综合肇事车辆的使用人在事故中的责任负担情况予以认定相应赔偿责任。

本案中，最终判定被告陈文选夜间驾驶机动车未确保安全是造成本次事故的主要原因，应承担事故主要责任；被告唐波夜间驾驶无灯光装置的机动车发生故障时未按规定设置警告标志，应承担事故次要责任；唐建将改装的农用车交于无驾驶资格的被告唐波驾驶存在过错，对超出交强险责任限额部分的损失承担10%的赔偿责任。

编写人：湖南省株洲市攸县人民法院　叶开钟

11

侵权人主体不明情况下车辆所有人责任的法律认定

——李颖诉张温德机动车交通事故责任案

【案件基本信息】

1. 裁判书字号

福建省厦门市思明区人民法院（2015）思民初字第48号民事判决书

2. 案由：机动车交通事故责任纠纷

3. 当事人

原告：李颖

被告：张温德

【基本案情】

2014年10月4日11时50分，车牌为闽C022P0的车辆驾驶人驾驶被告张温德所有的闽C022P0车辆沿沈海高速公路由厦门往泉州方向行驶至沈海高速公路（下行）2272km+900m处追尾碰撞何加生驾驶原告所有的闽DZS309车辆，造成闽DZS309车辆损坏。闽C022P0驾驶人下车查看现场后又驾驶该车逃离。福建省公安厅交通警察总队泉州高速公路支队一大队对本次交通事故作出《道路交通事故认定书》，认定闽C022P0驾驶人承担事故全部责任，何加生无责任。原告因本起事故支付施救费200元、闽DZS309车辆维修费5651元。

本案审理过程中，原告向法院申请调取闽DZS309车辆驾驶人何加生及被告张温德2014年10月9日在泉州高速公路支队一大队所作的询问笔录。被告张温德在询问笔录中陈述，其系闽C022P0车辆的车主，保险现已过期，该车辆2014年4月份因为欠款抵押给朋友林景明，事故发生后其跟林景明联系，林景明否认车辆在他那里。被告还陈述，事故当天其人在厦门，不是肇事车辆驾驶人，交警打电话到家里后才知道发生交通事故，目前并不知道闽C022P0车辆在哪里。何加生在询问笔录中陈述，事故当天，其一人驾驶闽DZS309车辆，事故发生后，肇事车辆驾驶员等人有下车查看，其有看清驾驶员的长相。何加生当庭确认被告与事故当天肇事车辆驾驶人并非同一人，被告亦未在肇事车辆上。

【案件焦点】

因租赁、借用等情形机动车所有人与使用人不是同一人时，发生交通事故后属于该机动车一方责任且使用人身份无法确定的，机动车所有人是否应承担赔偿责任。

【法院裁判要旨】

福建省厦门市思明区人民法院经审理认为：机动车的运行对其周围环境（人和财产）具有高度危险，开启、控制和支配这一“危险源”运行的车辆所有人、管理人和使用人应当承担相应的民事责任。

被告张温德是闽 C022P0 车辆所有人，系最初的危险源开启者和最初的风险控制者。被告在询问笔录中自述将肇事车辆抵押给案外人林景明，但未提供相应证据，法院不予采信。闽 C022P0 车辆驾驶人在本案交通事故中导致原告所有的闽 DZS309 车辆损坏并负事故全部责任，但该驾驶人逃逸，实际侵权行为人不明。被告作为肇事车辆所有人，自认事故发生前在自愿的情况下将该车辆交付他人占有使用，但在事故发生后却陈述不清楚车辆在哪里，亦无法清楚陈述车辆占有使用人身份信息，致使无法明确该车辆的实际风险控制者，放任风险的产生。事故发生后，被告本应当因其交付他人占有使用车辆的先前行为积极协助提供占有使用人的身份信息或其他后续车辆使用信息，但被告在事故处理期间和诉讼期间均未能准确提供车辆使用人的身份信息。被告的行为导致本案无法确定肇事车辆驾驶人的身份，原告无法向驾驶人即实际侵权人主张其全部合法权益，故法院认定被告的行为具有过错，与原告的损害后果之间具有因果关系，被告应对原告的损害后果承担相应的赔偿责任。法院酌定被告的责任比例为 50%。此外，被告作为投保义务人，自认肇事车辆的保险在本案交通事故发生时已过期，应在机动车交通事故责任强制保险（以下简称交强险）财产损失责任限额范围内承担赔偿责任。原告要求被告赔偿车辆维修费 5651 元、施救费 200 元，共计 5851 元，有事实和法律依据，法院予以支持。原告关于要求被告赔偿误工费、交通费及油费的诉讼请求，缺乏证据，法院不予支持。综上，被告首先应在交强险财产损失责任限额 2000 元的范围内承担赔偿责任，再对保险范围外的损失承担 50% 的赔偿责任，即 2000 元 +（5851 元 - 2000 元）× 50% = 3925.5 元。

福建省厦门市思明区人民法院依照《中华人民共和国侵权责任法》第十九条、第四十八条、第四十九条，《中华人民共和国道路交通安全法》第七十六条，《最高人民法院关于审理道路交通事故损害赔偿案件适用法律若干问题的解释》第一条、第十五条、第十九条，《中华人民共和国民事诉讼法》第六十四条第一款、第一百四十四条之规定，判决如下：

一、被告张温德于本判决生效之日起十日内赔偿原告李颖损失 3925.5 元；

二、驳回原告李颖的其他诉讼请求。

【法官后语】

（一）空缺的救济

根据《侵权责任法》第四十九条和《最高人民法院关于审理道路交通事故损害赔偿案件适用法律若干问题的解释》（以下简称《解释》）第一条的规定，因租赁、借用等情形机动车所有人与使用人不是同一人时，发生交通事故后属于该机动车一方责任的，若此时使用人身份无法确定的，将导致受害人因实际使用人不明无法向其索赔；而所有人并非直接侵权人，受害人也难以证明车辆所有人具有《解释》第一条所罗列的过错行为，难以证明所有人对事故的发生具有过错，受害人亦无从通过所有人处取得救济。

显而易见，受害者这种救济的空缺状态绝不符合法律的精神。然而，现实生活此类情况屡见不鲜，个别机动车所有人甚至利用前述规范的空缺，有意隐瞒实际使用人身份进而掩饰其在选定实际使用人时存在的过错，从而规避法律责任。

（二）交通事故中所造成损害的动态理解

当前主流的法律观点认为，交通事故中的损害主要仅指交通事故所造成的受害人的人身与财产损失。若仅从交通事故造成的结果而言，似乎言之成理，并无大碍。然而，站在更宽广的角度去观察，可以发现，在交通事故造成受害人的人身与财产损失迟迟无法得到救济时，也是一种损害。换言之，损失的延续、蔓延乃至扩大也是损害的一种状态。

因此，因租赁、借用等情形机动车所有人与使用人不是同一人时，发生交通事故后属于该机动车一方责任且使用人身份无法确定的，此时受害者的已发生损害因无法确定实际使用人从而取得相应救济赔偿，从而处于持续、蔓延乃至扩大的状态，也可以被认定为损害的另一种状态。

（三）机动车所有人无法提供必要合理证据确定肇事使用人身份时的过错认定

如本案所示，本案机动车所有人宣称其将车辆交由他人使用，但却无法提供必要合理证据确定相应的车辆实际使用人。在该情形下，受害者因无法确定实际使用人的身份从而向其索赔，其因交通事故造成的损害结果，将进一步持续、蔓延乃至扩大。在此意义上，机动车所有人无法提供必要合理证据的结果与此种动态性的损害之间具有因果关系。从风险控制的角度来说，机动车所有人在其将机动车交由他人使用时，具有充分的能力确定实际使用人的身份。因此，其之前未保有确定实际使用人身份证据的行为或者虽保有后来丢失的行为，导致本文所述的动态性损害的发生，二者之间具有因果关系。从法律上而言，可以认定机动车所有人具有一定过错。

综上所述，因租赁、借用等情形机动车所有人与使用人不是同一人时，发生交通事故后属于该机动车一方的责任且使用人身份无法确定的，若所有人无法提供必要合理证据确定使用人身份的，应当根据个案具体情况酌定机动车所有人具有一定过错，承担相应的赔偿责任。

编写人：福建省厦门市思明区人民法院　曾臻

12

无刑事责任能力人肇事、监护人是否承担连带赔偿责任，交强险是否免赔

——赵凤云诉杨海钢等机动车交通事故责任案

【案件基本信息】

1. 裁判书字号

北京市第二中级人民法院（2015）二中民终字第13437号民事判决书

2. 案由：机动车交通事故责任纠纷

3. 当事人

原告（被上诉人）：赵凤云

被告（被上诉人）：杨海钢、杨俊明

被告（上诉人）：太平财产保险有限公司北京分公司

【基本案情】

2014年7月14日，杨海钢在没有取得驾驶资格的情况下，于北京市丰台区莲花池长途汽车站门口，趁车主刘振江不备，将刘振江的黑色比亚迪牌轿车私自开

走，将车前的王桢焕、赵凤云撞伤，后被民警抓获。赵凤云于北京电力医院就医治疗，诊断为右髋外伤、软组织挫伤、右耻骨支骨折。赵凤云在治疗过程中支付医疗费 4889.58 元。2015 年 1 月 30 日，法大法庭科学技术鉴定研究所作出《法医学鉴定意见书》，鉴定意见：杨海钢诊断为躁狂症发作；2014 年 7 月 14 日案发时其处于疾病期，评定为无刑事责任能力。

另查，杨海钢驾驶的机动车在太平财产保险有限公司北京分公司（以下简称北京分公司）投保了交强险。杨俊明系杨海钢之父。

【案件焦点】

当肇事人被认定为无刑事责任能力人时，其监护人是否承担赔偿责任。

【法院裁判要旨】

北京市丰台区人民法院经审理认为，杨海钢在没有取得驾驶资格的情况下驾驶机动车将赵凤云撞伤。事故已经北京市公安局丰台分局侦查并进行了认定。杨海钢诊断为躁狂症发作，2014 年 7 月 14 日案发时其处于疾病期，评定为无刑事责任能力。杨俊明系杨海钢之父。赵凤云主张杨海钢、杨俊明承担连带赔偿责任，于法有据，法院予以支持。赵凤云主张车主刘振江承担责任，但未能提供充足的证据证明刘振江对于事故发生存在过错，故法院不予支持。因杨海钢驾驶的机动车在北京分公司投保了交强险，故北京分公司应当在交强险限额内对赵凤云承担赔偿责任，超出交强险部分由杨海钢、杨俊明承担赔偿责任。赵凤云主张的医疗费，法院根据相关票据予以确定。关于营养费、护理费，法院根据赵凤云伤情及医疗机构诊断情况予以酌定。关于交通费，法院根据赵凤云的就医时间、次数予以酌定。关于精神损害抚慰金，法院根据赵凤云的伤情、年龄及交通事故发生情况予以酌定。

北京市丰台区人民法院，依照《中华人民共和国民法通则》第一百一十九条，《中华人民共和国道路交通安全法》第七十六条，《中华人民共和国民事诉讼法》第一百四十四条之规定，判决如下：

一、被告太平财产保险有限公司北京分公司于本判决生效后十日内赔偿原告赵凤云医疗费 4889.58 元；

二、被告太平财产保险有限公司北京分公司于本判决生效后十日内赔偿原告赵凤云营养费 1000 元；

三、被告太平财产保险有限公司北京分公司于本判决生效后十日内赔偿原告赵凤云护理费7200元；

四、被告太平财产保险有限公司北京分公司于本判决生效后十日内赔偿原告赵凤云交通费500元；

五、被告太平财产保险有限公司北京分公司于本判决生效后十日内赔偿原告赵凤云精神损害抚慰金2000元；

六、驳回原告赵凤云的其他诉讼请求。

案件受理费1156元，由被告杨海钢、杨俊明负担（于本判决书生效后十日内交纳）。

上诉人北京分公司诉称：1. 杨海钢在案发时躁狂症发作，其监护人未尽到监护责任，应承担赵凤云的赔偿责任。2. 杨海钢无合法驾驶资格，根据交强险条例规定，我分公司除垫付伤者医疗费外，其他费用均不应承担。3. 赵凤云并未提交需要加强营养及护理的医嘱，故我分公司不同意承担营养费及护理费。4. 赵凤云未构成伤残且伤情轻微，故我分公司不应承担精神抚慰金。5. 原审法院未确定我公司的追偿权，应属不当。为此，我分公司上诉请求：撤销原审法院判决，并改判赵凤云的经济损失由杨海钢的监护人杨俊明承担。

杨海钢、杨俊明未到庭应诉，其提交答辩意见称："我们同意原审法院判决。"

刘振江同意原判。针对北京分公司的上诉请求，其答辩称："我也是受害人。现在我的车也有损伤。我认为张凤云的损失应与我无关。"

北京市第二中级人民法院经审理认为：确认一审法院认定的事实和证据。上述事实，有双方当事人陈述、医疗费票据、刑事侦查案卷及相关材料在案予以证明。认为：本案争议的焦点系原判对赵凤云获得赔偿是否承担责任的问题。

根据查明的事实，赵凤云被杨海钢驾车撞伤，赵凤云因受伤所造成的经济损失理应获得赔偿。因杨海钢在发生撞车事件时处于躁狂症发作状态，已被有关部门评定为无刑事责任能力，故其应承担的赔偿责任应由其法定监护人杨俊明一并承担。鉴于肇事车辆在北京分公司投保有交强险，故依照交通法律规定，上述损失应首先在交强险范围内进行赔偿。

诉讼中，北京分公司主张依照交强险条例的规定，该分公司仅应对医疗费承担垫付责任，不应再承担其他赔偿责任。针对上述问题，《最高人民法院关于审理道路交通事故损害赔偿案件适用法律若干问题的解释》第十八条中明确规定：驾驶人未取得驾驶资格或未取得相应驾驶资格的，当事人请求保险公司在交强险责任限额范围内予以赔偿，人民法院应予以支持。故现赵凤云要求北京分公司在交强险范围内承担合理的赔偿责任理由充分，应予支持。

至于北京分公司主张赵凤云的营养费与护理费缺少医嘱，不应予以认定的问题，法院认为赵凤云因此次受伤造成骨折，骨折受伤的恢复期需要较长时间，此期间所发生必要的营养费与护理费应属合理损失范畴，特别是本案受害人赵凤云系年迈老人，更需要营养与照顾，故对于北京分公司的上述主张法院不予采信。同理，赵凤云在年事已高的情况下发生此事故，必然对其身体与精神带来不利影响，故原审法院酌情确定一定比例的精神抚慰金，并对其交通费损失予以一定赔偿无明显不当，为此法院对北京分公司不同意支付上述费用亦不予支持。

至于北京分公司主张赵凤云的损失应由杨海钢与杨俊明予以承担的问题，因涉及北京分公司主张追偿权，且与本案非属同一法律关系，法院不予涉及。综上所述，原判正确，应予维持。

北京市第二中级人民法院依据《中华人民共和国民事诉讼法》第一百七十条第一款第（一）项之规定，判决如下：

驳回上诉，维持原判。

【法官后语】

本案处理重点主要在于无刑事责任能力人驾驶机动车发生交通事故致人损害的赔偿问题。

首先，本案中的监护人是否应当承担赔偿责任。本案的肇事司机杨海钢经鉴定机构鉴定为无刑事责任能力人，其在躁狂症发作期间趁车主刘振江不备，将车私自开走，将王桢焕、赵凤云撞伤。至于赔偿责任如何分担，根据《侵权责任法》第三十二条："无民事行为能力人、限制民事行为能力人造成他人损害的，由监护人承担侵权责任。监护人尽到监护责任的，可以减轻其侵权责任。"显然，本案中杨海钢的监护人杨俊明没有尽到监护责任，应当承担赔偿责任。

其次，本案中的车辆所有人是否应当承担赔偿责任。本案中，从刑事卷宗和民事庭审记录中均可认定杨海钢由于躁狂症发作，趁车主刘振江不备，将车私自开走，将王桢焕、赵凤云撞伤。由于侵权行为法的基本原则是自己责任原则，即每个人只应对自己的行为所造成的损害后果负责，侵权行为人要能够转移责任，或者他人必须替侵权行为人造成的损害后果负责，都需要有法律上的明文规定。针对交通事故中驾驶员与车辆所有人的责任承担，驾驶员系交通事故的直接侵权行为人，如果没有其转移责任的法律规定，自然应当承担侵权责任，而对于车辆所有人是否须为驾驶员的行为承担责任，需要从实际出发，审查车辆所有人对交通事故发生是否有过错以及车辆所有人与实际使用人之间的关系，确定其相应的责任。本案中杨海钢未经车辆所有人刘振江的允许，趁其不备，擅自驾驶车辆所有人的车辆发生道路交通事故，属于已经超出所有人意志外原因，导致车辆被他人控制，车辆所有人已丧失了对车辆的管理和支配权，且依据现有证据不能证明车辆所有人刘振江存在管理上的瑕疵，则所有人刘振江不应承担赔偿责任。

最后，保险公司是否应当在保险限额内承担赔偿责任。《最高人民法院关于审理道路交通事故赔偿案件适用法律若干问题的解释》第十八条中明确规定，驾驶人未取得驾驶资格或未取得相应驾驶资格的，当事人请求保险公司在交强险责任限额内予以赔偿，人民法院应予以支持。故现赵凤云要求保险公司在交强险范围内承担合理的赔偿责任理由充分，应予支持。针对保险公司认为赵凤云的损失应由杨海钢与杨俊明予以承担问题，因此主张追偿权，笔者认为不当，从法律关系来看，追偿权属于合同之债，道路交通事故损害赔偿纠纷属于侵权之债，两者非属同一法律关系；从权利基础看，追偿权是在保险公司实际赔偿受害人之后才享有的，同一诉讼中保险公司尚未赔偿受害人，因此不享有追偿权；从诉讼地位上看，保险公司在侵权之诉中的诉讼地位应当是被告，其对致害人提出追偿，就会形成被告人对被告人的诉讼请求，使得法律关系混淆不清。综上，应驳回保险公司的追偿诉讼请求。

编写人：北京市丰台区人民法院　尚全跃

13

未成年人驾驶车辆发生交通事故案件中赔偿主体的认定

——韩某某诉被告刘启生等机动车事故责任案

【案件基本信息】

1. 裁判书字号

青海省海西蒙古族藏族自治州德令哈市人民法院（2015）德民初字第716号民事判决书

2. 案由：机动车交通事故责任纠纷

3. 当事人

原告：韩某某

被告：刘启生、喇引支尼、马哈三

【基本案情】

2015年9月16日14时17分，刘启生驾驶“常州东风”牌手扶拖拉机沿平原村乡村道路由南向北行驶至事故发生路段左转弯过程中，与同向马某某驾驶的无号牌“广东五羊”牌两轮摩托车发生侧面碰撞，造成马某某，乘车人韩某某受伤的交通事故，此事故德令哈市交警大队作出德公交认字（2015）第59号道路交通事故认定书，其认定刘启生和马某某承担同等责任，韩某某无责。此事故发生后韩某某至海西蒙古族藏族自治州人民医院（以下简称海西州人民医院）住院治疗15天，产生医疗费18013.18元。其中被告刘启生支付7400元。

另查明，无号牌“广东五羊”牌两轮摩托车系原告家庭所有。事故发生前由韩某某驾驶两轮摩托车至马某某处，后由马某某驾驶该摩托车、韩某某为乘车人而发生此次事故。另，事故发生时韩某某、马某某均系限制民事行为能力人。

【案件焦点】

未成年人在驾驶车辆过程中发生事故，如何认定责任主体和赔偿主体。

【法院裁判要旨】

青海省海西蒙古族藏族自治州德令哈市人民法院审理认为：公民的人身财产权利受法律保护。原告要求被告赔偿医疗费、护理费、住院伙食补助费及后续治疗费中合理合法部分，法院予以支持；根据德令哈市交警大队作出的德公交认字(2015）第 59 号道路交通事故认定书中责任划分，法院认定在此次事故中被告刘启生承担 50% 责任；另，因本案中韩某某、马某某均系限制民事行为能力人，又肇事车辆（摩托车）系原告家庭所有，根据《中华人民共和国侵权责任法》第三十二条规定，无民事行为能力人、限制民事行为能力人造成他人损害的，由监护人承担侵权责任。以及第四十九条“因租赁、借用等情形机动车所有人与使用人不是同一人时，发生交通事故后属于该机动车一方责任的……由机动车使用人承担赔偿责任；机动车所有人对损害的发生有过错的，承担相应的赔偿责任”之规定，根据双方监护人的责任，关于剩余 50% 的责任问题，法院认定原告韩某某、被告马某某法定监护人各承担 25% 责任。

关于原告主张的医疗费，海西州人民医院出具的医疗费发票能够证实原告住院实际产生医疗费 18013. 18 元，根据《最高人民法院关于审理人身损害赔偿案件适用法律若干问题的解释》第十九条第一款“医疗费根据医疗机构出具的医药费、住院费等收款凭证，结合病历和诊断证明等相关证据确定……”之规定，法院确定原告实际产生医疗费为 18013. 18 元。

关于原告住院伙食补助费 450 元，原告韩某某提供的出院证明证实原告实际住院 15 天，其符合《最高人民法院关于审理人身损害赔偿案件适用法律若干问题的解释》第二十三条第一款“住院伙食补助费可以参照当地国家机关一般工作人员的出差伙食补助标准予以确定。”之规定，故法院予以支持。

关于原告主张护理费，原告未提供任何相关证据予以证实，根据《最高人民法院关于审理人身损害赔偿案件适用法律若干问题的解释》第二十一条第一款、第二款“护理费根据护理人员的收入状况和护理人数、护理期限确定。护理人员有收入的，参照误工费的规定计算；护理人员没有收入或者雇佣护工的，参照当地护工从事同等级别护理的劳务报酬标准计算。护理人员原则上为一人，但医疗机构或者鉴定机构有明确意见的，可以参照确定护理人员人数。”之规定，法院按海西州部分工种（职业）工资指导价位中医疗卫生辅助服务人员的中位数1600元/月予以认定，即1600元/月÷30天×实际住院15天=800元。

关于原告主张的后续治疗费，因原告未提供证据予以证实，法院不予支持，待后续治疗费实际发生后另行起诉。

综上，原告此次事故产生的医疗费18013.18元、护理800元、住院伙食补助费450元，共计19263.18元。根据责任划分，被告刘启生承担19263.18元×50%=9631.6元，扣除已垫付的7400元，被告刘启生支付原告2231.6元（9631.6元-已垫付7400元）；被告喇引支尼、马哈三支付19263.18元×25%=4815.8元。青海省海西蒙古族藏族自治州德令哈市人民法院依据《最高人民法院关于人身损害赔偿案件适用法律若干问题的解释》第十七条、第十九条、第二十一条、第二十三条之规定，判决如下：

一、被告刘启生于本判决生效之日起十五内一次性支付原告韩某某医疗费、住院伙食补助费、护理费共计2231.6元（9631.6元-已垫付7400元）；

二、被告喇引支尼、马哈三于本判决生效之日起十五内一次性支付原告韩某某、医疗费、住院伙食补助费、护理费共计4815.8元；

三、驳回原告的其他诉讼请求。

如果未按本判决指定的期间履行给付金钱义务，应当依照《中华人民共和国民事诉讼法》第二百五十三条之规定，加倍支付迟延履行期间的债务利息。

【法官后语】

农村限制民事行为能力人，因其监护人外出打工，无闲暇时间照顾，加之受到的法制教育不到位，私自驾驶摩托车发生交通事故，但交警队对交通事故的责任只是对驾驶人员（限制民事行为能力人）进行划分，并不对乘车人等划分责任，在民事审判中要全面结合案情，要认定法定监护人的责任。

本案中摩托车车辆所有人系原告监护人，对原告受伤其根据《侵权责任法》第四十九条“因租赁、借用等情形机动车所有人与使用人不是同一人时，发生交通事故后属于该机动车一方责任的，由保险公司在机动车强制保险责任限额范围内予以赔偿。不足部分，由机动车使用人承担赔偿责任；机动车所有人对损害的发生有过错的，承担相应的赔偿责任。”之规定，其原告法定监护人明知原告系限制民事行为能力人，且未取得驾驶资格证而让被告马某某驾驶摩托车，故其原告法定监护人应承担相应的赔偿责任。但实际生活中原告本身的所有生活来源全部依托其法定监护人，本案中原告对此事实没有主张，案件中亦没有审理。

另，本案中被告马某某系限制民事行为能力人，未取得驾驶资格证，其驾驶原告提供的摩托车，其责任应由法定监护人承担。综上对本案的责任，根据双方责任及交通事故责任认定书，其认定原告韩某某、被告马某某法定监护人各承担25%责任，被告刘启生承担50%责任，较为合适。

编写人：青海省海西蒙古族藏族自治州德令哈市人民法院　李春业

14

机动车交通事故肇事者认定

——倪天斌诉刘爱平等机动车交通事故责任案

【案件基本信息】

1. 裁判书字号

江苏省南通市中级人民法院（2015）通中民终字第01725号民事判决书

2. 案由：机动车交通事故责任纠纷

3. 当事人

原告（上诉人）：倪天斌

被告（上诉人）：刘爱平、安邦财产保险股份有限公司江苏分公司

被告（被上诉人）：倪贵平

【基本案情】

2014年5月10日21时22分左右，倪天斌驾驶电动自行车沿如皋市丁堰镇丁夏路由南向北行驶至丁堰镇新堰村二十组路段时，被撞倒受伤。倪天斌诉称是被刘爱平驾驶的苏FAS023号普通货车的车辆吊臂碰撞倒地受伤，要求刘爱平、车辆登

记所有人如皋市利诚浆纱厂及保险公司承担赔偿责任。而被告刘爱平、倪贵平、安邦财产保险股份有限公司江苏分公司辩称倪天斌的受伤与刘爱平无关，不应承担任何赔偿责任。

经审理查明：1. 事故地点为如皋市丁堰镇丁夏路，农村通达工程，呈南北走向，水泥路面，无交通标志标线控制，夜间无路灯照明。事故地点南410米由东向西设有一监控摄像点，事故地点北220米由东向西设有一监控摄像点，两摄像点时间一致。刘爱平家位于事故现场南约25米向东。2. 2014年5月10日21时22分左右，倪天斌驾驶电动自行车沿丁夏路由南向北行至如皋市丁堰镇新堰村二十组路段发生交通事故，致倪天斌受伤，电动自行车损坏。刘爱平驾驶苏FAS023号中型普通货车沿如皋市丁堰镇丁夏路由北向南行经事故地点回家。事故发生时无其他车辆经过事故地点。3. 倪天斌驾驶电动自行车由南向北经过事故现场南监控摄像点的时间为21时21分34秒；刘爱平驾驶苏FAS023号中型普通货车由北向南经过事故现场监控摄像点的时间为21时22分07秒。4. 经江苏省公安厅物证鉴定中心进行视频清晰化处理，并推断：苏FAS023号中型普通货车通过监控摄像点时车辆吊臂未固定于车厢。5. 经南车戚墅堰机车车辆工艺研究所有限公司司法鉴定所出具的速度鉴定显示：倪天斌驾驶电动自行车通过监控摄像点的行驶速度为（21～23）km/h；刘爱平驾驶苏FAS023号中型普通货车通过监控摄像点的行驶速度为（51～58）km/h。6. 经如皋市公安局痕迹检测，被检“法拉蒂”牌电动自行车车体右侧见倒地擦痕；导流罩左侧碎落；左前转向灯碎落；左后视镜缺失。被检“凯马”牌中型普通货车车厢左侧挡板搁置一根吊臂，末端用塑料绳固定，将绳子解放开将吊臂移至车厢挡板外侧自然下垂时末端距地125cm。7. 经如皋市公安局实验，实验结果：驾驶苏FAS023号中型普通货车行驶，如果吊臂置于车辆车厢挡板外且未固定，车辆减速时吊臂会自然向车体外侧摆动。

【案件焦点】

倪天斌是否被刘爱平驾驶的苏FAS023号普通货车的车辆吊臂碰撞倒地受伤。

【法院裁判要旨】

江苏省如皋市人民法院经审理认为：本案中，从如皋市公安局交通巡逻警察大队出具的道路交通事故证明来看，刘爱平驾驶苏FAS023号中型普通货车与倪天斌驾驶电动自行车在事故地点相遇具有极大的可能性，且事故发生时无其他车辆经过事故地点，刘爱平驾驶的车辆当日吊臂未固定于车厢与倪天斌在事故地点摔倒具有极大的关联性。综合事故发生的过程、原告的伤情及公安机关调查、鉴定、实验的结果，法院从高度盖然性证明标准，对刘爱平驾驶苏FAS023号中型普通货车与倪天斌驾驶电动自行车在事故地点相遇，并发生交通事故，致倪天斌摔倒受伤这一盖然性较高的事实予以确认。

江苏省如皋市人民法院依照《最高人民法院关于审理道路交通事故损害赔偿案件适用法律若干问题的解释》第十六条，《最高人民法院关于审理人身损害赔偿案件适用法律若干问题的解释》第十七条之规定，作出如下判决：

被告安邦财产保险股份有限公司江苏分公司在交强险范围内赔偿原告倪天斌10000元，在商业三者险限额范围内赔偿原告倪天斌56907.21元，于判决生效后立即履行。

倪天斌、刘爱平、安邦财产保险股份有限公司江苏分公司持原审起诉意见提起上诉。江苏省南通市中级人民法院经审理认为：关于倪天斌受伤与刘爱平驾驶车辆有无关联。根据如皋市公安局交通巡逻警察大队出具的道路交通事故证明，刘爱平驾驶苏FAS023号中型普通货车与倪天斌驾驶电动自行车在事故地点相遇具有极大的可能性，且没有证据证明事故发生地有其他车辆经过，刘爱平驾驶的车辆当日吊臂并未固定于车厢，此与倪天斌在事故地点摔倒具有极大的关联性。原审因此综合事故发生的过程及倪天斌的伤情和公安机关调查、鉴定、实验的结果，从高度盖然性证明标准，对刘爱平驾驶苏FAS023号中型普通货车与倪天斌驾驶电动自行车在事故地点相遇，并发生交通事故，以致对倪天斌摔倒受伤这一盖然性较高的事实予以确认，并无不当。刘爱平及安邦江苏分公司即主张其与倪天斌在事故地摔倒不具关联性，但未提供相应的证据予以佐证，故对刘爱平、安邦江苏分公司该点上诉理由，法院不予采纳。

江苏省南通市中级人民法院依照《中华人民共和国民事诉讼法》第一百七十条第一款第（一）项之规定，作出如下判决：

驳回上诉，维持原判。

【法官后语】

倪天斌所驾驶的电动车是否与刘爱平驾驶的中型普通货车发生碰撞，从原告所举的证据来看，并无直接证据表明被告刘爱平驾驶货车把原告倪天斌撞倒，并且从被告所举的证据来看，也没有直接证据表明被告刘爱平驾驶的货车没有与原告刘爱平驾驶的电动车发生碰撞。因此，本案要从现有的证据来判定案涉电动车是否与案涉普通货车发生碰撞，则需运用到高度盖然性证明标准。

《最高人民法院关于民事诉讼证据的若干规定》第七十三条第一款规定："双方当事人对同一事实分别举出相反的证据，但都没有足够的依据否定对方证据的，人民法院应当结合案件情况，判断一方提供证据的证明力是否明显大于另一方提供证据的证明力，并对证明力较大的证据予以确认"，这是我国对于高度盖然性证明标准的明确规定。

本案中从原告提交的证据来看，刘爱平驾驶苏FAS023号中型普通货车与倪天斌驾驶电动自行车在事故地点相遇具有极大的可能性，且事故发生时无其他车辆经过事故地点，刘爱平驾驶的车辆当日吊臂未固定于车厢与倪天斌在事故地点摔倒具有极大的关联性。因此，两审法院综合事故发生的过程、原告的伤情及公安机关调查、鉴定、实验的结果，从高度盖然性证明标准，均对刘爱平驾驶中型普通货车与倪天斌驾驶电动自行车在事故地点相遇，并发生交通事故，致倪天斌摔倒受伤这一盖然性较高的事实予以确认。

编写人：江苏省如皋市人民法院　谢小川

15

出借身份证的机动车登记所有人之连带责任

——胡卫珍等诉陈海星、苏志君机动车交通事故责任案

【案件基本信息】

1. 裁判书字号

广东省佛山市高明区人民法院（2015）佛明法明民一初字第108号民事判决书

2. 案由：机动车交通事故责任纠纷

3. 当事人

原告：胡卫珍、曹帮云、颜甲、颜乙

被告：陈海星、苏志君

【基本案情】

2015年1月29日19时26分许，被告陈海星驾驶粤EZ1810号轿车从合水方向经合和大道往人和方向行驶，当行驶至高明区合和大道禄堂村前路段时，被告陈海星在超车过程中与路边行人颜中其、徐斌发生碰撞，造成颜中其、徐斌受伤，其中颜中其受伤经医院抢救无效死亡。发生事故后，被告陈海星未保护现场，抢救伤者和报警等候处理，反而驾车逃逸，后于2015年1月30日20时到公安机关投案自首。佛山市公安局高明分局交通警察大队作出道路交通事故认定书，认定被告陈海星承担此事故的全部责任，颜中其在此事故中无责任，徐斌在此事故中无责任。事故发生后，颜中其被送到佛山市高明区人民医院抢救治疗，产生医疗费6849元。

经查，被告陈海星是肇事车辆的实际支配人，其没有为该车购买保险。事故发生后，被告陈海星垫付了死者颜中其的部分丧葬费8000元。被告苏志君是肇事车辆的登记所有人。被告苏志君为他人提供身份资料登记入户获取了相关费用。受害人颜中其的母亲颜香云已于2009年2月10日死亡，父亲为曹帮云（曾用名曹炉徕），颜香云与曹帮云共生育两名子女。受害人颜中其的配偶为胡卫珍，颜中其与胡卫珍共生育两个女儿：长女颜甲，次女颜乙。受害人颜中其的第一顺位继承人为胡卫珍、曹帮云、颜甲、颜乙。受害人颜中其事发前已在佛山地区生活满一年。

【案件焦点】

被告苏志君作为出借身份证的机动车登记所有人是否承担连带责任。

【法院裁判要旨】

广东省佛山市高明区人民法院经审理认为：本案属于机动车交通事故责任纠纷。交警部门对本起交通事故作出的责任认定合法有据，高明区人民法院予以确认。关于原告主张被告苏志君承担赔偿责任的请求，被告苏志君虽然仅通过他人间接出借本人身份证获利，没有实际申办行驶证，但其以出借身份证行为认同了实际购买人将机动车挂靠于其名下，从而形成实质性的车辆挂靠关系，存在一定的监督、管理义务。机动车是带有危险性的交通工具，被告苏志君应当认识到这一高度危险物对他人造成损害的可能性，其作为机动车法律意义上的所有人，对车辆虽无直接支配权，却存在对挂靠人加以选择、监督、管理，防止事故发生的义务，实现对车辆的间接支配。高明区人民法院认为，被告苏志君对挂靠人选任不当、监督不力的过失行为，与被告陈海星违章驾驶导致交通事故发生的过失行为相结合，构成共同过失侵权，被告苏志君应对交通事故造成的损害承担连带责任。

结合原、被告的诉辩意见及举证，高明区人民法院核定原告因本次事故造成的损失包括：

1. 医疗费，根据原告提供的医疗费发票及费用明细清单计算为6849元。

2. 丧葬费，因广东省2013年度国有在岗职工年平均工资为59345元，原告可主张的丧葬费为59345元/年÷12月/年×6个月=29672.5元。原告的主张符合法律规定，高明区人民法院予以支持。

3. 死亡赔偿金，受害人颜中其事发前已在佛山地区生活满一年，故应按广东省一般地区2013年度城镇居民人均可支配收入32598.7元/年计算死亡赔偿金，高明区人民法院确认原告可主张的死亡赔偿金为32598.7元/年×20年=651974元。原告的主张符合法律规定，高明区人民法院予以支持。

4. 被抚养人生活费，受害人有三人需要抚养：父亲曹帮云（1950年11月19日出生），女儿颜甲（2003年9月13日出生），女儿颜乙（2008年11月19日出生）。被抚养人曹帮云可主张的抚养年限为15年，被抚养人颜甲可主张的抚养年限为6年，被抚养人颜乙可主张的抚养年限为11年。受害人对曹帮云、颜甲、颜乙均承担1/2的抚养义务。三人生活费按照城镇居民人均消费性支出24105.6元/年的标准计算，具体计算如下：第一阶段，受害人死亡后前6年期间。该时段共有3个被抚养人：颜甲、颜乙、曹帮云。颜甲、颜乙、曹帮云每年的生活费均为：12052.8元（24105.6元×1/2），三人年赔偿额总和超过24105.6元，依法应按24105.6元计算，这一阶段的被抚养人生活费为144633.6元（24105.6元/年×6年）。第二阶段，受害人死亡后第7年至第11年，共5年。该时段有2个被抚养人：曹帮云、颜乙。两人年赔偿额总和为24105.6元，这一阶段的被抚养人生活费为120528元（24105.6元/年×5年）。第三阶段，受害人死亡后第12年至第15年，共4年。该时段只有1个被抚养人：曹帮云。这一阶段的被抚养人生活费为48211.2元（12052.8元/年×4年）。综上，被抚养人的生活费合计应为313372.8元。原告诉讼请求过高的部分，高明区人民法院不予支持。

5. 亲属处理丧葬事宜的其他支出，根据《最高人民法院关于审理人身损害赔偿案件适用法律若干问题的解释》第十七条第三款关于"受害人死亡的，赔偿义务人除应当根据抢救治疗情况赔偿本条第一款规定的相关费用外，还应当赔偿丧葬费、被扶养人生活费、死亡补偿费以及受害人亲属办理丧葬事宜支出的交通费、住宿费和误工损失等其他合理费用。"的规定，原告可以主张上述费用。因原告没有提供充分证据证明具体费用情况，高明区人民法院综合本案案情，酌情支持交通费1000元、住宿费1000元、误工费1000元。原告诉讼请求过高的部分，高明区人民法院不予支持。

6. 精神损害抚慰金，受害人对事故无责任，其死亡对四原告的身心确实造成严重伤害，故高明区人民法院对原告主张精神损害抚慰金80000元予以支持。

综上，四原告可主张的损失合计为1084868.3元。被告陈海星对事故承担全部责任，扣除已垫付的8000元，还需赔偿四原告1076868.3元。被告苏志君作为被挂靠人，对被告陈海星的赔偿承担连带赔偿责任。

广东省佛山市高明区人民法院依照《最高人民法院关于审理道路交通事故损害赔偿案件适用法律若干问题的解释》第三条之规定，作出如下判决：

一、被告陈海星应于本判决发生法律效力之日起十日内赔偿原告胡卫珍、曹帮云、颜甲、颜乙因事故造成的损失1076868.3元；

二、被告苏志君对上述第一项承担连带清偿责任；

三、驳回原告胡卫珍、曹帮云、颜甲、颜乙的其他诉讼请求。

【法官后语】

本案的焦点在于被告苏志君作为出借身份证的机动车登记所有人是否承担连带责任。笔者认为，回答是肯定的。理由如下：1. 道路交通事故损害赔偿案件有其特殊性，应主要根据危险责任判定责任主体及责任承担。依照《民法通则》第一百二十三条之规定，道路交通事故属于特殊侵权，应适用高度危险作业的赔偿责任。

本案中被告苏志君作为身份证的出借人，事实上已构成机动车危险源的开启者、控制者，理当归为赔偿责任主体，承担连带责任。2. 身份证出借人与实际购买人存在实质上的车辆挂靠关系，对交通事故的发生构成共同过失侵权。本案中，被告苏志君虽然仅通过他人间接出借了本人身份证，没有实际申办行驶证，但其以出借身份证行为认同了实际购买人将机动车挂靠于其名下，从而形成实质性的车辆挂靠关系。挂靠行为系一种选任关系，名义出借人对借用名义人如何使用其名义行为、活动，也存在一定的监督、管理义务。报偿原则也并不意味着风险必须完全等同于收益。故身份证出借人作为被挂靠人，对挂靠人选任不当、监督不力的过失行为，与肇事驾驶员违章驾驶导致交通事故发生的过失行为相结合，构成了共同过失侵权，应承担连带责任。3. 由身份证出借人承担连带责任符合社会本位、利益衡平原则，有利于维护机动车登记管理秩序。交通肇事作为一种特殊侵权，对受害人的救助具有紧迫性和必要性，对出借人处以连带责任，有利于在肇事驾驶员缺乏赔偿能力和逃逸的情况下，给予受害人必要的救济和抚慰，实现社会利益的平衡。而且此连带责任在法律上并非终了责任，而只是在责任缺失时的一种暂时责任，被告在承担连带责任之后，有权向直接责任人追偿，对其也不会导致利益的失衡。

编写人：广东省佛山市高明区人民法院　伍燕霞

16

电动自行车属于机动车还是非机动车

——骆趣兰诉甘汝衡机动车交通事故责任案

【案件基本信息】

1. 裁判书字号

广东省佛山市三水区人民法院（2015）佛三法乐民初字第260号民事判决书

2. 案由：机动车交通事故责任纠纷

3. 当事人

原告：骆趣兰

被告：甘汝衡

【基本案情】

2014年12月29日，被告甘汝衡未依法取得机动车驾驶证而驾驶一辆无号牌两轮轻便摩托车沿佛山市三水区乐平镇范湖金缸路由南往北方向行驶，8时15分许，当车驶至佛山市三水区乐平镇范湖金缸路农村信用社路段时，适遇老年人即原告骆趣兰在前方自右往左横过道路，被告甘汝衡遇此情况未停车让行，致使无号牌两轮轻便摩托车车头左侧与原告骆趣兰身体发生碰撞，造成原告骆趣兰受伤。

【案件焦点】

电动自行车属于机动车还是非机动车以及由此引发的责任承担问题。

【法院裁判要旨】

广东省佛山市三水区人民法院审理认为：公安交警部门就本案经过现场勘查和调查取证，依据受案材料、道路交通事故现场图、道路交通事故现场照片、道路交通事故现场勘查笔录、道路交通事故车辆痕迹勘验笔录、询问笔录、道路交通事故车辆技术检验报告、道路交通事故车辆类型鉴定书、电子数据等材料，作出的道路交通事故认定书，事实认定清楚、责任划分准确，法院予以采信。被告辩称事故车辆类型认定有误且事故责任人并非被告，但并无相关证据予以证明，法院对其辩称不予采信。原告骆趣兰因本起交通事故受伤，有权请求相关责任人依法予以赔偿。综合上述事实认定并依据相关法律规定，原告诉请赔偿义务人对其在本次事故中所产生的损失承担赔偿责任，合理合法部分，法院予以支持。原告的损失应由直接侵权人同时亦是车辆实际支配人的被告甘汝衡承担100%的赔偿责任，即应赔偿原告骆趣兰43453元。

被告甘汝衡经法院合法传唤，无正当理由拒不到庭，法院依法缺席判决。广东省佛山市三水区人民法院依照《中华人民共和国侵权责任法》第六条第一款、第十六条，《中华人民共和国道路交通安全法》第七十六条第一款第（二）项，《最高人民法院关于审理道路交通事故损害赔偿案件适用法律若干问题的解释》第十六条、第十九条第一款，《最高人民法院关于审理人身损害赔偿案件适用法律若干问题的解释》第十九条、第二十四条，《中华人民共和国民事诉讼法》第六十四条、第一百四十四条之规定，判决如下：

一、被告甘汝衡于本判决发生法律效力之日起 10 日内赔偿原告骆趣兰 43453 元；

二、驳回原告骆趣兰的其他诉讼请求。

如果未按本判决指定的期间履行给付金钱义务，应当依照《中华人民共和国民事诉讼法》第二百五十三条之规定，加倍支付迟延履行期间的债务利息。

案件受理费减半收取即 525 元，由原告骆趣兰负担 69 元，被告甘汝衡负担 456 元。

【法官后语】

依据《电动自行车通用技术条件》（GB17761 – 1999）的规定，电动自行车的设计时速应控制在 20 公里/小时以内，整车质量（重量）应不大于 40kg，且具备脚踏骑行功能。超出这一标准，一旦达到《机动车运行安全技术条件》（GB7258 – 2012）的相关规定，就可能被认定为机动车。电动自行车一旦被定性为机动车，驾驶人就会面临无证驾驶、未上号牌、未投保交强险等属于机动车的违法违章行为，并且在确定赔偿责任时也无法适用非机动车与机动车、行人之间的赔偿规则。

本案中，被告甘汝衡辩称其驾驶的是自行车，无需取得机动车驾驶资格，也不应当承担事故责任。但交警部门对事故车辆进行了车辆类型及技术数据的检验鉴定，认定该车的蓄电池电压为 60V，电机额定输出功率 350W，整车质量为 60kg，实测车速 25.2km/h，此技术检测结果均与《电动自行车通用技术条件》（GB1776 1 – 1999）的规定不相符，非电动自行车，同时依据《机动车运行安全技术条件》（GB7258 – 2012）的相关规定，又符合两轮轻便摩托车的标准，故对该车在事故中应作为机动车进行责任认定，对赔偿规则中也只能适用机动车与行人之间的责任划分标准。

有观点提出，电动自行车归根结底还是自行车，只是在驱动、速度方面较传统自行车有所改变，不应当因自行车速度过快而按照机动车的标准在交通事故案中进行责任认定及赔偿。笔者认为，由于技术的更新，电动自行车较传统自行车已经有了较大的改变，且目前市场上出售的很多电动自行车的性能很好，速度、质量等方面能与摩托车媲美，但电动自行车对于驾驶人的要求却远低于摩托车，至少不需要驾驶证即可上路，一旦出现交通事故，却按照非机动车的标准进行处理，对受害人来讲是不公平的。

综上，笔者认为，对电动自行车在交通事故中的车辆类型鉴定，是事故处理中的必备环节。一旦超标，必须按照机动车的标准进行责任的认定及相应赔偿的承担，同时应加强对电动自行车市场的技术规范。更为重要的是，对电动自行车在法律上的认定，应当更加明确、具体，让民众破除对电动自行车车辆类型的认识误区，要让民众认识到，电动自行车一旦超速、超质量、非法改装等可能面临更加严重的责任承担问题。

编写人：广东省佛山市三水区人民法院　周绪阳

二、交通事故中的责任认定

17

车辆连环撞击致人受伤，赔偿责任由谁承担

——杨登容诉路明星等机动车交通事故责任案

【案件基本信息】

1. 裁判书字号

北京市平谷区人民法院（2015）平民初字第07690号民事判决书

2. 案由：机动车交通事故责任纠纷

3. 当事人

原告：杨登容

被告：路明星、中国人民财产保险股份有限公司北京市分公司电子商务营业部、王文才、阳光财产保险股份有限公司北京分公司

【基本案情】

2015年5月17日18时00分，路明星驾驶轿车（车牌号：京Q8W622）由西向东行驶至平谷区平蓟路2km+900m处时驶入路南侧机动车道内至右前与杨登容停放的电动三轮车接触后，路明星的车辆前部又与王文才的烤炉及头东尾西停驶的轻型普通货车（京QS2M21）尾部接触后，王文才的车辆前部又与路边停驶的铲车接触，此事故致使三车损坏，杨登容受伤。此事故经平谷交通支队认定，路明星负事故全部责任，王文才和杨登容无责任。事故发生后，杨登容被送至北京市平谷区医院救治。后经北京民生物证科学司法鉴定所出具鉴定意见：被鉴定人杨登容右膝

关节功能障碍，评定为道路交通事故十级伤残，赔偿指数10%；评定误工期为102日，护理期为90日，营养期为90日。

诉讼中，根据中国人民财产保险股份有限公司北京市分公司电子商务营业部（以下简称人保财险营业部）申请，法院追加王文才、阳光财产保险股份有限公司北京分公司（以下简称阳光财险公司）为本案被告。庭审中，杨登容、路明星、王文才均陈述杨登容受伤时并未与停驶的王文才的车辆接触。另向平谷交通支队核实，杨登容受伤时未与路边停驶的王文才的车辆和铲车接触。

【案件焦点】

阳光财产保险股份有限公司北京分公司作为无责险的保险公司，是否应承担赔偿责任。

【法院裁判要旨】

北京市平谷区人民法院经审理认为：多辆机动车发生交通事故造成第三人损害的，当事人请求多个侵权人承担赔偿责任，能够确定具体侵权人的，由侵权人承担责任。结合调查笔录和庭审陈述，杨登容受伤时与王文才的车辆没有接触，故对人保财险营业部要求阳光财险公司在无责限额内承担赔偿责任的辩解，法院不予采纳。本案中，平谷交通支队确定路明星承担事故全部责任符合法律规定，法院予以确认。另，路明星所驾车辆在人保财险营业部投保了机动车交强险和商业第三者责任险，故对杨登容的合理损失，应由人保财险营业部在机动车交强险和商业险限额内予以赔偿。保险公司抗辩杨登容医疗费中的自费药属于保险公司的免责事项，不予赔偿。综上，依据《中华人民共和国道路交通安全法》第七十六条，《中华人民共和国保险法》第十七条，《中华人民共和国侵权责任法》第十二条、第十六条、第十九条，《最高人民法院关于审理道路交通事故损害赔偿案件适用法律若干问题的解释》第十三条、第十六条，《最高人民法院关于审理人身损害赔偿案件适用法律若干问题的解释》第十七条、第十八条、第十九条、第二十条、第二十一条、第二十二条、第二十三条、第二十四条、第二十五条、第二十六条、第二十八条，《最高人民法院关于确定民事侵权精神损害赔偿责任若干问题的解释》第十条之规定，判决如下：

一、被告中国人民财产保险股份有限公司北京市分公司电子商务营业部于本判决生效后七日内赔偿原告杨登容医疗费、住院伙食补助费、营养费、残疾赔偿金、精神损害抚慰金、误工费、护理费、交通费、辅助器具费、被扶养人生活费、财产损失共计124710.12元；

二、驳回原告杨登容的其他诉讼请求。

【法官后语】

本案涉及连环撞车案的相关行为人是否构成共同侵权问题。综合连环撞车的发生情形，行为人之间并没有共同的意思联络，只是侵权行为的直接结合，并非每一辆车的肇事行为都足以造成全部损坏，不宜认定为共同侵权。

连环撞车案的诉讼主体问题。本案中，原告仅将全责车辆的驾驶人及其投保的保险公司列为被告。是否应追加无责方及其保险公司为共同被告。根据《最高人民法院关于审理道路交通事故损害赔偿案件适用法律若干问题的解释》第十三条规定，多辆机动车发生交通事故造成第三人损害，当事人请求多个侵权人承担赔偿责任的，人民法院应当区分不同情况，依照侵权责任法第十条、第十一条或者第十二条的规定，确定侵权人承担连带责任或者按份责任。《侵权责任法》第十条规定，二人以上实施危及他人人身、财产安全的行为，其中一人或者数人的行为造成他人损害，能够确定具体侵权人的，由侵权人承担责任；不能确定具体侵权人的，行为人承担连带责任。第十一条规定，二人以上分别实施侵权行为造成同一损害，每个人的侵权行为都足以造成全部损害的，行为人承担连带责任。第十二条规定，二人以上分别实施侵权行为造成同一损害，能够确定责任大小的，各自承担相应的责任；难以确定责任大小的，平均承担赔偿责任。对于主体的确定，应列对事故中虽然没有责任，但对伤者的损害具有原因力，即事故的发生与伤者的受伤具有因果关系的驾驶人和保险公司为本案被告。经法院查明，伤者杨登容并未与王文才驾驶的车辆和铲车相接触，故法院未依职权追加上述被告。庭审中，全责方保险公司申请追加无责方的保险公司，本着尊重当事人诉讼权利的原则和查明案情的需要，依法准许了全责方的申请。

连环撞车案的责任承担问题。综合庭审和调查笔录，法院可以确定本案原告在事故中仅与全责方的路明星接触，故法院判决全责方投保的保险公司承担赔偿责任，也符合侵权责任法的构成要件。

编写人：北京市平谷区人民法院　信小静

18

机动车违法停车造成交通事故的责任承担

——彭秀凤、彭红军诉束明军等机动车交通事故责任案

【案件基本信息】

1. 裁判书字号

江苏省无锡市中级人民法院（2015）锡民终字第1263号民事判决书

2. 案由：机动车交通事故责任纠纷

3. 当事人

原告（被上诉人）：彭秀凤、彭红军

被告（上诉人）：中国平安财产保险股份有限公司江阴支公司、安盛天平财产保险股份有限公司无锡中心支公司

被告（被上诉人）：束明军、陆纪国、徐文均、束国浩、中国太平洋财产保险股份有限公司无锡市北塘支公司

【基本案情】

彭秀凤系彭欢祥的妻子，彭红军系彭欢祥的儿子。2014年9月14日18时25分许，彭欢祥驾驶电动三轮车沿江阴市兴隆路由东向西行驶通过璜土镇石庄西肖庄村道交叉路口时，车辆右前侧撞到站在机动车道内与他人正在聊天的行人束国浩，造成彭欢祥、束国浩倒地受伤，彭欢祥经送江阴市中医院抢救无效于次日死亡。

事故现场位于江阴市兴隆路与璜土镇石庄西肖庄村道交叉路口，兴隆路为分车分向式道路，呈东、西走向，同方向有两条机动车道一条非机动车道，道路两侧有人行道板，宽度分别是3.7米、3.7米、3.5米、3.5米，东往临港新城方向，西往璜土镇区方向，在兴隆路的南侧为南、北走向的西肖庄村道，北侧为农田，农田间有耕道，在路口北侧的非机动车道内自东向西分别停放着苏BH177T小型越野车、苏BH135P小型轿车、苏BDR983小型轿车，事发路口为沥青路面，路面干燥，视

线良好，路口没有交通信号灯控制车辆通行。

江阴市公安局交警大队对事故的形成原因分析如下：彭欢祥骑行安装动力装置的电动三轮车通过没有交通信号灯控制也没有交通警察指挥的交叉路口时，未确保安全，违反了《中华人民共和国道路交通安全法》第五十七条、第七十二条第九项，《江苏省道路交通安全条例》第十六条第二款之规定；苏 BH177T 小型越野车、苏 BH135P 小型轿车、苏 BDR983 小型轿车的驾驶人在禁止停车的地段停放车辆，违反了《江苏省道路交通安全条例》第四十三条第一款第一项之规定。江阴市公安局交警大队因无法查清事发时行人束国浩站在道路上的具体位置，未对事故责任作出认定。

江阴市公安局交警大队调取了本次交通事故事发地东侧约 400 米的治安探头拍摄的视频，视频中显示，在本次交通事故事发前不久，在事发地东面有一辆三轮车在机动车道内由东向西行驶。

2014 年 10 月 17 日，无锡市公安局交巡警支队江阴大队对涉案电动三轮车进行查验，并出具道路交通事故车辆检验意见书，查验结果：该车属非机动车，系电动三轮车。

苏 BH177T 车辆的登记所有人为束明军，该车在中国平安财产保险股份有限公司江阴支公司（以下简称平保江阴支公司）投保了交强险和商业三者险 50 万元，并投保了不计免赔率特约险种，本次事故发生在保险期间。苏 BH135P 车辆的登记所有人为陆纪国，该车在中国太平洋财产保险股份有限公司无锡市北塘支公司（以下简称太保北塘支公司）投保了交强险，本次事故发生在保险期间。苏 BDR983 车辆的登记所有人为徐文均，该车在安盛天平财产保险股份有限公司无锡中心支公司（以下简称安盛保险无锡支公司）投保了交强险和商业三者险 50 万元，并投保了不计免赔率特约险种，本次事故发生在保险期间。

原告遂诉至法院，诉称彭欢祥交通事故死亡造成的损失为：死亡赔偿金 650760 元、丧葬费 25639.50 元、精神损害抚慰金 50000 元，合计 726399.50 元，要求被告赔偿 49.99 万元，由平保江阴支公司、太保北塘支公司、安盛保险无锡支公司分别在交强险限额内赔偿 11 万元，不足部分由平保江阴支公司、安盛保险无锡支公司在商业三者险限额内承担 30% 的赔偿责任；陆纪国承担 30% 的赔偿责任；束国浩承担 10% 的赔偿责任。

【案件焦点】

违法停车的三车车主束明军、陆纪国、徐文均是否应对彭欢祥的死亡承担赔偿责任。

【法院裁判要旨】

江苏省江阴市人民法院经审理认为：根据视频、现场图、照片及笔录等证据综合分析，认定彭欢祥事故发生前在机动车道内行驶。彭欢祥驾驶电动三轮车在机动车道内行驶通过没有交通信号灯控制也没有交通警察指挥的交叉路口时，未确保安全，对本次事故发生存在过错；行人束国浩未按交通法规在人行道上行走，而站立在车道内聊天，对本次事故发生亦有一定的过错；苏 BH177T 车辆的驾驶人束明军、苏 BH135P 车辆的驾驶人陆纪国、苏 BDR983 车辆的驾驶人徐文均在禁止停车的地段停放车辆，占用了非机动车道，不仅使彭欢祥在事发地段只能在机动车道内行驶，亦不利于彭欢祥发生事故后的避让，对本次事故发生均有一定的过错。故法院确定彭秀凤、彭红军因彭欢祥交通事故死亡造成的损失由束国浩承担 10% 的赔偿责任，由束明军、陆纪国、徐文均分别承担 10% 的赔偿责任。

彭秀凤、彭红军因彭欢祥交通事故死亡造成的损失为：死亡赔偿金 650760 元、丧葬费 25639. 50 元、精神损害抚慰金 21000 元，合计 697399. 50 元。

据此，江苏省江阴市人民法院依照《中华人民共和国侵权责任法》第十六条、第二十二条、第二十六条，《中华人民共和国道路交通安全法》第七十六条第一款第（二）项，《中华人民共和国保险法》第六十五条第一款、第二款，《最高人民法院关于审理人身损害赔偿案件适用法律若干问题的解释》第十七条第三款、第二十七条、第二十九条，《最高人民法院关于确定民事侵权精神损害赔偿责任若干问题的解释》第十条，《最高人民法院关于审理道路交通事故损害赔偿案件适用法律若干问题的解释》第十六条之规定，判决如下：

一、彭秀凤、彭红军因彭欢祥交通事故死亡造成的损失 697399. 50 元，由中国平安财产保险股份有限公司江阴支公司在机动车交强险限额范围内赔偿 110000 元（含精神损害抚慰金 7000 元）、在商业第三者责任险限额范围内赔偿 36739. 95 元，合计赔偿 146939. 95 元；由中国太平洋财产保险股份有限公司无锡市北塘支公司在机动车交强险限额范围内赔偿 110000 元（含精神损害抚慰金 7000 元）；由安盛天平财产保险股份有限公司无锡中心支公司在机动车交强险限额范围内赔偿 110000

元（含精神损害抚慰金 7000 元）、在商业第三者责任险限额范围内赔偿 36739. 95 元，合计赔偿 146939. 95 元；由陆纪国赔偿 36739. 95 元；由束国浩赔偿 36739. 95 元；其余损失由彭秀凤、彭红军自行负担。上述款项均于本判决发生法律效力之日起十日内付清；

二、驳回彭秀凤、彭红军其他的诉讼请求。

平保江阴支公司、安盛保险无锡支公司均不服原审判决，提起上诉。江苏省无锡市中级人民法院经审理认为：原审判决认定事实清楚，适用法律正确，审判程序合法，依法应予维持。据此，依照《中华人民共和国民事诉讼法》第一百七十条第一款第（一）项之规定，判决如下：

驳回上诉，维持原判。

【法官后语】

《道路交通安全法》第一百一十九条第（五）项规定，交通事故是指车辆在道路上因过错或者意外造成的人身伤亡或者财产损失的事件。考察法条，我们可以分析得知，交通事故的发生，并不以事故责任各方存在直接接触为必要条件，也不以车辆是否正在行驶为必要条件，只要车辆对交通事故的发生存在过错，车辆驾驶人就可能对其造成的损害承担相应的赔偿责任。因此，机动车在道路上违法停车不仅违反行政管理法律法规，需要承担相应的行政责任，还可能因违法停车导致发生交通事故，从而需要承担相应的民事赔偿责任。

违法停车的机动车与发生交通事故的非机动车（行人）在未发生直接碰撞的情况下，是否应当承担损害赔偿责任，需要根据事故发生时的具体情形确定。应综合考虑以下因素：一是违法停车的车辆是否占用了发生交通事故的车辆应当行驶的道路。机动车应当停在交警部门划定的停车泊位内，如果违反规定停在没有设置停车泊位的非机动车道内，占用了非机动车通行的道路，显然具有过错；二是非机动车发生交通事故的位置和距离机动车违法停车地点的远近。如果交通事故发生的位置距离违法停车地点很近且在违法停车地点的正左侧（右侧）的机动车道内，可以推定非机动车因机动车违法占用非机动车道而不得不选择在机动车道内行驶，这是一般社会公众在遇到这种情况下作出的正常选择，也是法官根据日常生活经验推定的事实。如果机动车停在非机动车道内，导致非机动车在经过违法停车的车辆路段时而选择走机动车道，且在靠近违法停车的地点发生交通事故，则可推定违法停车的机动车与事故的发生具有因果关系，违法停车的车主应当对事故的损害后果承担相应的过错责任。

本案中，束明军、陆纪国、徐文均三人因将机动车违法停置在非机动车道上，占用了非机动车道，导致彭欢祥在事发地段只能选择在机动车道内行驶，也不利于彭欢祥发生事故后的避让。佐以交警部门道路交通事故证明对事故形成的原因分析，法院认定束明军三人的违停行为与彭欢祥发生事故客观上存在相当的因果关系，属于侵权行为，故应当对彭欢祥的死亡承担相应的责任。因此，判决束明军、陆纪国、徐文均三人分别对事故的损害后果承担10%的赔偿责任。

编写人：江苏省江阴市人民法院　钱宇穗　廖宏娟

19

道路交通事故中好意搭乘行为及责任分配的认定

——计辉诉盛羿机动车交通事故责任案

【案件基本信息】

1. 裁判书字号

上海市奉贤区人民法院（2015）奉民一（民）初字第6262号民事判决书

2. 案由：机动车交通事故责任纠纷

3. 当事人

原告：计辉

被告：盛羿

【基本案情】

2014年8月22日，原告计辉乘坐被告盛羿驾驶的号牌为沪A00F86小型轿车途经上海市奉贤区西闸公路新红路东约200米处发生了单车事故，致原告受伤。交警部门认定被告盛羿承担事故的全部责任，原告计辉不承担事故责任。华东政法大学司法鉴定中心出具了华政（2015）法医残鉴字第J－2696号鉴定意见书称：被鉴定人计辉因交通事故受伤构成十级伤残；酌情给予休息210天、营养90天和护理90天；后期行内固定拆除手术，酌情给予休息30天、营养期15天和护理15天。

原告计辉诉称：交警部门认定被告盛羿承担事故的全部责任，原告计辉不承担事故责任，且经鉴定，原告所受损伤构成十级伤残，故请求法院判令被告盛羿赔偿原告各项损失共计142070.60元。

被告盛羿辩称：一、本案中原告计辉曾系被告的领导，事发当日被告去原单位看望同事，后因原告计辉的要求送其到金汇工地的途中遇到坑洼，避让未及，车辆发生打滑导致事故的发生，故被告的行为构成无因管理。二、在被告开车途中，原告与被告聊天、拍照影响被告驾驶致被告未及时注意到前方的路面坑洼导致车辆打滑发生车祸，故原告方也存在过错，且被告在事故中也遭受到了损失，应由原告方来赔偿。三、原告的损失已通过工伤获得赔偿，根据民法中的“填平原则”不应再由被告进行赔偿。四、原告的搭乘行为属于顺路搭车，被告并非故意造成事故的发生，故不同意支付残疾赔偿金和精神损害抚慰金。根据本案的具体情况，双方对于原告的损失应各承担50%的费用。

【案件焦点】

本案中的争议焦点在于原告计辉的搭乘行为是否是好意搭乘，以及双方的赔偿责任如何分配。

【法院裁判要旨】

上海市奉贤区人民法院审理认为：针对该争议焦点，本案中虽然原告计辉系无偿搭乘被告盛羿的车辆，他们之间并不构成客运合同关系，但是被告盛羿既然同意原告计辉搭乘其所有的车辆，盛羿就应当负有善良注意及谨慎驾驶的义务。原告计辉在盛羿负全部责任的交通事故中受伤，实际上他们之间已经构成了侵权的法律关系，盛羿应当赔偿计辉的损失。

在本案中，被告盛羿驾驶机动车在行驶过程中未确保安全导致发生单车事故，经交警部门认定被告盛羿负本起事故的全部责任。被告盛羿未提供证据证明原告在乘车过程中存在过错，故对被告盛羿主张原告在乘车过程中存在过错而导致事故的发生并要求其减轻民事责任的辩称，法院不予采纳；但原告的搭车行为构成好意同乘，被告盛羿本是助人为乐的无偿行为，且发生交通事故时被告盛羿也没有主观上的故意，故原告要求被告赔偿精神损害抚慰金的诉请，法院不予支持；根据本案案情，法院酌情减轻被告盛羿 30% 的赔偿责任。

关于被告盛羿主张原告已申请工伤赔偿故被告不应再承担赔偿责任的辩称，法院认为，原告在起诉时已扣除了工伤保险已经赔付的部分医药费、且原告取得了工伤保险的部分赔偿，并不因此免除被告对原告的赔偿义务，故对被告的辩称，法院亦不予采纳。

至于具体损失金额，根据原告的请求金额、被告的答辩意见及相关凭证和司法鉴定意见书并参照人身损害赔偿标准等相关规定酌情予以确定，其中医疗费按原告计辉实际医疗费用扣除工伤保险理赔基金已经赔付的费用；营养费按每天 30 元计算 105 天；护理费按每天 40 元计算 105 天；误工费，根据原告提供的收入台账，其事故发生前一年的台账及事故发生后 8 个月的台账显示，扣除偶然收入，原告的因事故休息期间的工资的实际减少收入为 2831.76 元；残疾赔偿金，原告经鉴定构成十级伤残，故按本市城镇居民上年度人均年可支配收入 47710 元按系数 10% 计算 20 年；精神损害抚慰金不予支持；交通费酌定 500 元；衣物损酌定 300 元；鉴定费按票据认可 2300 元；对于律师代理费，原告聘请律师有利于其司法救济的实现，但其主张的金额过高，法院酌情支持 8000 元。综上，原告因交通事故造成的损失为医疗费 5728.60 元、营养费 3150 元、护理费 4200 元、残疾赔偿金 95420 元、误工费 2831.76 元、交通费 500 元、衣物损 500 元、伤残鉴定费 2300 元和律师费 8000 元，共计 122630.36 元。由被告盛羿按 70% 承担赔偿责任。

综上，上海市奉贤区人民法院依照《中华人民共和国侵权责任法》第六条第一款、第十六条的规定，判决如下：

一、被告盛羿于本判决生效之日起十日内赔付原告计辉损失 85841.25 元；

二、驳回原告计辉的其余诉讼请求。

【法官后语】

无偿乘车人在学理上称为好意搭乘者，是指在交通事故中遭受损害的机动车内的无偿乘车人，即所谓的搭便车。有过错的驾驶员对好意乘车者造成人身损害的，应适用侵权法的相关规定，在符合侵权损害赔偿责任构成要件时，因车主作为车辆的运行支配者和运行利益的归属者，应承担侵权的损害赔偿责任。

从相关法律规定中，好意同乘根据情况不同，赔付方式也有所不同：一是交通事故是由于机动车驾驶人重大过失造成的，其要承担损害赔偿的责任，但一般不全部赔偿，具体的赔偿份额要斟酌交通事故的具体情况而定。二是好意同乘者在交通事故中没有过错，承运人要赔偿其因交通事故造成的大部分损失，具体数额要综合考虑交通事故对双方的影响以及双方的经济条件等情况；如果好意同乘者在交通事故中有过错，可按其过错程度，适当减轻承运人的责任。但承运人赔偿的份额不应过低，才能符合“优者负担风险”的原则，这也与《道路交通安全法》加重机动车驾驶人责任的立法精神相吻合。三是好意同乘者在交通事故中有重大过失或者其损失是由于其故意造成的，机动车驾驶人可以免责。

具体到本案而言，作为事故肇事者和车主的被告盛羿在驾车时由于没有起到安全谨慎义务，应对交通事故致原告受伤的损害后果承担民事赔偿责任，其不因原告是无偿搭乘而免责。当然，考虑到无偿乘车的特殊性和驾车人的无偿服务，原告盛羿应承担责任的赔偿范围应有所限制，要区别于一般的人身损害赔偿范围，赔偿项目不宜包括精神损害抚慰金，除精神损害抚慰金外的其他赔偿项目在造成损失的情况下驾车人依法应予赔偿，但可以适当减轻其责任。本案中结合相关案情，酌情减轻被告盛羿30%的赔偿责任，应是较为合理的。

对于“好意搭乘”引发的纠纷，纠纷双方当事人多是亲戚、朋友等关系，在处理此类纠纷时应与其他普通案件区别对待。目前我国法律对于“好意搭乘”时发生交通事故的赔偿责任没有作出具体规定。但是，车辆所有者一经允许他人搭乘，即负有将搭乘人安全送达目的地的义务。搭乘者请求搭乘，并不意味着同乘者自愿承担行程中的风险，也不意味着赋予对方造成其人身伤害免责的权利。但要应当指出，法院判决车辆所有者承担责任，并不是否定助人为乐的精神，而是要求助人为乐者在帮助他人的过程中也要尽到谨慎注意的义务。

编写人：上海市奉贤区人民法院　侯炜晨

20

机动车所有人因疏于管理出借车辆给他人使用造成交通事故，致第三人损害，机动车所有人应承担怎样的责任

——刘伟锋诉陈钦明等机动车交通事故责任案

【案件基本信息】

1. 裁判书字号

广东省云浮市郁南县人民法院（2015）云郁法建民初字第55号民事判决书

2. 案由：机动车交通事故责任纠纷

3. 当事人

原告：刘伟锋

被告：陈钦明、中国人民财产保险股份有限公司云浮市分公司

【基本案情】

2014年7月19日0时20分许，黎明志无证驾驶粤WTK906二轮摩托车搭载原告和梁骏杰，由郁南县都城镇往建城镇方向行驶，行至郁南县S368线90km+170m路段处临时停车时，被蔡某某醉酒、无证驾驶粤WTX291号二轮摩托车（该车为被告陈钦明所有，向被告中国人民财产保险股份有限公司云浮市分公司（以下简称人保财险公司）投保交强险）追尾碰撞，造成原告受伤、蔡某某当场死亡及两车受损的交通事故。事故发生后，原告于2014年7月19日入住郁南县人民医院治疗，于2014年8月18日出院，共住院30天。产生医疗费用32132.79元。

郁南县公安局交警大队于2014年8月14日作出《道路交通事故认定书》，认定：蔡某某对事故的发生负主要责任；黎明志、梁骏杰对事故的发生共同负次要责任；原告刘伟锋不负事故的责任。

广东中天司法鉴定所于2015年2月7日作出《司法鉴定意见书》，原告刘伟锋

被鉴定为十级伤残，误工期90日，营养期30日，护理期30日。肇庆市第三人民医院法医精神病司法鉴定所于2015年2月12日作出《司法鉴定意见书》，原告刘伟锋因交通事故所致“器质性智能损害（轻度）目前构成八级伤残。”两项鉴定费5384元。

庭审中，原告认为除追究本案二被告的责任外，放弃追究案涉其他人员的责任。

【案件焦点】

机动车所有人对原告是否应承担责任，应承担怎样的责任。

【法院裁判要旨】

广东省云浮市郁南县人民法院经审理认为：根据《中华人民共和国侵权责任法》第四十九条规定：“因租赁、借用等情形机动车所有人与使用人不是同一人时，发生交通事故后属于该机动车一方责任的，由保险公司在机动车强制保险责任限额范围内予以赔偿。不足部分，由机动车使用人承担赔偿责任；机动车所有人对损害的发生有过错的，承担相应的赔偿责任。”另根据《最高人民法院关于审理道路交通事故损害赔偿案件适用法律若干问题的解释》第一条规定：“机动车发生交通事故造成损害，机动车所有人或者管理人有下列情形之一，人民法院应当认定其对损害的发生有过错，并适用侵权责任法第四十九条的规定确定其相应的赔偿责任：……（二）知道或者应当知道驾驶人无驾驶资格或者未取得相应驾驶资格的。……”本案中，蔡某某一方对事故的发生负主要责任，故其作为案涉粤WTX291号二轮摩托车一方的责任人应承担交强险不足部分70%的责任。因该车辆所有人被告陈钦明未尽到相应的审查义务，将车辆交由无驾驶资格的蔡某某使用存在一定的过错，故被告陈钦明应承担交强险不足部分30%的责任，蔡某某承担交强险不足部分40%的责任。原告在本起交通事故中无过错，故不承担责任。

广东省云浮市郁南县人民法院依照《中华人民共和国侵权责任法》第四十九条，《最高人民法院关于审理道路交通事故损害赔偿案件适用法律若干问题的解释》第一条、第十八条，《最高人民法院关于确定民事侵权精神损害赔偿责任若干问题的解释》第八条第二款，《最高人民法院关于审理人身损害赔偿案件适用法律若干问题的解释》第十九条、第二十一条、第二十二条、第二十五条，《最高人民法院关于民事诉讼证据的若干规定》第二十八条，《中华人民共和国民事诉讼法》第六十四条、第一百四十四条之规定，缺席判决如下：

一、被告中国人民财产保险股份有限公司云浮市分公司于本判决生效之日起十日内向原告刘伟锋赔偿90574.21元；

二、被告陈钦明于本判决生效之日起十日内向原告刘伟锋赔偿9155.04元；

三、驳回原告刘伟锋的其他诉讼请求。

【法官后语】

本案例分析仅就车辆所有人疏于管理，将车辆借与他人使用造成第三人损害的，该车辆所有人应承担怎样的责任进行阐述。

《中华人民共和国侵权责任法》第四十九条规定："因租赁、借用等情形机动车所有人与使用人不是同一人时，发生交通事故后属于该机动车一方责任的，由保险公司在机动车强制保险责任限额范围内予以赔偿。不足部分，由机动车使用人承担赔偿责任；机动车所有人对损害的发生有过错的，承担相应的赔偿责任。"在本法实施以前，对于此种情形的判决莫衷一是，有判决车辆所有人无责任的，有判决车辆所有人与使用人承担连带责任的，有判决车辆所有人对第三人承担补充责任的，也有判决车辆所有人承担相应赔偿责任的。那么何谓之相应的赔偿责任？笔者认为，就是车辆所有人只对自己在该起交通事故中因其存在的过错向受害人承担赔偿责任，该过错与损害结果不一定有因果关系，但该过错行为与最终的责任分担一定具有因果关系。故该责任分担不能再转嫁、不能再追偿，是最终的责任分担。《最高人民法院关于审理道路交通事故损害赔偿案件适用法律若干问题的解释》第一条中以不完全列举的方式列举了四种情形。本案中，车辆所有人是因将车辆借与无驾驶资格的他人使用而造成第三人损害的，属于该司法解释规定的第二种情形。因此车辆所有人应直接向第三人承担与自己过错相应的赔偿责任。

通过本案还可引申一点，《侵权责任法》第四十九条仅列明的是交强险，但如果本案中的车辆除投保交强险外，还投保了商业第三者责任险，那该商业第三者责任险，对第三人是否可免赔？对此问题，我们不能简单地回答能或不能，应结合具体的保险单免责条款来分析。如果免责条款将投保人以外的第三人使用该机动车造成他人损害的情形列为免责的，且对投保人进行了必要的告知义务，那么，我们认为，该免责条款是有效的。反之则无效。所以虽然该法第四十九条仅规定，发生交通事故后属于该机动车一方责任的，由保险公司在机动车强制保险责任限额范围内予以赔偿。不足部分，由机动车使用人承担赔偿责任。但我们不能理解为该法排斥了其他商业责任险对第三人赔偿的适用。

因现实生活中，车辆所有人与使用人不为同一人的情形时有发生，当发生交通事故时，车辆所有人与使用人各自对第三人的赔偿责任划分确实会存在一定的困惑。本案的判决严格地适用了法律法规和司法解释，该判决结果对车辆所有人加强对其车辆的管理起到了一定的指导作用。

编写人：广东省云浮市郁南县人民法院　吴海

21

交警部门对事故成因无法查清的，法院如何确认事故成因及确定事故责任

——梁作英诉程立机动车交通事故责任案

【案件基本信息】

1. 裁判书字号

安徽省淮北市中级人民法院（2015）淮民一终字第00166号民事判决书

2. 案由：机动车交通事故责任纠纷

3. 当事人

原告（被上诉人）：梁作英

被告（上诉人）：程立

【基本案情】

2014年8月3日14时左右，程立驾驶劲隆牌二轮摩托车沿淮北市桂苑路从西向东行驶至董庄路口时，与同向行驶的骑人力三轮车的梁作英发生交通事故。事故

发生后，在丁某、孙某在场的情况下，程立表示自己有过错，愿意为梁作英治疗。随后，程立和梁作英儿子潘德山乘坐梁作英亲属的车辆将梁作英送到淮北市人民医院治疗，程立电话联系妻子送来2000元，为梁作英缴纳了医疗费用。随后，潘德山、程立、程立妻子共同来到安徽省淮北市相山区渠沟镇董庄行政村，找到程立侄女的婆婆王某，经沟通，确认程立与王某家有亲戚关系，程立及其妻子表示愿意为梁作英治疗，梁作英及家人未报警处理该事故，程立及其妻子骑肇事摩托车离开。2014年8月4日，梁作英家人联系程立缴纳医疗费用，程立不承认与梁作英发生过交通事故，梁作英儿子潘德山遂到淮北市公安局交通警察支队报案。2014年8月8日，淮北市公安局交通警察支队二大队办案民警分别对程立、梁作英进行了询问，程立否认与梁作英发生过交通事故，认定自己停车时与梁作英的人力三轮车还有一米多远；梁作英陈述程立驾驶摩托车从后面撞上自己所骑的人力三轮车，自己从车上掉下后摔伤。同日，交警部门对程立的劲隆牌摩托车进行了暂扣。2014年8月13日，淮北市公安局刑事科学技术研究所在淮北市相阳停车场对两事故车辆是否接触及接触部位进行了鉴定，鉴定显示：梁作英所骑三轮车前轮泥瓦后端有新鲜细条形刮擦痕迹、右轮轴部有乳白色粉状物附着碰擦痕迹、两侧挡板后侧边下侧部位有红色漆片剥脱痕，在程立摩托车上无对应痕迹反映，同时也未发现可疑撞击或刮擦痕迹，在人力三轮车上亦未发现摩托车轮胎碰擦的对应痕迹。2014年8月19日，该鉴定部门出具检测意见为：未发现两车有相互接触刮撞的痕迹。2014年8月26日，淮北市公安局交通警察支队二大队以无法证明程立驾驶的劲隆牌二轮摩托车与梁作英的人力三轮车相碰撞，事故成因无法查明为由，制作了淮公交证字（2014）第09001号道路交通事故证明。

梁作英伤后在淮北市人民医院住院治疗8天，入院诊断为：右锁骨骨折，共计支出医疗费14612.64元。

该事故发生时，程立驾驶的劲隆牌摩托车未入户，未在保险公司投保交强险，程立持有准驾车型为B2（大型货车）的驾驶证，但未取得摩托车驾驶证。

【案件焦点】

梁作英、程立之间是否发生交通事故及事故责任的认定。

【法院裁判要旨】

安徽省淮北市杜集区人民法院经审理认为：关于梁作英、程立之间是否发生交通事故及事故责任的认定问题。梁作英、程立均认可在梁作英摔伤后发生争执时，有其他人在场，而在场的丁某、孙某出庭证明程立在纠纷现场认可其存在过错，愿意为梁作英治疗；梁作英、程立均认可程立与梁作英家属将梁作英送至淮北市人民医院治疗，且程立安排其妻子送2000元为梁作英缴纳了医疗费。但庭审中程立否认与梁作英发生交通事故，其缴纳医疗费行为系出于好心而代为缴纳的。按常理，事发后事故双方为事故原因发生争执时，应通过报警等合法途径解决纠纷。事发后程立为证明自己的清白，应当场向其他围观的人解释或及时报警，但程立未报警，而是在梁作英家人到事故现场后与梁作英家人将梁作英送到医院治疗，在梁作英家人要求支付医疗费时，不仅未予拒绝，反而在身上无钱的情况下通知其妻子送2000元到医院，而程立妻子到医院后未对梁作英家人要求支付医疗费的行为表示反对，在缴纳医疗费后，程立及妻子亦没有报警，却自己提出其侄女与梁作英同村居住，与潘德山到董庄找到程立侄女的婆婆王某，王某在梁作英代理人对其所做的调查笔录中明确证明程立当时认可自己有过错，愿意支付医疗费，在此情况下，梁作英家人才让程立驾驶发生事故的摩托车离开。梁作英为证明其主张，提供了证人丁某、孙某、王某的证言，符合证据优势盖然性标准，具有相对合理性，法院应予确认。关于两人事故责任的认定问题。因本起事故发生在机动车与非机动车之间，交警部门认定事故成因无法查明，按《中华人民共和国道路交通安全法》的规定，程立无证驾驶属于高速运输工具的机动车，具有更高的危险性，应尽注意观察、谨慎驾驶的义务，程立无证据证明非机动车方梁作英有过错，应认定程立负事故全部责任。公民享有生命健康权，公民由于过错侵害他人财产、人身的应当承担民事责任。程立负事故全部责任，所驾驶的机动车未在保险公司投保机动车交强险，应对梁作英因事故产生的损失承担全部赔偿责任。

安徽省淮北市杜集区人民法院依照《中华人民共和国道路交通安全法》第七十条、第七十六条，《中华人民共和国侵权责任法》第十六条、第四十八条，《中华人民共和国民事诉讼法》第六十四条之规定，作出如下判决：

一、被告程立于本判决生效之日起十五日内赔偿原告梁作英医疗费、护理费、住院伙食补助费、营养费、交通费共计18091.14元；

二、驳回原告梁作英的其他诉讼请求。

程立持原审辩称意见提起上诉。安徽省淮北市中级人民法院经审理后认为：本案二审争议焦点是：1. 梁作英受伤的结果是否是程立的行为所致；2. 程立承担的责任比例应当如何认定。根据本案查明的事实，事故发生后，双方当事人未在第一时间报警，导致交警部门无法对本次事故作出责任认定。为了查明本案事实，经一审法院多次通知程立均未到庭说明情况。根据梁作英之子潘德山的陈述及程立的询问笔录记载内容来看，双方在发生事故后，程立主动提出证人王某与其有亲戚关系，双方一同找到过王某协商此事。为了查明案件事实，王某作为本案关键证人，一审法院也向其本人核实了相关情况。从王某的调查笔录中可以反映出程立当时并未否认其撞伤梁作英的事实，而是主动提出如何协商解决此事。王某与程立具有亲戚关系，王某作出不利于程立的证言，从证据效力方面上讲更具有说服力。丁某、孙某虽然是事故发生后到场的证人，但其二人的证言能够印证程立在事发现场认可自己存在过错。同时，梁作英家人在医院要求程立支付医药费时，程立并未提出异议，反而是让其妻子送钱过来。上述证据足以达到民事诉讼高度盖然性的证明标准，一审对此予以采信，并无不当。一审认定梁作英受伤结果系程立行为所致，于法有据，程立的该项上诉请求，法院不予支持。因无证据证明梁作英在本次交通事故中存在过错，且程立存在无证驾驶等情形，一审关于民事责任的认定并无不当。综上，一审判决认定事实清楚，适用法律正确，应予维持。

安徽省淮北市中级人民法院依照《中华人民共和国民事诉讼法》第一百七十条第一款第（一）项、第一百七十五条之规定，作出如下判决：

驳回上诉，维持原判。

【法官后语】

依据《道路交通事故处理程序规定》第五十条："道路交通事故成因无法查清的，公安机关交通管理部门应当出具道路交通事故证明，载明道路交通事故发生的时间、地点、当事人情况及调查得到的事实，分别送达当事人。"其含义就是公安机关交通管理部门根据现有的证据，不能证明事故的任何一方对于事故的发生存在过错，因此，无法对事故做出判断，究竟由谁承担事故责任。这是现代交通工具引发交通事故的突发性、复杂性决定的。在这种情况下，法官要运用逻辑推理和日常生活经验，对涉案证据有无证明力和证明力大小独立进行判断，综合审查判断出接近客观事实的法律事实。相对机动车来说，非机动车和行人是弱者，法律加强了对弱者的保护。在机动车与非机动车事故中，《道路交通安全法》对机动车一方规定的是过错推定责任。在该类交通事故发生后，首先推定机动车方承担事故的全部责任，但如果机动车一方有证据证明非机动车一方存在过错，则可以适当减轻机动车一方的责任。如有证据证明非机动车一方故意造成事故，则机动车一方不承担事故责任。也就是说，在这种情况下，机动车一方应当对受害人存在过错或故意负举证责任。如果机动车一方无法证明非机动车一方存在过错或故意，那就要推定机动车一方承担事故的全部责任。

编写人：安徽省淮北市杜集区人民法院　谢晓宾

22

交通事故赔偿责任是否等同于交通事故责任

——孟令超诉北京全峰物流有限公司机动车交通事故责任案

【案件基本信息】

1. 裁判书字号

北京市丰台区人民法院（2015）丰民初字第00594号民事判决书

2. 案由：机动车交通事故责任纠纷

3. 当事人

原告：孟令超

被告：北京全峰物流有限公司

【基本案情】

2014年11月7日10时30分许，在北京市丰台区刘家窑路，郭小帅驾驶电动三轮车由东向西行驶，适有车牌号为京QRK957小客车由西向东路边停放，电动三轮车左前挡板与京QRK957小客车右前部接触，京QRK957小客车损坏。该事故经交管部门认定，郭小帅负全部责任，原告无责任。郭小帅拒签事故认定书。原告系京QRK957小客车所有人。2014年11月15日，原告将车辆送至北京运通博世汽车销售服务有限公司维修，2014年11月20日，车辆维修完毕，原告支付修理费42749元。

另查，事故发生时郭小帅系被告全峰物流公司员工，在工作过程中与原告车辆发生交通事故。被告全峰物流公司不认可事故责任认定，并提供了事故现场附近的道路情况及交通标识的照片，欲证实原告停车的位置属于禁停区域。

【案件焦点】

本案争议焦点系交通事故赔偿责任是否等同于交通事故责任。

【法院裁判要旨】

北京市丰台区人民法院经审理认为，行为人因过错侵害他人民事权益，应当承担侵权责任。本案中，郭小帅驾驶电动三轮车与孟令超的车辆发生交通事故，造成孟令超的车辆受损，事故认定书认定郭小帅在事故中承担全部责任。但考虑此次事故中，孟令超将车辆停放在设有禁停标志的路段，其行为亦存在一定过错，应承担相应的责任，又鉴于孟令超违章停车的行为尚不足以造成该事故，事故的直接起因仍系郭小帅未做到安全驾驶，故被告全峰物流公司提出原告应承担事故全部责任的辩解意见，法院不予采纳。结合事故具体情况，法院确定郭小帅对孟令超的损失承担70%的赔偿责任。又因郭小帅在事故发生时正在履行职务，故相应的赔偿责任由被告全峰物流公司承担。对车辆修理费，被告对原告车辆的维修部位及维修金额无异议，故对车辆修理费按维修费发票金额予以确定，由被告全峰物流公司按70%的责任比例予以赔偿。依照《中华人民共和国侵权责任法》第十五条、第十九条、第三十四条，《中华人民共和国道路交通安全法》第七十六条之规定，判决如下：

一、被告北京全峰物流有限公司于本判决生效后七日内给付原告孟令超车辆修理费29924.3元；

二、驳回原告孟令超的其他诉讼请求。

【法官后语】

本案审理的关键为区分交通事故责任及民事赔偿责任。交通事故发生后，交警已经作出载明双方事故责任的事故认定书，在处理因事故造成的民事赔偿时，应当如何合理分担因事故造成损失的赔偿责任，有两种观点：

第一种观点认为，民事赔偿责任的承担应当与《道路交通事故认定书》载明的事故责任认定一致，交通事故责任认定即公安机关在查明交通事故原因后，根据当事人的违章行为与交通事故之间的因果关系，以及违章行为在交通事故中的作用，对当事人的交通事故责任加以认定的行为。人民法院应当以交通事故认定书作为认定案件事实的依据。如没有明显相反的证据证明事故认定有误，则应该按照事故责任认定书分配的事故责任确认当事人对于民事赔偿的责任。

第二种观点认为，民事赔偿责任与交通事故责任有所区别，即使当事人无法提供证据直接证明交警作出的事故责任认定有误，在案件审理过程中，也应当结合案件的具体情况，合理地分配当事人之间赔偿责任的承担比例。

笔者同意第二种观点，理由如下：

首先，交通事故责任是指车辆驾驶人员、行人、乘车人以及其他在道路上进行与交通有关活动的人员，因违反《道路交通安全法》和其他道路交通管理法规、规章或存在过错行为，造成人身伤亡或财产损失所应承担的责任。而民事赔偿责任是人民法院在公安交警部门作出的交通事故责任认定的基础上依据《侵权责任法》等法律、法规、司法解释，并结合事故相关人员的过错程度、因果关系来确定的民事赔偿的分担责任。

其次，交通事故责任与民事赔偿责任承担的责任形式不同，前者是当事人在处理事故中要承担的行政责任，而后者是当事人因过错而应承担的民事责任；认定的职能部门不同，前者是由交警部门依职权确定，后者是人民法院依审判权确定。

这两种责任依据不同的法律，在内涵和外延上是不同的，交通事故责任不等同于民事赔偿责任。交通事故责任认定是民事责任认定的基础和前提，法院应将交通事故责任作为民事责任认定的重要依据，而非唯一依据。

编写人：北京市丰台区人民法院　齐乐

23

肇事司机承担刑事责任后是否可免去精神损害赔偿责任

——邵增源、管惠芬诉杜国平等机动车交通事故责任案

【案件基本信息】

1. 裁判书字号

江苏省无锡市中级人民法院（2015）锡民终字第1204号民事判决书

2. 案由：机动车交通事故责任纠纷

3. 当事人

原告（上诉人）：邵增源、管惠芬

被告（被上诉人）：杜国平、中国人民财产保险股份有限公司宜兴支公司、宜兴市交通建设集团有限公司

【基本案情】

2014年6月16日上午9时18分许，杜国平驾驶苏BUB630号小型普通客车，沿宜兴市军民路由西向东行驶，经在建道路S262线右转弯进入S262线并由北向南行驶，行经和桥镇西锄村村道路口处，与沿和桥镇西锄村村道由西向东进入在建道路S262线持C1型机动车驾驶证驾驶未经注册登记的二轮摩托车的邵俊鹏发生相撞，造成邵俊鹏受伤，经医院抢救无效于当日死亡，两车均有不同程度的损坏。宜兴市公安局交警大队原作出路外交通事故证明，后因宜兴市人民检察院要求宜兴市公安局交警大队须作出事故责任认定，宜兴市公安局交警大队于2014年10月9日作出认定：杜国平负事故的主要责任，邵俊鹏与交通公司负事故的次要责任。杜国平目前已被宜兴市人民检察院向法院提起公诉，要求追究其刑事责任，法院于2014年10月14日决定受理，杜国平被法院取保候审。另查明：杜国平驾驶的车辆在中国人民财产保险股份有限公司宜兴支公司（以下简称保险公司）投保了交强险、保额为50万元的商业险及不计免赔险。2014年6月17日，宜兴市和桥镇西锄村村民

委员会（以下简称西锄村委）出具证明：邵增源与管惠芬系夫妻关系，共育有一子一女，女儿邵琴，儿子邵俊鹏（未婚）。邵增源出具宜兴市十里牌医院的病历记录、住院病历、出院记录，病历记载邵增源于2000年1月28日因骑摩托车不慎与三卡车相撞，造成外伤性脾破裂被切除、失血性休克、肋骨骨折等，以此说明其丧失劳动能力。2014年12月10日西锄村村委会出具证明，邵增源在2000年车祸中切除脾脏，肋骨断裂，且患有多年高血压、糖尿病，失去劳动能力，无其他经济收入，并出具宜兴市残疾评定表。审理中，被告宜兴市交通建设集团有限公司（以下简称交通公司）向法院提供滆湖东路公路工程施工审批表，该工程由交通公司施工，宜兴市公安局交警大队与宜兴市公路管理处联合于2013年1月10日在《宜兴日报》刊出通告。审理中，原告邵增源、管惠芬与被告杜国平、保险公司、交通公司，就邵俊鹏因交通事故而死亡，导致原告方的以下损失一致确认：死亡赔偿金650760元、丧葬费25639.5元、交通费1000元。双方对精神损害抚慰金、被抚养人生活费、误工费有异议。事故发生后，杜国平已通过交警部门支付给原告方60000元。

【案件焦点】

杜国平是否需要承担精神损害抚慰金、被抚养人生活费等其他赔偿金。

【法院裁判要旨】

江苏省宜兴市人民法院经审理认为：公民享有生命健康权，受害人遭受人身损害致其死亡的，其亲属有权要求侵权人赔偿死亡赔偿金等各项损失。机动车发生交通事故造成人身伤害的，由保险公司在机动车责任强制保险及商业险限额的范围内予以赔偿，不足部分按照双方过错比例分担责任。

关于原告方主张精神损害抚慰金50000元，被告保险公司不予认可，法院认为，杜国平已被宜兴市检察院向法院提起公诉，如果被追究刑事责任，则不应当承担精神损害抚慰金，如果未被追究，则应当承担精神损害抚慰金，因此，该部分精神损害抚慰金，暂不能支持；交通公司在事故中与邵俊鹏承担次要责任，法院酌定由交通公司承担20%，计算为10000元。据此，江苏省宜兴市人民法院作出如下判决：

一、保险公司于本判决发生法律效力之日起十日内赔偿邵增源、管惠芬591841.65元；

二、交通公司于本判决发生法律效力之日起十日内赔偿邵增源、管惠芬126108.93元；

三、保险公司于本判决发生法律效力之日起十日内返还杜国平18158.35元；

四、驳回邵增源、管惠芬的其他诉讼请求。

邵增源、管惠芬持原审起诉意见，向江苏省无锡市中级人民法院提起上诉。江苏省无锡市中级人民法院经审理认为：关于精神损害抚慰金的问题。交强险的赔付具有严格的法定性。而本案是机动车交通事故责任纠纷，应当优先适用《中华人民共和国道路交通安全法》及《机动车交通事故责任强制保险条例》。而上述法律、行政法规均明确了交强险的免赔事由，车辆肇事人涉嫌刑事犯罪并非法定免责事由。故虽然杜国平因交通事故涉嫌过失致人死亡已被提起公诉，法院亦已刑事立案，但不能免除其民事侵权责任，杜国平仍应当赔偿相应精神损害抚慰金。根据邵俊鹏在本案中的过错程度，法院酌定精神损害抚慰金为35000元，邵增源、管惠芬要求在交强险内优先赔偿的主张符合法律规定，应予准许。

江苏省无锡市中级人民法院据此作出如下判决：

一、撤销宜兴市人民法院（2015）宜和民初字第5号民事判决；

二、保险公司于本判决生效之日起10日内向邵增源、管惠芬赔偿610000元；

三、杜国平于本判决生效之日起10日内向邵增源、管惠芬赔偿6341.6元；

四、交通公司于本判决生效之日起10日内向邵增源、管惠芬赔偿121358.9元；

五、驳回邵增源、管惠芬的其他诉讼请求。

【法官后语】

本案争议焦点在于杜国平在承担刑事责任的情况下是否可以免除其民事方面的精神损害抚慰金的赔偿责任，对此，有两种不同的意见：

第一种观点认为：被告杜国平对其交通肇事行为已经承担了刑事责任，不应赔偿精神损害抚慰金。因为根据相关司法解释的规定可以看出，刑事案件涉及民事赔偿的，其范围仅局限于物质损失，而不包括精神损失在内。据此，法院应驳回原告关于精神损害抚慰金的主张。

第二种观点认为：被告杜国平虽然已经对其交通肇事行为承担了刑事责任，但仍然应赔偿精神损害抚慰金。因为原告并非单独另行提起精神损害赔偿而且刑事责任与民事责任分属于不同的责任范畴，刑事责任的承担不能替代民事责任的承担。

对此，笔者认为：首先，犯罪行为不同于一般民事侵权行为，它对于被害人的人身、财产损害往往更大，如果造成精神伤害，也往往比一般的民事侵权行为更加严重，因此获得精神损害赔偿实有必要。《最高人民法院关于确定民事侵权精神损害赔偿责任若干问题的解释》第一条规定："自然人因下列人格权利遭受非法侵害，向人民法院起诉请求赔偿精神损害的，人民法院应当依法予以受理：(一) 生命权、健康权、身体权；(二) 姓名权、肖像权、名誉权、荣誉权；(三) 人格尊严权、人身自由权。违反社会公共利益、社会公德侵害他人隐私或者其他人格利益，受害人以侵权为由向人民法院起诉请求赔偿精神损害的，人民法院应当依法予以受理。"由此可见，该司法解释将精神损害赔偿责任方式适用侵害生命权、健康权和身体权的全部范围。《最高人民法院关于审理人身损害赔偿案件适用法律若干问题的解释》第一条第一款明确规定："因生命、健康、身体遭受侵害，赔偿权利人起诉请求赔偿义务人赔偿财产损失和精神损害的，人民法院应予受理"。

其次，刑事责任是被告人因为触犯《刑法》而由国家对其行为作出相应的限制或者剥夺，而精神损害赔偿权属于民事权利，属于私权。犯罪之所以要承担更严重的责任，在于其超越了社会能容忍的最低限度。刑罚固然对受害人有安抚和补偿的功能，但这种功能仅指于刑事犯罪领域，不能替代民事侵权领域的精神赔偿概念。两者性质不同，不能混为一谈。对犯罪人定罪科刑，是行使国家公权力的结果，公权力行使是以维护社会正常秩序为目的。被害人主张损害赔偿，则是以补偿私人损失为目的，是维护私权的需要。

最后，《侵权责任法》自 2010 年 7 月 1 日开始实施，该法第四条第一款明确指出"侵权人因同一行为应当承担行政责任或者刑事责任的，不影响依法承担侵权责任"。同时，该法第二十二条也明确了侵害他人人身权益，造成他人严重精神损害的，被侵权人可以请求精神赔偿。《侵权责任法》属于新法和特别法，其施行之后，与其抵触的法律和司法解释自然无效或不再适用。同时，侵权责任法的效力要高于最高院发布的批复和司法解释。

综上，受害人除了可以要求保险公司及其他未被追究刑事责任的人承担精神损害赔偿责任，还可以要求承担刑事责任的机动车驾驶人承担责任。本案被告杜国平虽承担了刑事责任，但不影响其依法承担因同一行为所致的侵权责任，其仍应承担精神损害抚慰金的赔偿责任。

编写人：江苏省宜兴市人民法院　柳杰

24

无监控录像如何确定交通事故中各方当事人的过错及责任分配

——张国华诉王新明等机动车交通事故责任案

【案件基本信息】

1. 裁判书字号

湖南省株洲市攸县人民法院（2015）攸法民一初字第1450号民事判决书

2. 案由：机动车交通事故责任纠纷

3. 当事人

原告：张国华

被告：王新明、中国太平洋财产保险股份有限公司株洲中心支公司

【基本案情】

2015年1月15日，原告张国华驾驶无牌二轮摩托车沿G106国道由北向南行驶。18时15分左右，在原告行驶至攸县菜花坪镇五里牌路段时被车辆剐倒并被二轮摩托车轧伤。经诊断：左侧胫腓骨开放性粉碎性骨折；全身多处挫伤、挫裂伤；左侧多发性肋骨骨折并双肺挫伤。事故发生后，原告在攸县人民医院住院治疗19天，共花费医药费34009.13元。2015年4月2日，经株洲市求真司法鉴定中心鉴定，原告张国华伤情构成十级伤残，伤后全休6个月，陪护1人1个月，今后左下肢内固定取出需治疗费6500元。此后，攸县公安局交警大队向原、被告及唯一的证人张某平均做了询问笔录，因当场没有监控录像直接证明事故发生经过，交警大队以无法认定事故责任为由，出具了道路交通事故证明，且该证明仅确认了事故报警时间为18时18分及被告王新明驾驶的红色车辆在原告发生事故时间段内经过该路段的唯一性，并载明该摩托车没有明显碰撞、碾压痕迹。两被告认为被告王新明与本次交通事故发生以及责任划分、损害赔偿均不存在必然的因果关系。

另外，被告王新明在询问笔录中陈述："2015年1月15日傍晚，我驾驶湘

B7B195 大型汽车从攸县县城吃完饭往茶陵方向行驶，大概 18 时左右，我驾驶车辆行驶至攸县菜花坪镇五里牌路段想去道路西侧加水店加水，我就踩了下刹车，向右打把方向，然后我想到我车子有水，不需要加水，我就直接往茶陵方向行驶”。张国华询问笔录中陈述：“大概 18 时左右，一辆红色的大货车从我左后方超车，然后向我右方一加水的地方行驶……红色大货车和我同方向行驶，开始在我后面，在五里牌路段它超了我的车，好像是去那加水。”证人张某平的询问笔录中陈述：“事发时，我驾驶摩托车行驶在张国华后面，大概 18 时左右，张国华已过 S212 连接线行驶在五里牌路段，我行驶在 S212 连接线处，我看见一辆红色的大货车将张国华撞倒在地，当时货车停了一下（五里牌加水处），司机也下来了”。

另查明，湘 B7B195 货车车主系被告王新明，该车辆于 2012 年 11 月 12 日在被告中国太平洋财产保险股份有限公司株洲中心支公司（以下简称太平洋财保株洲支公司）投保机动车强制险，保险期间自 2014 年 3 月 19 日起至 2015 年 3 月 18 日止，事故发生时尚在保险期间内，原告系农业户口。

【案件焦点】

在缺少监控录像和关键证人予以证实事故发生经过的案件中，应如何确定原、被告的过错及责任分配。

【法院裁判要旨】

湖南省株洲市攸县人民法院经审理认为：1. 根据双方当事人在公安机关的陈述、结合目击证人证言可知原告跌倒受伤时，被告王新明驾驶的湘 B7B195 机动车是唯一一辆与原告张国华驾驶的二轮摩托车交汇的车辆，而且在交汇时采取过向右打方向及刹车制动的措施。攸县公安局交通警察大队出具的道路交通事故证明中，虽未检测出湘 B7B195 车辆与原告的二轮摩托车有明显碰撞、碾压痕迹，但原告在右边行驶，因前方车辆突然刹车及向右打方向的行为事发突然，因此受干扰跌倒亦属正常。因此，被告王新明未能充分履行注意义务，未尽可能地避免自己所驾驶车辆对周围的影响，应承担本次事故的主要责任。原告在前进的过程中未充分注意路面情况，且无证驾驶无号牌的摩托车，应承担本次事故的次要责任。根据本案的实际情况，从公平合理的角度出发，酌情确定原告张国华与被告王新明的责任划分比例为 4：6。2. 被告王新明系湘 B7B195 车辆登记的所有人。湘 B7B195 车辆由被告王新明在被告太平洋财保株洲支公司投保了机动车交通强制保险，被告太平洋财保株洲支公司应当在其承保的交强险范围内先行理赔。

湖南省株洲市攸县人民法院依照《中华人民共和国道路交通安全法》第七十六条第一款，《中华人民共和国侵权责任法》第十六条、第二十二条、第四十八条、第四十九条，《最高人民法院关于审理人身损害赔偿案件适用法律若干问题的解释》第十七条、第十八条、第十九条、第二十条、第二十一条、第二十二条、第二十三条、第二十四条、第二十五条，《最高人民法院关于确定民事侵权精神损害赔偿责任若干问题的解释》第八条第二款和《中华人民共和国民事诉讼法》第六十四条第一款之规定，作出如下判决：

一、由被告太平洋财保株洲支公司在本判决生效后十日内向原告张国华一次性支付交通事故赔偿款 48126 元；

二、由被告王新明在本判决生效后十日内赔偿原告张国华损失 19181.48 元；

三、驳回原告张国华的其他诉讼请求。

【法官后语】

本案处理重点主要在于对所有证据的分析认定及证据之间关联性的把握。因《道路交通事故认定书》具有客观性、及时性和专业性的优势，若无其他证据证实其错误，法院一般会予以采信。因此，《道路交通事故认定书》是审理机动车交通事故责任纠纷案件的有力证据。但在有些车辆逃逸且缺乏监控，缺少关键证人予以证实事故发生经过的案件中，交管部门根据所掌握的证据无法对事故的具体原因作出判断，不能确定事故发生与当事人之间的过错程度，交管部门仅仅出具了道路交通事故证明，对已经查明的基本事实包括事故发生时间、地点、当事人情况等作出记载。这就需要法官对双方的陈述、道路交通事故证明及其他证据进行综合判断，不应以证据不足驳回原告的诉讼请求。笔者认为，在无监控的情况下，无法查明两车是否实际相撞，伤者摔倒致伤与涉事车辆相关性等事实的情况下，应分析两车在动态上是否存在时间和空间上的同一，并确定涉事车辆在事故地点可能发生碰撞的唯一性。法院可运用自由裁量权，坚持机动车相对于弱者的风险负担原则，在能够查明受伤的原因力的基础上确定双方的责任分配。

编写人：湖南省株洲市攸县人民法院　刘一鹤

25

无意思联络共同加害行为中侵权人是否需要承担连带责任以及举证责任的分配

——张天书诉钱洪明等机动车交通事故责任案

【案件基本信息】

1. 裁判书字号

江苏省无锡市滨湖区人民法院（2015）锡滨开民初字第00062号民事判决书

2. 案由：机动车交通事故责任纠纷

3. 当事人

原告：张天书

被告：钱洪明、陈天红、中国平安财产保险有限公司常州中心支公司

【基本案情】

2012年12月2日13时许，陈天红持C1型机动车驾驶证，驾驶苏B615LD小型轿车（车上乘坐王金某、王迎某、王某欢、王某伍），沿本市湖山路由南向北行驶至马鞍苑小区道路路口，遇钱洪明驾驶苏DTU053小型普通客车（车上乘坐钱某兴）沿马鞍苑小区道路由东向西行驶至湖山路路口，结果两车发生相撞后，苏B615LD小轿车、苏DTU053小型普通客车又与张天书驾驶的无号牌电动三轮车（车上载有家具）分别发生碰撞，苏DTU053小型普通客车还撞到一辆无号牌二轮摩托车（事发后驾驶员弃车离开现场），致王金某、王迎某、王某欢、王某伍、钱洪明、钱某兴、张天书受伤。2015年1月2日，无锡高吉司法鉴定所出具鉴定意见书，载明：（1）苏B615LD小轿车右前侧、车身右侧与苏DTU053小客车左前侧、车身左侧碰撞可以成立；（2）苏B615LD小轿车右前侧与绿色电动三轮车左前侧碰撞可以成立；（3）苏B615LD小轿车车头冲撞绿化带及菜田可以成立；（4）苏

DTU053小客车车尾与绿色电动三轮车车身右侧碰撞可以成立；（5）苏DTU053小客车车身左侧与灰色二轮摩托车（发动机号：00002313）车头左前侧碰撞，致二轮摩托车右侧倒地可以成立。2015年1月14日，滨湖交警大队出具《道路交通事故认定书》，载明：陈天红驾驶机动车通过没有交通信号灯控制也没有交通警察指挥的交叉路口，未让右方道路的来车先行，其违法行为是造成事故的主要原因；钱洪明驾驶机动车通过路口时，未减速慢行，其违法行为是造成事故的一定原因；本次事故陈天红应负事故的主要责任，钱洪明应负事故的次要责任，王金某、王迎某、王某欢、王某伍、钱某兴、张天书、二轮摩托车驾驶员不负事故责任。事故发生后，张天书即被送往中国人民解放军第一〇一医院治疗，共计发生医疗费228538元。

苏DTU053于中国平安财产保险有限公司常州中心支公司（以下简称平安保险公司）投保了交强险及商业三者险，保险期间均为2014年11月14日0时起至2015年11月13日止。苏B615LD小轿车未投保交强险及商业三者险。

在滨湖交警大队2015年1月7日笔录中，张天书陈述如下：2014年12月2日12时50分左右，我从胡埭街上家具店出发往马鞍小区与湖山路的十字路口时，过来一辆小客车，把我连人带车撞飞了，后来我就昏迷了；与我相撞的是白色小客车（苏DTU053小客车），白色小客车行驶的道路和方向我不清楚，当时是在我左前方冲过来的，白色汽车与另一辆轿车相撞我并没有看见；白色汽车与我相撞后，我人就飞出去了，不知道有无其他车辆与我车相撞。滨湖交警大队2015年1月11日笔录中证人刘某某陈述如下：事故发生时我听到"砰"的一声，我立即朝事发路口看去，看到一辆银灰色的汽车（苏DTU053小客车）和一辆黑色的轿车（苏B615LD小轿车）撞在了一起，黑色的轿车直接冲向路边的绿化带，银灰色的车子失控撞到了路边的一辆电动三轮车，我立即跑过去，看见一个男的躺在绿化带的边上，我就立即报警了；我只看到银灰色车子和黑色轿车相撞后失控，车子掉了个头直接冲向路边，具体怎么和电动三轮车相撞的我不是很清楚，只是在事发后看到银灰色车子的后部和电动三轮车碰到一起；我没有看到黑色轿车撞到电动三轮车。

原、被告一致确认医疗费用228538元。钱洪明与平安保险公司确认，商业三者险理赔钱洪明自行负担自费用药6856元。

【案件焦点】

交通事故当事人钱洪明与陈天红是否需要对张天书的损失承担连带责任。

【法院裁判要旨】

江苏省无锡市滨湖区人民法院经审理认为：公民的生命健康权受法律保护，张天书因本次事故受伤，理应获得赔偿。根据《中华人民共和国道路交通安全法》规定，机动车之间发生交通事故的，由有过错的一方承担赔偿责任；双方都有过错的，按照各自过错的比例分担责任。本起事故为多车连环相撞事故，但事故起因系钱洪明与陈天红两人车辆碰撞所致，而交警部门认定事故中张天书不负事故责任，故钱洪明与陈天红应根据双方各自的过错程度就张天书的损失承担相应的赔偿责任。陈天红就事故责任认定提出异议，但并未提供相应的证据，法院对其辩称意见不予采信，并根据《道路交通事故认定书》的责任认定，确认钱洪明承担30%的赔偿责任，陈天红承担70%的赔偿责任。

张天书主张本案中钱洪明与陈天红应当互负连带赔偿责任，而本起事故中钱洪明与陈天红仅为交通意外事故中的双方，两人对张天书的侵权属于无意思联络的共同加害行为。《中华人民共和国侵权责任法》规定，二人以上分别实施侵权行为造成同一损害，能够确定责任大小的，各自承担相应的责任；二人以上分别实施侵权行为造成同一损害，每个人的侵权行为都足以造成全部损害的，行为人承担连带责任。本起事故中，虽然根据高吉司法鉴定所鉴定意见书苏DTU053小客车与苏B615LD小轿车均与张天书所驾驶的电动三轮车发生碰撞，但并不能以此推定两人的侵权行为都足以造成张天书的全部损害后果，张天书对于两车对其车辆的碰撞程度、碰撞后果也并未提供其余证据予以佐证。相反的是，根据张天书本人的陈述，在苏DTU053小客车与其车辆碰撞后，“我人就已经飞出去了”，即损害结果已经发生，苏B615LD小轿车与其车辆的碰撞发生过程，其也并不知情。综上，张天书主张要求钱洪明与陈天红互负连带赔偿责任，证据不足，法院无法予以支持。

本案中张天书的医疗费为228538元，应由平安保险公司与陈天红在交强险限额范围内各自赔偿10000元，超出部分208538元，由陈天红按照70%的责任比例赔偿145976.60元，由钱洪明按照30%的责任比例赔偿65261.40元。钱洪明应赔偿部分由其自行承担6856元，其余55705.40元由平安保险公司在商业三者险限额范围内予以赔偿。本案中平安保险公司已支付10000元，故尚需赔偿55705.40元；

钱洪明已支付40000元，故尚需返还其33144元，双方一致确认在保险公司赔偿款项中直接返还给钱洪明。

江苏省无锡市滨湖区人民法院依照《中华人民共和国侵权责任法》第十一条、第十二条、第十六条、第四十八条，《中华人民共和国道路交通安全法》第七十六条第一款第（一）项，《最高人民法院关于审理道路交通事故损害赔偿案件适用法律若干问题的解释》第十六条第（一）项、第十九条之规定，判决如下：

一、中国平安财产保险有限公司常州中心支公司于本判决生效后十五日内赔偿张天书医疗费55705.40元（其中33144元支付给钱洪明）；

二、陈天红于本判决生效后十五日内赔偿张天书医疗费用共计155976.60元；

三、驳回张天书的其他诉讼请求。

【法官后语】

《侵权责任法》中对共同侵权加以了细分，分别在第八条（有意思联络的共同侵权），第九条（教唆、帮助的共同侵权），第十条（共同危险行为）。无意思联络的共同加害行为（第十一条、第十二条）在《侵权责任法》中并未将其作为共同侵权对待，而将其定义为分别侵权。本案中，交通事故属于意外事故，双方车辆碰撞后导致了第三方车辆车损人伤，属于典型的无意思联络的共同加害。这种共同加害行为中，行为人之间没有任何意思联络，各自独立的实施某种行为，属于分别侵权，按照常理，本来应该由行为人各自根据自身的过错和侵权后果负责。但是，《侵权责任法》中对于无意思联络的共同加害行为的责任承担方式，却作出了两种不同的规定。其中，第十一条比照共同侵权规定了如各侵权人的分别侵权造成了同一侵权后果，而且每个人的侵权行为都足以造成全部损害后果，各侵权人也应当承担连带责任；而第十二条则又回归分别侵权适用按份责任承担。

对于这一类拟制的连带责任共同侵权，明显的要求就是“每个人的侵权行为都足以造成全部损害的”。这一举证责任赋予加害人，由其证明自身行为“不足以造成全部损害”，既不符合“谁主张谁举证”的民事诉讼基本证据规则，显然对于加害人也是一种苛求。因此，出于利益平衡及民事诉讼程序规则的考虑，这一举证责任应当归属于被侵权人，但是不宜要求过高，即至少应当从常理或表象上符合“足以造成全部损害”这一要求，而并不需要通过医学、痕迹学等专业知识来进行论证。本案中，根据被侵权人自身的陈述，其自身的损害后果主要是两事故车中其中一辆车导致的，与另一辆车关联并不大，因此其自身对于事故的描述与上述举证的目的相反，在没有其他证据的情况下，法院驳回了被侵权人连带责任赔偿的诉请。

编写人：江苏省无锡市滨湖区人民法院　孙熠

26

数人侵权的责任承担问题

——包礼由等诉张春等机动车交通事故责任案

【案件基本信息】

1. 裁判书字号

福建省莆田市荔城区人民法院（2015）荔民初字第955号民事判决书

2. 案由：机动车交通事故责任纠纷

3. 当事人

原告：包礼由、侯友明、侯林杰、侯林锋

被告：张春、张仁宇、林伟、中国太平洋财产保险股份有限公司莆田中心支公司

【基本案情】

2015年2月16日20时30分许，被告张春无证驾驶无牌（套挂闽BHK236号牌）普通二轮摩托车从莆田市荔城区新度镇往莆田市区方向行驶，途径犀山线475km+750m（木兰溪门诊门口）的人行横道路段，遇受害人包珠平沿人行横道步行横穿道路时，未能停车让行，将受害人包珠平撞倒在地，间隔10余秒钟，当受害人包珠平正欲爬起身时，同方向被告张仁宇驾驶闽B0803L号小轿车途经该路段，未注意路面情况确保安全行驶，再次碰撞了受害人包珠平，造成包珠平受伤经抢救无效死亡的交通事故。2015年3月10日，莆田市公安局荔城分局交警大队作出莆公交认字（2015）第00042号《道路交通事故认定书》，认定被告张春、张仁宇共

同承担本事故的全部责任，受害人包珠平无责任。事故发生后，受害人包珠平即被送至莆田市第一医院，经抢救无效死亡，共花费医疗费人民币6043.95元。2015年2月27日，福建闽中司法鉴定所作出闽中司鉴（2015）病鉴字第33号《法医病理鉴定书》，评定受害人包珠平系交通事故致创伤性出血性休克而死亡。

肇事闽B0803L号小轿车系被告林伟所有，在被告中国太平洋财产保险股份有限公司莆田中心支公司（以下简称太平洋财保莆田支公司）投保交强险、商业第三者责任险及不计免赔险，商业第三者责任险的保险金额为人民币50万元，事故发生在保险期限内。2015年5月9日，经莆田市荔城区人民法院组织调解，原告包礼由、侯友明、侯林杰、侯林锋与被告张春达成调解协议，莆田市荔城区人民法院于2015年5月11日出具荔民初字第955号《民事调解书》予以确认。被告张春于调解书出具之日将全部赔偿款一次性支付给原告。事故发生后，被告张春、张仁宇因犯交通肇事罪分别被追究刑事责任。

【案件焦点】

事故各肇事方所应承担的民事赔偿责任类型以及赔偿比例。

【法院裁判要旨】

福建省莆田市荔城区人民法院经审理认为：被告张春无证驾驶无牌（套挂闽BHK236号牌）普通二轮摩托车途经人行横道时，未让行人包珠平先行，将受害人包珠平撞倒在地，之后同方向被告张仁宇驾驶闽B0803L号小轿车未注意路面安全，再次碰撞了受害人包珠平，造成包珠平受伤后经抢救无效死亡的交通事故。莆田市公安局荔城分局交警大队作出的《道路交通事故认定书》叙述事实清楚、认定责任准确，予以采信。根据责任认定，被告张春、张仁宇共同承担本事故的全部责任，受害人包珠平无责任。因本案为机动车与行人之间发生交通事故造成人身伤亡，根据《福建省实施〈中华人民共和国道路交通安全法〉办法》第五十三条的规定，应先由保险公司在交强险限额范围内承担赔偿责任，未投保交强险的，由机动车所有人或管理人承担相当于交强险责任限额部分的赔偿责任，故被告太平洋财保莆田支公司及被告张春应各自承担相应的交强险赔偿责任。对于超过交强险限额的部分，由侵权人按责任比例承担赔偿责任。因被告张春、张仁宇构成无意思联络的数人竞合（积累）侵权行为，且在造成受害人包珠平死亡的后果上，被告张仁宇负有更大的责任，根据过错责任大小，法院认定被告张仁宇承担60%的赔偿责任，被告张春承担40%的赔偿责任。因被告张仁宇驾驶的小轿车在被告太平洋财保莆田支公司投保了商业第三者责任险，故被告太平洋财保莆田支公司应在商业第三者责任险范围内按60%的比例承担赔偿责任。被告太平洋财保莆田支公司在交强险及商业第三者责任险限额内的理赔款合计人民币371174.42元。由于原告的损失在被告太平洋财保莆田支公司的赔偿范围内，故原告要求被告张仁宇、林伟承担赔偿责任的诉求，法院不予支持。又因在诉讼过程中经法院组织调解，原告已与被告张春达成赔偿协议，被告张春亦依约支付了全部赔偿款，故原告要求被告张春承担赔偿责任的诉求，法院不予支持。

福建省莆田市荔城区人民法院依照《中华人民共和国民法通则》第一百零六条、第一百一十九条，《最高人民法院关于审理人身损害赔偿案件适用法律若干问题的解释》第十七条、第十九条、第二十七条、第二十八条、第二十九条，《机动车交通事故责任强制保险条例》第二十三条，《中华人民共和国保险法》第六十五条以及《中华人民共和国道路交通安全法》第七十六条的规定，作出如下判决：

一、被告中国太平洋财产保险股份有限公司莆田中心支公司应在判决生效之日起十日内赔偿给原告包礼由、侯友明、侯林杰、侯林锋因交通事故造成受害人包珠平死亡的医疗费、丧葬费、死亡赔偿金和亲属办理丧葬事宜的交通费、误工费，以及被扶养人生活费等经济损失共计人民币371174.42元；

二、驳回原告包礼由、侯友明、侯林杰、侯林锋对被告张春、张仁宇、林伟的诉讼请求及其他诉讼请求。

【法官后语】

本案涉及无意思联络的数人竞合（积累）侵权行为在司法判断上的理论问题，以及《侵权责任法》第十一条、第十二条规定的实践适用问题，具有一定的借鉴意义。

1. 数人侵权中各侵权人的责任类型

本案为交通事故中数人侵权造成同一严重后果的典型案例。根据《侵权责任法》第十一条、第十二条的规定，数名侵权人分别实施侵权行为造成同一损害后果，若每个人的行为都足以造成全部损害，行为人承担连带责任；若能确定责任大小，各自承担相应的责任，难以确定责任大小的，平均承担赔偿责任。本案中受害人包珠平在被普通二轮摩托车撞倒十余秒后，有起身行为，可见其并未完全因第一次碰撞致死，而小轿车的再次碰撞导致受害人经抢救无效死亡。由此可见，两个肇事司机的侵权行为均不足以造成被害人死亡的结果，且综合全案分析能够确定二者的责任大小，故最后判决二肇事司机按份承担责任。

2. 肇事者的过错程度与责任比例折算

辨析肇事车辆驾驶员的过错程度，还需结合司法鉴定意见书、监控录像、现场照片、勘验图等证据综合考虑，具体问题具体分析、合理分配过错责任。本案中的监控录像证实，受害人被第一辆车撞倒十余秒后，准备自己爬起来，又被后一辆车撞倒，可见后一辆车的驾驶员有一定的反应时间，具备防止后续事故发生的时空条件。因此，该两辆肇事车的驾驶员主观上均属疏忽大意，均系造成受害人死亡的原因力之一，二原因力结合并最终造成受害人死亡的后果；又因前一辆车撞倒受害人后，受害人有起身行为，可见其并未完全因第一次撞击直接致死，而后一辆车直接导致受害人死亡，客观过错程度较第一辆车略高一层。因本案的死因司法鉴定意见书并未明确二车辆的哪一处撞击系造成受害人死亡的致命伤，故结合监控中记录的事故发生情形，综合考虑车辆投保情况等利于受害人理赔的各项因素，最终分配本案的按份责任比例为前车40%、后车60%。

编写人：福建省莆田市荔城区人民法院　林锐

27

明知驾驶人酒后开车，搭乘者受伤责任应如何分担

——常国喜诉张超华机动车交通事故责任案

【案件基本信息】

1. 裁判书字号

广东省云浮市新兴县人民法院（2014）云新法民一初字第345号民事判决书

2. 案由：机动车交通事故责任纠纷

3. 当事人

原告：常国喜

被告：张超华

【基本案情】

原告常国喜与张超华、李雪纲、王留永是同乡及朋友关系。2014 年 3 月 18 日晚上，原告常国喜与张超华、李雪纲、王留永四人在新兴县新城镇虹桥处的饭店吃饭，吃饭过程中四人都喝了酒。2014 年 3 月 19 日 0 时 30 分，因找旅馆住宿，被告张超华驾驶原告常国喜的粤 XR958 号小型轿车载着李雪纲、常国喜、王留永由新兴县城广兴大道往沿江路方向行驶，因采取措施不当致车辆碰撞道路隔离带，造成车辆损坏，张超华、李雪纲、常国喜、王留永受伤的交通事故。新兴县交警大队作出《道路交通事故认定书》，认为张超华醉酒（酒精含量：198.6047mg/100ml）驾驶机动车遇危险情况时采取措施不当，没有按照操作规范安全文明驾驶，是造成该起事故的直接原因，认定张超华承担事故的全部责任；常国喜、李雪纲、王留永在这起事故中无过错，不承担事故的责任。原告受伤后被送到新兴县人民医院住院治疗，共花去医疗费 10375.62 元。原告认为因该交通事故造成其各项损失合计 273220.4 元，经索赔无果，遂诉至法院，请求：1. 判令被告赔偿 273220.4 元给原告；2. 本案诉讼费用由被告负担。

【案件焦点】

如何划分原告常国喜各项损失的赔偿责任。

【法院裁判要旨】

广东省云浮市新兴县人民法院经审理认为：机动车是高速运输工具，行驶时具有高度的危险性，因此，法律对驾驶者的要求极为严格，既要求驾驶者具有相应的驾驶资格，又禁止驾驶者酒后驾车。被告张超华系驾驶者，在驾驶车辆过程中，控制着车辆的行驶方向和速度，也决定着行驶的安全。被告张超华酒后驾驶发生交通事故，存在明显过错，对原告常国喜所造成的经济损失应承担相应的赔偿责任。原告是事故车辆的车主，对车辆是否由被告驾驶有决定权，而原告明知被告喝了酒，还将车辆交给被告驾驶，对事故的发生也存在一定的过错，亦应承担相应的责任。另外，原告与被告等人一起吃饭喝酒，明知被告喝了酒，仍然乘坐被告驾驶的车辆，这说明了原告自愿承担被告酒后驾驶的风险。因此，发生交通事故，原告对自己的损失也应承担相应的责任。根据原、被告的过错程度，综合本案的实际情况，原告的经济损失由原告自负40%，由被告负担60%。

广东省云浮市新兴县人民法院依照《中华人民共和国侵权责任法》第六条第一款、第二十六条，《中华人民共和国道路交通安全法》第二十二条第二款、第七十六条，《最高人民法院关于审理道路交通事故损害赔偿案件适用法律若干问题的解释》第一条第一款第（三）项等法律的规定，作出如下判决：

一、被告张超华应于本判决发生法律效力之日起七日内赔偿154212.52元给原告常国喜；

二、驳回原告常国喜的其他诉讼请求。

判决作出后双方没有上诉，该案已生效。

【法官后语】

本案处理的重点主要在于原告是否对自己的损失承担责任。原告对车钥匙拥有处分权，根据《最高人民法院关于审理道路交通事故损害赔偿案件适用法律若干问题的解释》第一条第一款："机动车发生交通事故造成损害，机动车所有人或者管理人有下列情形之一，人民法院应当认定其对损害的发生有过错，并适用侵权责任法第四十九条的规定确定其相应的赔偿责任：……（三）知道或者应当知道驾驶人因饮酒、服用国家管制的精神药品或者麻醉药品，或者患有妨碍安全驾驶机动车的疾病等依法不能驾驶机动车的……"的规定，原告属于成年人，明知被告喝了酒，且按照常理都清楚酒后驾驶存在高风险，在这样的情况下，原告仍然将权属于自己的车辆交给被告驾驶，说明原告对危险的发生持放任态度。且原告自己还乘坐在车内，属于明知风险还去做的行为，这又说明了原告自愿承担被告酒后驾驶的风险。综上，原告理应对自己的行为承担相应的责任。

编写人：广东省云浮市新兴县人民法院　梁恒

28

民事赔偿责任不完全等同于事故责任

——关锁诉邓春华等机动车交通事故责任案

【案件基本信息】

1. 裁判书字号

北京市海淀区人民法院（2015）海民初字第15583号民事判决书

2. 案由：机动车交通事故责任纠纷

3. 当事人

原告：关锁

被告：邓春华、王士和、中国人民财产保险股份有限公司北京市分公司

【基本案情】

2014年10月16日9时35分，在北京市海淀区团城路巨山家园北门以东，关锁由西向东步行，适有邓春华驾驶京YNW688号小型普通客车由东向西掉头，小型普通客车前部与关锁身体接触，造成车辆损坏，关锁受伤。事发后，公安机关交通管理部门出具了《道路交通事故认定书》，载明："邓春华未取得机动车驾驶证不具有合法的驾驶资格。邓春华未取得机动车驾驶证驾驶机动车的行为是事故发生的全部原因。邓春华负全部责任，关锁无责任"。关锁被诊断为：左桡骨骨折、左尺骨茎突骨折、胸12椎体压缩骨折、全身多处皮擦伤、全身多发软组织损伤、脑外伤后神经反应、双侧胸腔积液。被鉴定人关锁腰部活动度部分丧失属十级伤残，左上肢目前状况属十级伤残。累计伤残赔偿指数为15%。另查明，车辆系王士和所有，王士和在明知邓春华未取得驾驶资格的情况下陪同邓春华练车。

关锁要求邓春华、王士和、中国人民财产保险股份有限公司北京市分公司（以下简称保险公司）赔偿医疗费2824元、住院伙食补助费1550元、营养费5400元、二次手术期间费用18200元、残疾辅助器具费5000元、残疾赔偿金66530元、精神

损害抚慰金20000元、护理费6800元、交通费1096元、财产损失2160元、鉴定费4383元，并承担诉讼费。

【案件焦点】

超出交强险部分王士和是否承担连带赔偿责任。

【法院裁判要旨】

北京市海淀区人民法院经审理认为：此次交通事故经认定邓春华负全部责任，邓春华所驾车辆在保险公司投保交强险及10万元的商业三者险，此次事故发生在保险期限内，邓春华作为机动车驾驶人在事发时虽未取得驾驶资格，但该事由并不能免除保险公司在交强险责任限额范围内对关锁的人身损害所应承担的赔偿义务，故保险公司仍应在交强险责任限额范围内先行承担赔偿责任。保险公司在履行完对第三者的赔偿义务后可另行向责任人进行追偿。对关锁超出交强险责任限额范围的损失，根据法律规定及保险合同约定，保险公司不承担赔偿责任。

对于关锁超出交强险范围的损失承担主体，法院认为，此次事故虽经公安机关交通管理部门认定邓春华负全部责任，但事故责任并不完全等同于民事赔偿责任。审理中，王士和认可其知道邓春华未取得驾驶资格，并且事发时是陪同邓春华练车。法院认为，根据《中华人民共和国侵权责任法》第八条的规定，“二人以上共同实施侵权行为，造成他人损害的，应当承担连带责任。”共同侵权必须以数行为人主观上具有“意思共同”为要件，“意思共同”的其中一种表现形式就是共同过失，即数行为人对损害发生的可能性有共同的认识，但均有回避损害的自信。此次事故中，对邓春华未取得驾驶资格驾驶机动车这一危险行为，无论是作为该机动车驾驶人的邓春华，还是作为该机动车所有人的王士和，双方对该危险行为应当有共同的认识，尤其是作为该车辆所有人的王士和，在对该行为可能造成损害的危险性上应当有更强的预见性，但其依然陪同邓春华练车，故二人对王士和陪同邓春华练车造成损害的可能性应当有共同的认识，但二人均轻信自己的行为不会导致损害的发生，二人的行为明显存在共同过失，二人的过错行为在本案中应当构成共同侵权。二人以上共同实施侵权行为，造成他人损害的，应当承担连带责任。综上，对关锁超出交强险范围的损失，应由王士和与邓春华承担连带责任。

经核实，关锁的损失为：医疗费100552.74元、二次手术费12000元、住院伙食补助费2250元、营养费2250元、护理费7300元、交通费500元、残疾赔偿金66530元、精神损害抚慰金7500元、财产损失800元、鉴定费4382.9元。

综上所述，北京市海淀区人民法院依据《中华人民共和国民法通则》第一百一十七条、第一百一十九条，《中华人民共和国侵权责任法》第八条，《中华人民共和国道路交通安全法》第七十六条，《最高人民法院关于审理道路交通事故损害赔偿案件适用法律若干问题的解释》第十八条之规定，判决如下：

一、中国人民财产保险股份有限公司北京市分公司于本判决生效后七日内：在机动车第三者责任强制保险范围内赔偿关锁医疗费、二次手术费、住院伙食补助费、营养费10000元，护理费、交通费、残疾赔偿金、精神损害抚慰金81830元；

二、邓春华、王士和于本判决生效后七日内赔偿关锁医疗费、二次手术费、住院伙食补助费、营养费107052.74元，财产损失800元，鉴定费4382.9元；以上共计112235.64元；（邓春华已支付22341元；王士和已支付80000元）

三、驳回关锁的其他诉讼请求。

【法官后语】

本案审理的焦点为：超出交强险的部分王士和是否承担赔偿责任以及承担赔偿责任的比例，与邓春华之间是按份责任还是连带责任。

此次事故虽经公安机关交通管理部门认定邓春华负全部责任，但事故责任并不完全等同于民事赔偿责任。审理中王士和认可其知道邓春华未取得驾驶资格，并且事发时是陪同邓春华练车。对王士和承担赔偿责任的比例有两种观点：第一种观点认为王士和作为车辆所有人知道邓春华没有驾驶证而出借车辆由邓春华驾驶存在过错，应该依据《最高人民法院关于审理道路交通损害赔偿案件适用法律若干问题的解释》第一条的规定，根据车主的过错程度对原告关锁的损失承担相应的赔偿责任；第二种观点认为王士和作为邓春华的陪练在指导邓春华学车的过程中，其实相当于二人共同驾驶车辆，应当是共同侵权，与邓春华承担连带责任。

本案法官认为，作为车辆所有人的王士和，在此次事故中的过错不仅仅是出借车辆给无驾驶资格的邓春华驾驶，还包括作为邓春华的教练在陪同邓春华驾驶车辆。根据《侵权责任法》第八条的规定："二人以上共同实施侵权行为，造成他人损害的，应当承担连带责任。"共同侵权必须以数行为人主观上具有"意思共同"

为要件，“意思共同”的其中一种表现形式就是共同过失，即数行为人对损害发生的可能性有共同的认识，但均有回避损害的自信。此次事故中，对邓春华未取得驾驶资格驾驶机动车这一危险行为，无论是作为该机动车驾驶人的邓春华，还是作为该机动车所有人的王士和，双方对该危险行为应当有共同的认识，尤其是作为该车辆所有人的王士和，在对该行为可能造成损害的危险性上应当有更强的预见性，但其依然陪同邓春华练车，故二人对王士和陪同邓春华练车造成损害的可能性应当有共同的认识，但二人均轻信自己的行为不会导致损害的发生，二人的行为明显存在共同过失，二人的过错行为在本案中应当构成共同侵权。二人以上共同实施侵权行为，造成他人损害的，应当承担连带责任。综上，对关锁超出交强险范围的损失，应由王士和与邓春华承担连带责任。

编写人：北京市海淀区人民法院　张颖超

29

当事人的过错行为在侵权损害赔偿案件中是否应自行承担一定比例的责任

——邵兴淑等诉周明忠等机动车交通事故责任案

【案件基本信息】

1. 裁判书字号

云南省文山壮族苗族自治州中级人民法院（2015）文中民三终字第8号民事判决书

2. 案由：机动车交通事故责任纠纷

3. 当事人

原告（被上诉人）：邵兴淑、周林忠、周文忠、周爱情

被告（上诉人）：周明忠

被告：华安财产保险股份有限公司文山中心支公司

【基本案情】

2013 年 6 月 27 日 15 时 30 分许，上诉人周明忠驾驶云 HB8266 普通两轮摩托车行至民族村门前路段时，与横过道路的行人周德兵相撞肇事，造成周德兵受伤的交通事故。文山市公安局交通警察大队对事故作出文公交认字（2013）第 00627 号《道路交通事故认定书》，认定：上诉人周明忠负全部责任，周德兵不负责任。周德兵受伤后，于当天被送到文山市医院住院治疗，因病情未好转，在医院建议下，于 2013 年 7 月 1 日转至文山州人民医院住院治疗至 2013 年 7 月 26 日，因病情危重，医院建议转至 ICU 继续治疗，被上诉人拒绝并于当日 15 时为周德兵办理出院手续，周德兵在出院回家后，于 2013 年 7 月 26 日 20 时在家中死亡。周德兵住院治疗期间被诊断为：1. Ⅱ型呼吸衰竭；2. 重症肺炎；3. 高血压 3 级，极高危组；4. 右髋臼骨折；5. 骨盆骨折；6. 循环衰竭；7. 电解质紊乱；8. 肺挫伤；9. 呼吸性酸中毒并代谢性碱中毒。周德兵住院治疗 30 天，花费医疗费 60596.53 元，上诉人周明忠垫付 16816.62 元，被上诉人由新型农村合作医疗报销 19134.39 元。另查明，云 HB8266 普通两轮摩托车车辆登记所有人为王远忠，该车于 2011 年 1 月 12 日已出售给上诉人周明忠。云 HB8266 普通两轮摩托车在原审被告华安财产保险股份有限公司文山中心支公司（以下简称华安保险公司）投有机动车交通事故第三者责任强制保险，事故发生时保险尚在有效期内。被上诉人邵兴淑系死者周德兵的妻子，邵兴淑与周德兵共育有周林忠、周明忠、周文忠、周爱情四个子女。另查明，周德兵户口为农村居民。其从 2010 年 7 月至 2013 年 7 月一直随其子周明忠在文山市望龙苑小区居住生活。

【案件焦点】

上诉人对周德兵的死亡是否应当承担赔偿责任，周德兵的死亡赔偿金应当按照城镇居民标准计算还是按照农村居民标准计算。

【法院裁判要旨】

云南省文山壮族苗族自治州文山市人民法院经审理认为：周德兵发生交通事故后被送往医院治疗，在病情危重的情况下，家属放弃治疗，在接回家后死亡，虽原告拒绝对周德兵进行尸解，无法确认死亡原因，但周德兵自身患有高血压 3 级、极高危组，重症肺炎等陈旧性疾病，本次交通事故造成周德兵右髋臼骨折、骨盆骨折、肺挫伤而诱发Ⅱ型呼吸衰竭、循环衰竭、电解质紊乱、呼吸性酸中毒并代谢性碱中毒致其死亡，有其自身病情原因，也有事故诱发因素，结合原因力大小，法院确认被告周明忠承担80%的民事责任，五原告承担20%的民事责任。五原告及被告周明忠、华安保险公司、第三人王远忠对交警部门认定被告周明忠负此次交通事故的全部责任，周德兵不负事故责任无异议，法院予以确认。五原告的合理损失：1. 医疗费41462.14元（已扣减原告由新型农村合作医疗报销的19134.39元），有医院出具的医疗费、住院费等收款凭证，结合病历和诊断证明予以确认；2. 护理费3000元（100元/天×30天），原告未提交需2人护理的医院证明，按1人护理标准计算，原告要求按每人每天57.73元计算，即1732元（57.73元/天×30天），法院予以支持；3. 住院伙食补助费2400元（80元/天×30天），原告要求赔偿1500元，法院应予支持；4. 死亡赔偿金418248元（23236元×18年），周德兵已满62周岁，按18年计算；5. 丧葬费24498.50元（48997元÷12个月×6个月）；6. 误工费，周德兵死亡时已年满60周岁，不存在误工费，误工费法院不予支持，以上支持的各项费用合计人民币487440.64元。被告华安保险公司在机动车交通事故第三者责任强制保险限额内赔偿医疗费10000元，死亡赔偿金110000元，余额367440.64元，由被告周明忠承担277135.89元［367440.64元×80%－16816.62元（被告周明忠垫付的医疗费）］，五原告承担73488.13元（367440.64元×20%）。云HB8266普通两轮摩托车车辆登记所有人虽为第三人王远忠，该车已于2011年1月12日出售给被告周明忠，第三人王远忠对本次交通事故不存在过错，不应承担赔偿责任。

云南省文山壮族苗族自治州文山市人民法院依照《中华人民共和国侵权责任法》第十五条第（六）项、第十六条、第十八条、第四十八条、第五十条，《中华人民共和国道路交通安全法》第七十六条第一款，《最高人民法院关于审理人身损害赔偿案件适用法律若干问题的解释》第十七条第一款、第三款、第十九条第二款、第二十一条、第二十三条、第二十七条、第二十九条，《最高人民法院关于审理道路交通事故损害赔偿案件适用法律若干问题的解释》第十六条，《中华人民共和国民事诉讼法》第六十四条第一款之规定，判决如下：

一、被告华安财产保险股份有限公司文山中心支公司于本判决生效之日起二十日内在机动车交通事故第三者责任强制保险限额内支付原告邵兴淑、周林忠、周明忠、周文忠、周爱情损失人民币 120000 元；

二、被告周明忠于本判决生效之日起三十日内赔偿原告邵兴淑、周林忠、周明忠、周文忠、周爱情各项损失人民币 277135.89 元（已扣减被告周明忠垫付的医疗费 16816.62 元）；

三、第三人王远忠不承担民事赔偿责任；

四、驳回原告邵兴淑、周林忠、周明忠、周文忠、周爱情的其他诉讼请求。案件受理费 8260 元，由被告周明忠负担 6608 元，原告邵兴淑、周林忠、周明忠、周文忠、周爱情负担 1652 元。

原审被告周明忠上诉称：一审法院认定事实错误，二审法院应予纠正。本案交通事故造成的伤情不但本身不会导致死亡的结果，同样也不会诱导肺部病变而死亡。本案受害人死亡系因被上诉人放弃治疗的行为所致，其行为已经构成中介因素，故上诉人不应当承担受害人死亡的相关赔偿责任。医院为进一步治疗受害人，建议转入更高级的 ICU 科室继续治疗。但受害人家属不同意转科并且主动放弃治疗并要求出院。因为失去医疗救助措施，受害人出院回家后于次日死亡。故与事故本身造成的伤情相比，受害人家属自愿放弃治疗出院回家的行为，已经足以并且超过原机动车事故可能造成的危害结果。一审法院按照城镇居民的标准计算相关赔偿金是错误的，二审法院应予纠正。本案中，被害人为农村居民，一审中，仅提交了与儿子居住的证明，并未提交任何在城镇有收入来源的证据。所以，其相应赔偿金不应当按照城镇居民的赔偿标准计算。综上所述，一审人民法院认定事实错误，继而作出的判决系错判，请求二审法院查明事实，予以改判。

云南省文山壮族苗族自治州中级人民法院经审理认为：关于上诉人对周德兵的死亡是否应当承担赔偿责任的问题。经审埋查明，上诉人周明忠驾驶云 HB8266 普通两轮摩托车将周德兵撞伤，造成周德兵右髋臼骨折、骨盆骨折、肺挫伤。经文公交认字（2013）第 00627 号《道路交通事故认定书》认定，被上诉人周明忠负事故全部责任，周德兵不负责任。虽然周德兵自身患有高血压等慢性疾病，但根据周德兵住院病历资料，本案交通事故对周德兵造成骨骼、肺部的外伤性损害是导致其死亡的直接诱因，即本案交通事故与周德兵的死亡后果之间具有因果关系，上诉人周明忠应当对周德兵的死亡承担赔偿责任。此外，被上诉人在周德兵病情危重的情况下决定放弃治疗的行为对周德兵的死亡后果也具有一定过错。一审判决结合原因力大小，确认上诉人周明忠对周德兵的死亡承担80%的民事责任，由五被上诉人自行承担20%的民事责任并无不当，法院对此予以确认。另外，关于周德兵的死亡赔偿金应当按照城镇居民标准计算还是按照农村居民标准计算的问题。经审理查明，周德兵2010年7月至2013年7月一直随其子周明忠在文山市望龙苑小区居住生活。其连续在城镇生活超过一年，生活来源于城镇，一审判决参照城镇居民标准计算周德兵的死亡赔偿金并无不当，法院予以确认。上诉人主张周德兵的死亡赔偿金应当按照农村居民的标准计算，无事实和法律依据，法院不予支持。

云南省文山壮族苗族自治州中级人民法院依照《中华人民共和国民事诉讼法》第一百七十条第一款第（一）项之规定，判决如下：

驳回上诉，维持原判。

二审案件受理费8260元，由上诉人周明忠承担。

【法官后语】

本案涉及机动车交通事故责任纠纷案件中的责任划分问题。根据《侵权责任法》理论，民事侵权案件的归责原则是确定侵权行为人侵权损害赔偿责任的一般准则。机动车交通事故责任纠纷适用一般归责原则，即过错责任原则。侵权行为构成的四个要件为：1. 有加害行为；2. 有损害事实的存在；3. 加害行为与损害事实之间有因果关系；4. 行为人主观有过错。《侵权责任法》第六条第一款规定："行为人因过错侵害他人民事权益，应当承担侵权责任。"《道路交通安全法》第七十六条规定："机动车发生交通事故造成人身伤亡、财产损失的，由保险公司在机动车第三者责任强制保险责任限额范围内予以赔偿；不足的部分，按照下列规定承担赔偿责任：（一）机动车之间发生交通事故的，由有过错的一方承担赔偿责任；双方都有过错的，按照各自过错的比例分担责任。（二）机动车与非机动车驾驶人、行人之间发生交通事故，非机动车驾驶人、行人没有过错的，由机动车一方承担赔偿责任；有证据证明非机动车驾驶人、行人有过错的，根据过错程度适当减轻机动车一方的赔偿责任；机动车一方没有过错的，承担不超过百分之十的赔偿责任。交通事故的损失是由非机动车驾驶人、行人故意碰撞机动车造成的，机动车一方不承担赔偿责任。"但是交通事故责任不等同于民事赔偿责任，《交通事故责任认定书》不能作为民事侵权损害赔偿责任分配的唯一依据，行为人在侵权行为中的过错程度，应当结合案情，全面分析全部证据，根据民事诉讼的归责原则进行综合认定。《交通事故责任认定书》的性质是证据，是一种具有专门知识的人员根据一定的专业技能按照一定的原则和方法，通过分析与论证来确定当事人是否承担一定责任的公证文书，其责任认定不能等同于民事赔偿中的责任分担。在本案当中，交通事故对周德兵造成骨骼、肺部的外伤性损害是导致其死亡的直接诱因。即本案交通事故与周德兵的死亡后果之间具有因果关系，上诉人周明忠应当对周德兵的死亡承担赔偿责任。此外，被上诉人在周德兵病情危重的情况下决定放弃治疗的行为对周德兵的死亡后果也具有一定过错。一审判决结合原因力大小，确认上诉人周明忠对周德兵的死亡承担80%的民事责任，由五被上诉人自行承担20%的民事责任并无不当。

编写人：云南省文山壮族苗族自治州中级人民法院　张祺

30

双重混合过错侵权责任的确定

——伍瑞金等诉江奕如等机动车交通事故责任案

【案件基本信息】

1. 裁判书字号

广西壮族自治区梧州市苍梧县人民法院（2015）苍民初字第389号民事判决书

2. 案由：机动车交通事故责任纠纷

3. 当事人

原告：伍瑞金、潘丽连

被告：江奕如、叶庆专、车锦新、潘晓萍、中国人民财产保险股份有限公司贺州市分公司

【基本案情】

2015年5月26日22时57分许，被告江奕如驾驶被告叶庆专所有的桂J07323号牌重型半挂牵引车从贺州市往梧州市方向行驶，至国道207线3117km+80m处

时，与对向车某驾驶的车尾搭载朱某某、伍林并的无号牌两轮摩托车（所有人为被告车锦新）发生碰撞，造成朱某某（另案处理）、伍林并、车某（另案处理）三人死亡，两车不同程度受损的交通事故。本次事故经苍梧县公安局交警大队认定，车某和江奕如负事故同等责任，朱某某和伍林并无责任。

另查明，原告伍瑞金、潘丽连系死者伍林并的父亲和母亲；伍林并于1997年3月20日出生，死亡时已年满18周岁。被告车锦新、潘晓萍系另一死者车某的父亲和母亲，车某于1999年6月15日出生，死亡时尚未成年（15岁零11个月）。

【案件焦点】

摩托车驾驶人车某（死者之一）的法定监护人是否应当对伍林并（另一死者）的死亡向原告承担赔偿责任。

【法院裁判要旨】

广西壮族自治区梧州市苍梧县人民法院经审理认为：对于二原告要求被告车锦新、潘晓萍承担民事赔偿责任的问题，被告车锦新、潘晓萍是受害人一方摩托车驾驶人车某的法定监护人，未尽到适当的监护义务，对造成本案交通事故也存在相应的过错，但该过错程度比较轻微：1. 根据交警部门责任认定书认定的事实，本次事故中违反道路交通通行规则的是被告江奕如的占道行驶，该行为对造成本次交通事故有直接的因果关系；车某虽然有无证驾驶、不戴安全头盔、超载等违法情形，但并未违反道路交通通行规则，其违法行为与本次事故的发生没有直接、必然的联系；因此车某作为摩托车驾驶人的过错相对较小；2. 车某的搭载行为属于无偿搭载，首先应减轻搭载人的责任；而且车某的无偿搭载行为与一般的无偿搭载又有明显区别，即车某是未成年人且无驾驶证，而伍林并是成年人且明知驾驶人是未成年人以及无驾驶证，因此车某的搭载行为责任也比较小；3. 三名死者的违法驾驶、搭乘行为属于年轻人自愿参与的危险行为，各人均对自身的安全利益未尽到注意义务，故三名死者对自身死亡均存在严重过错，其中尤以伍林并的过错为重；因为在三名死者当中，伍林并是唯一具备完全行为能力的成年人，应当意识到未成年人驾驶、无证驾驶以及超载搭乘的危险性，但其在明知这种情况下，没有制止危险驾驶、退出超载搭乘，反而参与其中。可见，车某对伍林并死亡的过错是比较轻微的。庭审中，被告车锦新、潘晓萍表示自愿承担致伍林并死亡属于受害人一方责任

（即50%部分）的20%；为尊重当事人意愿以及维护善良风俗，法院确定由被告车锦新、潘晓萍承担致伍林并死亡属于受害人一方责任（即50%部分）的20%。

广西壮族自治区梧州市苍梧县人民法院依照《中华人民共和国侵权责任法》第六条、第十八条、第二十二条、第二十六条、第三十五条、第四十八条，《中华人民共和国道路交通安全法》第七十六条，《最高人民法院关于审理人身损害赔偿案件适用法律若干问题的解释》第十七条、第十八条、第二十七条、第二十九条，《最高人民法院关于审理道路交通事故损害赔偿案件适用法律若干问题的解释》第十六条，《中华人民共和国民事诉讼法》第六十四条的规定，作出如下判决：

被告车锦新、潘晓萍应赔偿原告伍瑞金、潘丽连各项损失人民币51131元（车锦新、潘晓萍自愿承担部分）。

本案宣判后当事人均未上诉，判决现已生效。

【法官后语】

本案处理重点主要在于对混合过错的理解和认定。

混合过错又称过失竞合，是指侵权行为所造成损害结果的发生或扩大，不仅加害人有过错，而且受害人也有过错的情形。《民法通则》第一百三十一条规定："受害人对于损害的发生也有过错的，可以减轻侵害人的民事责任。"这是我国对混合过错以及民事责任的具体规定。

对本案第一重混合过错即机动车双方的过错，当事人争议不大，最后双方均同意按交通事故认定书划定的责任比例即同等责任，各承担50%的责任。

重点在第二重混合过错即摩托车一方三个死者当中各自的过错。原告作为摩托车搭乘人员死者伍林并的家属对过错和责任认识存在较大偏差，其认为伍林并并无过错，所有责任均应由摩托车驾驶员车某承担。这种观点是错误的，它混淆了营运车辆致乘客损害和无偿搭乘、共同利益搭乘（如拼车上下班、游玩等）等非营运车辆致车上人员受害的区别。实际上两者区别是很大的：前者司机或者营运者收取营运费用，后者司机不收取任何费用；前者司机或者营运人和乘客目的不同，一方是为了收取服务费，一方是为了到达目的地，后者是为了方便他人或者共同利益；前者司机有高度谨慎驾驶和保障乘客安全的义务，后者只有一般谨慎驾驶义务，但无保障车上人员安全的义务；前者造成乘客损害负有赔偿义务，后者造成车上人员损害司机只要尽到了一般谨慎驾驶义务就没有赔偿义务（补偿则不限）；本案车某驾驶摩托车搭乘伍林并和朱某某，就是无偿搭乘、共同利益（目的）搭乘（玩乐），司机尽到了一般谨慎驾驶义务（根据《道路交通事故认定书》，实际上违反交通通行规则的是江奕如的占道行驶，车某虽为未成年人无驾驶证，但却是遵守交通通行规则）。

在确定摩托车方三名死者的过错时，还需要考虑一个重要事实，即车某和朱某某是未成年人，而伍林并是成年人。伍林并作为成年人，其对超载危险的认识应比另两人要高，在明知车某是未成年人的情况下，仍参与超载搭乘，增加了驾驶的危险性；而车某作为未成年人，对驾驶危险性的认识是不及伍林并的。可见在主观上，伍林并的过错要比另两名死者要大。因此，车某作为共同利益（目的）车辆的驾驶人，其家属并无赔偿两死者家属损失的责任。但是车某的父母出于自愿给予原告一定补偿，法院出于尊重当事人的意愿和当地的风俗予以确认，但与本案民事责任的认定无关。

编写人：广西壮族自治区梧州市苍梧县人民法院　梁晟

31

试驾服务提供者在试驾人驾驶试驾机动车发生交通事故时侵权责任的认定

——北京中汽雷日汽车有限公司诉邢世元等机动车交通事故责任案

【案件基本信息】

1. 裁判书字号

北京市第二中级人民法院（2015）二中民终字第11877号民事判决书

2. 案由：机动车交通事故责任纠纷

3. 当事人

原告（被上诉人）：北京中汽雷日汽车有限公司

被告（上诉人）：邢世元

被告（被上诉人）：北京一汽轿车销售服务有限公司

被告：中国人民财产保险股份有限公司北京市分公司营业部

【基本案情】

2014年9月26日，邢世元在北京市丰台区南四环辅路大红门东桥南侧宝辰汽车园试驾场试驾北京一汽轿车销售服务有限公司（以下简称一汽轿车公司）的京NGR048机动车与北京中汽雷日汽车有限公司（以下简称中汽雷日公司）停驶在该停车场的车辆识别代号分别为LJNMDV1L4EN193334、LJNMDV1L6EN022861、LJNMFEBG8EN100505三辆机动车相撞，造成车辆损坏。事故经交通管理部门认定，邢世元负全部责任。事故发生后，中汽雷日公司对三辆机动车进行了修理，支付车辆修理费共计38997.2元。诉讼中，中汽雷日公司称已将三辆受损机动车销售，共计产生贬值损失54300元，三被告均不予认可。

另查，邢世元所驾车辆在中国人民财产保险股份有限公司北京市分公司营业部（以下简称北京分公司）投保了交强险及商业三者险。

【案件焦点】

试驾服务提供者在试驾人驾驶其提供的机动车造成第三方人身伤害或财产损失时，如何判断其是否应当承担侵权责任。

【法院裁判要旨】

北京市丰台区人民法院经审理认为：邢世元驾驶机动车与中汽雷日公司的机动车发生交通事故，造成中汽雷日公司财产受损。事故经认定邢世元负全部责任，中汽雷日公司主张邢世元承担赔偿责任，于法有据，法院予以支持。中汽雷日公司、邢世元均主张车辆所有人一汽轿车公司承担责任，但未能提供充足的证据证明一汽轿车公司对于事故发生存在过错，故法院不予支持。邢世元所驾车辆在北京分公司投保了交强险及商业三者险，先由承保交强险的保险公司在责任限额范围内予以赔偿；不足部分，由承保商业三者险的保险公司根据保险合同予以赔偿；仍有不足的，依照《中华人民共和国道路交通安全法》和《中华人民共和国侵权责任法》的相关规定由邢世元予以赔偿。中汽雷日公司主张的车辆修理费，有据佐证，法院予以支持。关于车辆贬值损失，因受损车辆系尚未销售的新车，法院予以支持；关于赔偿金额，中汽雷日公司主张54300元，但提供的证据不足以证明其主张，法院根据车辆修理情况、车辆受损情况及车辆销售情况予以确定。

北京市丰台区人民法院依照《中华人民共和国民法通则》第一百一十七条，《中华人民共和国道路交通安全法》第七十六条之规定，作出如下判决：

一、被告中国人民财产保险股份有限公司北京市分公司营业部在交强险责任限额内赔偿原告北京中汽雷日汽车有限公司车辆修理费2000元（于本判决生效后十日内履行）；

二、被告中国人民财产保险股份有限公司北京市分公司营业部在第三者责任商业保险限额内赔偿原告北京中汽雷日汽车有限公司车辆修理费36977.2元（于本判决生效后十日内履行）；

三、被告邢世元赔偿原告北京中汽雷日汽车有限公司车辆贬值损失10000元（于本判决生效后十日内履行）。

邢世元持原审起诉意见提起上诉。北京市第二中级人民法院经审理认为：本案的争议焦点是原审判决对邢世元、一汽轿车公司及北京公司责任的认定是否正确。邢世元驾驶机动车与中汽雷日公司的机动车发生交通事故，造成中汽雷日公司财产受损。事故经认定邢世元负全部责任，中汽雷日公司主张邢世元就车辆修理费、车辆贬值损失承担赔偿责任，于法有据，原审法院予以支持是正确的。邢世元所驾车辆在北京分公司投保交强险及商业三者险，原审法院在北京分公司就该车承保的交强险及商业三者险的赔偿责任外，确定邢世元仍应对不足部分予以赔偿是正确的，所确定的邢世元承担的赔偿数额也无不妥。邢世元上诉主张肇事车辆所有人一汽轿车公司与其分担原审判决确定的赔偿责任，但其未能提供充足的证据证明一汽轿车公司对于事故发生存在过错，故对其此上诉主张，法院不予支持。基于以上理由，邢世元的上诉理由不能成立，其上诉请求法院不予支持。原审判决认定事实基本清楚，适用法律正确，处理结果亦无不妥，依法应予维持。

北京市第二中级人民法院依据《中华人民共和国民事诉讼法》第一百七十条第一款第（一）项之规定，作出如下判决：

驳回上诉，维持原判。

【法官后语】

本案是一起在机动车试驾过程中发生交通事故，造成他人财产损失的案件。双方争议的焦点就是提供试驾服务者是否应当承担赔偿责任。关于机动车试驾，法律法规及司法解释并没有明确规定，最为相似的为机动车试乘。《最高人民法院关于审理道路交通事故损害赔偿案件适用法律若干问题的解释》第八条规定："机动车试乘过程中发生交通事故造成试乘人损害，当事人请求提供试乘服务者承担赔偿责任的，人民法院应予支持。试乘人有过错的，应当减轻提供试乘服务者的赔偿责任。"在本案中，受害人起诉了试驾人和提供试驾服务者（汽车经销商）要求共同承担赔偿责任，对于二者应如何承担赔偿责任，主要有两种观点：

第一种观点认为，应当参照机动车试乘的规定，由提供试驾服务者承担赔偿责任。由提供试驾服务者承担无过错责任或者过错推定责任，若试驾人有过错，应当减轻提供试驾服务者的赔偿责任。理由主要是机动车试驾与机动车试乘同为汽车经销商的促销手段，两者都是为了汽车购买者的消费体验，从而激发消费者的购买欲望。故汽车经销商在获得其高额收益的同时应该承担更为严格的责任，保证权利与义务的对等。

第二种观点认为，提供试驾服务者应当因过错承担赔偿责任，无过错则不应承担赔偿责任。机动车试驾中，其驾驶人通常为准备购车的消费者，在试驾过程中，车辆的驾驶人与车辆的所有人不一致。因为法律对机动车试驾没有明确的规定，故应当依照《侵权责任法》第四十九条的规定，由驾驶人承担赔偿责任，提供试驾服务者作为机动车所有人对损害的发生有过错的，承担相应的赔偿责任。

笔者支持第二种观点，主要理由如下：

第一，《最高人民法院关于审理道路交通事故损害赔偿案件适用法律若干问题的解释》第八条仅是对于试乘人的损害如何赔偿的规定，其限定的主体就是试乘人和提供试乘服务者两方。因此其与机动车试驾过程中造成第三方损害并不相同。根据法学方法论，在存在上位法有明确规定的前提下，也不存在要类推适用该规定的可能。

第二，机动车试驾与机动车试乘两者存在明显的不同。两者的根本区别就是体验车辆的驾驶人不同。机动车试驾与租赁、借用机动车的情形相似，机动车的所有人与驾驶人产生了分离。而机动车试乘中，虽然驾驶人是汽车经销商的员工，但根据用工关系，机动车的驾驶人与所有人仍是同一的。所以机动车试驾中，首先应由驾驶人承担责任，在提供试驾服务者有过错的情况下，承担相应的赔偿责任。

对于如何认定提供试驾服务者的过错，笔者建议可以分两个阶段予以审查：第一，驾驶前。提供试驾服务者要提供合适的试驾车辆，不应当存在安全隐患，具备上路行驶的条件。提供试驾服务者要审查驾驶人的驾驶资格，是否具备明显的不适宜驾驶机动车的情况，如饮酒、身体不适等。要选择安全的试驾路线。要提供合适的试驾场地。第二，驾驶中。提供试驾服务者应选择驾驶经验丰富的司机作为乘车人员予以陪同。根据道路的复杂程度，司机可先行驾驶介绍路线让试驾人熟悉环境。同时应当指出，汽车经销商一般会要求试驾者签订试驾协议，该份协议的双方是试驾人与汽车经销商，并不能对事故受害人产生约束力。

编写人：北京市丰台区人民法院　李志峰

32

驾校教练驾私车搭乘学员参加考试发生交通事故，教练行为如何认定

——邓文芳等诉慈利县零阳机动车驾驶培训有限公司、李平机动车交通事故责任案

【案件基本信息】

1. 裁判书字号

湖南省张家界市中级人民法院（2015）张中民三终字第 21 号民事调解书

2. 案由：机动车交通事故责任纠纷

3. 当事人

原告（上诉人）：邓文芳、周驰宇、郑翠兰

被告（上诉人）：慈利县零阳机动车驾驶培训有限公司

被告（被上诉人）：李平

【基本案情】

受害人周军华系湖南省慈利县苗市镇苗市居委会9组人，农民，其母亲郑翠兰、妻子邓文芳、儿子周驰宇，均为农村户籍。2014年4月1日，周军华到慈利县零阳机动车驾驶培训有限公司报考B2驾驶证，交纳费用7980元，双方签订了《驾驶人培训协议》。2014年6月下旬，慈利县零阳机动车驾驶培训有限公司通知周军华等5名学员和教练李平去张家界市永定区二家河机动车驾驶科目二考点参加考试。6月30日，李平驾驶自己的私车湘G86263号轿车搭乘学员周军华和刘志民赶到张家界市城区内（周军华和刘志民支付了过路费及油费）。其他三名学员也于7月1日赶到张家界市城区内。7月2日考试完后，学员周军华、李永明、向意志、刘志民搭乘教练李平的私车返程，9时许，当车行驶到张家界市永定区南庄坪办事处阴山八米桥路段时，因李平驾驶超速，驾驶过程中扭头后看，遇险情采取措施不当，致车辆甩尾侧滑驶出路面撞到道路右侧大树，造成乘车人周军华、李永明、向意志死亡；刘志民受伤的特大交通事故。该事故经张家界市交警支队直属一大队作出道路交通事故书认定：乘车人周军华、李永明、向意志、刘志民无责任，驾驶人李平负全部责任。事故发生后，李平（家属）向交警部门交纳了12万元交通肇事保证金，周军华家属领取了30000元。另查明，李平系慈利县零阳机动车驾驶培训有限公司聘请的教练。李平因犯交通肇事罪于2014年11月18日被湖南省张家界市永定区人民法院判处有期徒刑三年六个月。

【案件焦点】

李平的行为是否为履行职务，慈利县零阳机动车驾驶培训有限公司应否承担责任。

【法院裁判要旨】

湖南省张家界市永定区人民法院认为，交通事故造成人身损害，应由有过错的责任主体承担相应赔偿责任。李平忽视机动车驾驶操作安全，驾驶机动车超速行驶，操作过程中注意力不集中，遇险情采取措施不当，其行为存在重大过错，是造成本次事故的根本原因，应承担全部责任，交警部门作出的责任认定正确，予以确认。李平是慈利县零阳机动车驾驶培训有限公司的工作人员，《中华人民共和国侵权责任法》第三十四条第一款规定，用人单位的工作人员因执行工作任务造成他人损害的，由用人单位承担侵权责任。《最高人民法院关于审理人身损害赔偿案件适用法律若干问题的解释》第九条第二款规定："从事雇佣活动"，是指从事雇主授权或者指示范围内的生产经营活动或者其他劳务活动。雇员的行为超出授权范围，但其表现形式是履行职务或者与履行职务有内在联系的，应当认定为"从事雇佣活动"，也就是工作人员的行为虽超出授权或者明确指示范围的，其表现形式是执行工作任务或者与工作任务有内在联系的，也应当认定为执行工作任务。本案行为人李平驾驶私车去执行工作任务，其行为是单位可预见和防范的，却未被制止（存在管理上的疏漏），即使超出单位的明确指示范围，但其实质上是与完成工作任务目的一致的，其行为也并非受害人直接明确的认识（驾校方提交证人刘志民证言说不清楚是私车），行为目的并非单为个人利益，其行为的后果主要使单位获益，（直接为单位减少开销，间接有利于单位扩展业务），故本案李平驾驶私车搭载学员的行为，可认定为是与执行工作任务有内在联系的行为，应判定为职务行为，单位工作人员的职务行为后果应由单位承担。（工作单位与工作人员之间的权利义务系另一法律关系，在本案中不予处理）。

湖南省张家界市永定区人民法院依照《中华人民共和国侵权责任法》第十六条、第三十四条第一款，《中华人民共和国民事诉讼法》第六十四条第一款，《最高人民法院关于民事诉讼证据的若干规定》第二条之规定，作出如下判决：

一、被告慈利县零阳机动车驾驶培训有限公司赔偿原告邓文芳、周驰宇、郑翠兰因周军华死亡的丧葬费、死亡赔偿金、交通费、误工费共计200456元。限判决生效后十日内履行完毕；

二、被告李平在本案中不承担责任；

三、驳回原告邓文芳、周驰宇、郑翠兰的其他诉讼请求。

邓文芳、周驰宇、郑翠兰与慈利县零阳机动车驾驶培训有限公司均提起上诉。经湖南省张家界市中级人民法院调解，双方当事人达成了调解协议，二审调解结案。

【法官后语】

关于李平的行为是否是履行职务及慈利县零阳机动车驾驶培训有限公司应否承担责任的问题。李平系慈利县零阳机动车驾驶培训有限公司聘请的教练，双方约定了工资报酬，形成劳动关系。2014年6月30日，李平受慈利县零阳机动车驾驶培训有限公司的指派，到张家界市永定区机动车驾驶人科目二考场组织学员参加考试，系执行慈利县零阳机动车驾驶培训有限公司安排的工作任务；其在返回慈利县途中，系在合理的时间，经过合理的路线，亦属执行工作任务。虽然李平在往返途中以私车作为交通工具，但选择何种交通工具并不能改变李平执行工作任务的事实，且学员参加考试也是驾校培训活动的内容之一，驾校与学员的关系主要体现在教练与学员之间，李平搭载的人员均为参加考试的学员，与李平履行职务有关联，亦不改变交通事故发生时，李平系在执行工作任务的事实。

由于李平的过错，致使本案交通事故的发生并造成了周军华的死亡，李平对本次交通事故负全部责任，应依法承担相应的法律责任，且发生交通事故时，李平系在执行工作任务，根据《侵权责任法》第三十四条第一款规定："用人单位的工作人员因执行工作任务造成他人损害的，由用人单位承担侵权责任"，本案的赔偿责任应由慈利县零阳机动车驾驶培训有限公司承担。至于慈利县零阳机动车驾驶培训有限公司承担责任后，是否向李平追偿及如何追偿的问题，不属于本案的审理范围，可以另案解决。

编写人：湖南省张家界市中级人民法院　符兆敏

三、交通事故损害赔偿

33

受害方不进行住院费用结算，要求赔偿医疗费能否获得支持

——洪金鹏诉王玉龙等机动车交通事故责任案

【案件基本信息】

1. 裁判书字号

北京市昌平区人民法院（2015）昌民初字第06002号民事判决书

2. 案由：机动车交通事故责任纠纷

3. 当事人

原告：洪金鹏

被告：王玉龙、史占广、邹长青、廊坊交通运输集团有限公司、中国人民财产保险股份有限公司廊坊市分公司

【基本案情】

2015年2月26日6时55分，在北京市昌平区G6东辅线29km+900m处，被告王玉龙驾驶小客车（内乘原告洪金鹏）由南向北行至此处时，小客车前部与同向行驶的被告史占广所驾的大客车（车牌号为冀R87272，登记车主为廊坊交通公司）尾部接触，造成洪金鹏、王玉龙受伤，两车损坏。经北京市公安局公安交通管理局昌平交通支队马池口大队认定，史占广负事故次要责任，王玉龙负事故主要责任。原告洪金鹏受伤后至北京市红十字会急诊抢救中心住院治疗。被告王玉龙为其垫付住院押金5000元。原告洪金鹏至今未办理出院结算手续。经法院至北京市红十字

会急诊抢救中心核实，原告洪金鹏所产生的医疗费用超出10000元。

另查，事故车辆（车牌号为冀R87272）在被告中国人民财产保险股份有限公司廊坊市分公司（以下简称人财保险公司）投保交强险，事故发生在保险期间内。被告人财保险公司已在交强险限额范围内为原告洪金鹏垫付医疗费10000元。

【案件焦点】

原告洪金鹏进行住院治疗，出院后未进行住院费用结算，未支出相应的医疗费，其要求赔偿医疗费能否获得支持。

【法院裁判要旨】

北京市昌平区人民法院认为：根据《中华人民共和国民事诉讼法》的规定，当事人有答辩并对对方当事人提交的证据进行答辩和质证的权利。本案被告史占广经法院合法传唤，无正当理由不出庭应诉，视为其放弃了答辩和质证的权利。根据《中华人民共和国道路交通安全法》第七十六条的规定，机动车发生交通事故造成人身伤亡、财产损失的，由保险公司在机动车第三者责任强制保险责任限额范围内予以赔偿；不足的部分，按照下列规定承担赔偿责任：（一）机动车之间发生交通事故的，按照各自过错的比例分担责任。（二）机动车与非机动车驾驶人、行人之间发生交通事故，非机动车驾驶人、行人没有过错的，由机动车一方承担赔偿责任；有证据证明非机动车驾驶人、行人有过错的，根据过错程度适当减轻机动车一方的赔偿责任；机动车一方没有过错的，承担不超过百分之十的赔偿责任。本次交通事故中，史占广负事故次要责任，被告人财保险公司应在交强险范围内先行承担赔偿责任。因被告人财保险公司已在交强险范围内给付原告医疗费10000元，法院予以扣减。超出保险范围的部分，被告邹长青陈述系其雇用的史占广，则其应承担史占广应承担的责任，法院酌定邹长青承担30%的赔偿责任。因史占广驾驶的车辆系登记在廊坊交通运输集团有限公司（以下简称廊坊交通公司）名下从事运营，廊坊交通公司对于运营行为亦享有运行利益，应当与邹长青共同承担赔偿责任。被告王玉龙负事故主要责任，应承担70%的赔偿责任。原告洪金鹏要求赔偿50000元医疗费，因其未提交充足证据证明其已实际支付该项支出，故仅对被告人财保险公司已支付的部分予以处理。原告洪金鹏可待实际支出后另行解决。

北京市昌平区人民法院依据《中华人民共和国侵权责任法》第十六条、第三十五条、第四十八条，《中华人民共和国道路交通安全法》第七十六条，《中华人民共和国民事诉讼法》第一百四十四条之规定，判决如下：

一、被告中国人民财产保险股份有限公司廊坊市分公司在机动车交通事故责任强制保险限额内给付原告洪金鹏医疗损失类赔偿金10000元（部分医疗费），已给付；

二、驳回原告洪金鹏的其他诉讼请求。

【法官后语】

本案争议的焦点是在原告洪金鹏未至医院结算的情况下，是否应支持原告洪金鹏要求赔偿医疗费的诉讼请求。笔者认为不应支持。具体理由如下：一、民事赔偿原则是损失填平原则。原告所要求的损失应为其已发生的实际损失。本案中，原告虽住院治疗多日，并产生相应的治疗费，但其本人并未支出任何费用，在此意义上，可以理解为并未产生实际医疗费损失。二、原告有恶意逃避支付医疗费的意图。在案件审理过程中，原告曾申请进行伤残等级鉴定，承办法官多次要求其到医院办理住院结算手续，但其拒绝办理。经承办法官了解，原告实际产生的医疗费用为40000余元，原告作为一名二十多岁的正常劳动力，其父母也正当年，在现今社会，40000余元不存在支付不能的情形，但其仍拒绝进行结算，不知其真实意图到底为何。三、如果支持其请求，将客观上形成不公平的后果。本案中，医院为案外人，且医院并不知原告已起诉的情形，如果支持原告的请求，原告将执行到的案款另作他用，则医院的损失不能获得补偿。综上，判决仅支持原告已产生的由保险公司先行垫付的10000元医疗费。

编写人：北京市昌平区人民法院　王开艳

34

交通事故案件中残疾赔偿金计算标准

——徐立新诉吴高举等机动车交通事故责任案

【案件基本信息】

1. 裁判书字号

北京市昌平区人民法院（2015）昌民初字第7930号民事判决书

2. 案由：机动车交通事故责任纠纷

3. 当事人

原告：徐立新

被告：吴高举、中华联合财产保险股份有限公司北京分公司

【基本案情】

2014年11月29日11时10分，在北京市昌平区京藏高速沙河大桥下进京方向，被告吴高举驾驶重型自卸货车（车牌号为京AQ8256）与原告徐立新发生交通事故，造成原告徐立新受伤，车辆损坏。该事故经北京市公安局公安交通管理局昌平交通支队沙河大队认定，被告吴高举承担此次事故的全部责任。事故发生后，原告徐立新在北京市昌平区沙河医院、北京市积水潭医院、中国人民解放军第三〇九医院等处治疗，共住院22天，经诊断为肱骨骨折等。2015年4月8日，经北京市红十字会急诊抢救中心鉴定，原告徐立新伤残等级为X级，伤残赔偿指数为10%；建议误工期为180~270日，营养期为60~90日，护理期为60~90日。帅秀兰系原告徐立新之母，育有子女5人。宋祺睿系原告徐立新之女。

另查一，被告吴高举已经为原告徐立新支付2300元医疗费。

另查二，被告吴高举驾驶的车辆（车牌号为京AQ8256）在被告中华联合财产保险股份有限公司北京分公司（以下简称保险公司）投保机动车交通事故责任强制险及商业第三者责任保险（不计免赔），保险金额为1000000元，事故发生在保

险期限内。

原告徐立新的户口性质虽是农业家庭户口，但是其要求以北京地区城镇居民标准计算其残疾赔偿金及被抚养人生活费。

【案件焦点】

本案争议的焦点是如何计算徐立新的伤残赔偿金及被扶养人生活费，计算的依据为城镇居民标准还是农村居民标准。

【法院裁判要旨】

北京市昌平区人民法院经审理认为：根据《中华人民共和国道路交通安全法》第七十六条的规定，被告吴高举驾驶机动车辆与原告徐立新发生此次交通事故，被告吴高举负事故的全部责任。被告吴高举驾驶的机动车在被告保险公司处投保交强险，故应由被告保险公司在交强险责任范围内承担赔偿责任。因被告吴高举驾驶的车辆投有第三者责任险（不计免赔），故对于超出交强险的部分，应由被告保险公司在商业第三者责任险赔偿限额内承担。超过商业第三者责任险的部分，由被告吴高举承担。原告要求比照北京市居民标准计算其残疾赔偿金及被扶养人生活费，因原告在农村没有土地收入，其主要生活收入非来源于土地，故法院比照北京地区城镇居民标准，计算其残疾赔偿金及被扶养人生活费。原告过高的诉讼请求法院不予支持。被告的辩解，无证据支持的部分，法院不予支持。被告吴高举已经支付的医疗费，由被告保险公司在其赔偿限额内予以支付。综上所述，北京市昌平区人民法院依据《中华人民共和国侵权责任法》第十六条、第十九条、第二十二条、第四十八条，《中华人民共和国道路交通安全法》第七十六条，《中华人民共和国民事诉讼法》第六十四条之规定，判决如下：

一、被告中华联合财产保险股份有限公司北京分公司在机动车第三者责任强制保险责任限额范围内给付原告徐立新医疗费用类赔偿金1000元、死亡伤残类赔偿金110000元、财产损失类赔偿金1500元，共计112500元，于本判决生效后十日内履行；

二、被告中华联合财产保险股份有限公司北京分公司在商业第三者责任险限额范围内给付原告徐立新赔偿金81885.48元（其中79585.48元支付给原告徐立新，2300元支付给被告吴高举），于本判决生效后十日内履行；

三、驳回原告徐立新的其他诉讼请求。

【法官后语】

残疾赔偿金的支付基础在于受害人劳动能力的丧失或者受害人的肢体造成了伤残，进而影响受害人的劳动就业，使其收入减少。所以残疾赔偿金的数额应该根据受害人实际收入减少额计算，而这收入的减少应该是因其所受到的伤害对其工作产生影响而造成的。可是在此解释中并没有准确的规定受害人应该按照城镇居民还是农村居民的标准获得赔偿的划分标准，实践中往往采用根据受害人的户籍性质为农村居民还是城镇居民来判断的衡量方法。随着城市化进程，许多原本是农业家庭户口的农民因种种原因失去了原有的土地，他们选择到城市中生活，并且有着固定的工作收入。如果还按照农村居民的标准计算其残疾赔偿金，难以弥补他们实际受到的损失，无法体现民法的公平原则。

2006 年 4 月 1 日，《最高人民法院民一庭关于经常居住地在城镇的农村居民因交通事故伤亡如何计算赔偿费用的复函》给全国各地高级法院，要求参照适用。笔者认为，如果严格根据该复函判断受害人是否适用城镇居民的赔偿标准，应该考虑其是否符合以下几项直接条件：1. 受害人住所地或经常居住地在城镇；2. 受害人在城镇有稳定的收入，其主要收入来源于城镇。也就是说，即使受害人的户籍性质为农村居民，只要符合以上条件，也可以适用城镇居民的赔偿标准。

所以笔者认为，针对我国目前存在的上述情况，在确定受害人被扶养人生活费等赔偿金额时，要适当的放宽标准。满足在城市有持续的来源于城市的收入且该收入为其主要收入，并且在市区居住时间满一年以上的条件，即使受害方系本地的农业家庭户口，只要其失去了土地，没有来源于土地的收入，就应该以城镇居民的标准计算其残疾赔偿金，才能实际补偿其受到的损失。

编写人：北京市昌平区人民法院　刘洋

35

交通事故死亡后遗腹子女抚养费是否应该赔偿

——赖金海等诉黎志杰等机动车交通事故责任案

【案件基本信息】

1. 裁判书字号

江西省萍乡市湘东区人民法院（2015）湘排民初字第21号民事判决书

2. 案由：机动车交通事故责任纠纷

3. 当事人

原告（上诉人）：赖金海、宁海林、姚婷、赖天佑

被告（被上诉人）：黎志杰、宜丰县远达汽车运输有限公司、中国太平洋财产保险股份有限公司宜春中心支公司

【基本案情】

2014年11月13日，被告黎志杰驾驶赣CN1341号重型牵引车（赣C7778挂）沿320国道由西（湘东）往东（白源）行驶，21时52分许，在行至320国道硖石管理处路段时，遇相对方向驶来在此路段左转弯的两轮摩托车，被告黎志杰驾车往左侧道路避让时，与沿320国道由东往西由赖维琪驾驶的赣J082Q6号两轮摩托车发生碰撞，造成赖维琪当场死亡。经交警部门认定被告黎志杰负此次事故的全部责任，被害人赖维琪无责任。被告宜丰县远达汽车运输有限公司（以下简称汽车运输公司）为肇事车辆的所有权人，并在中国太平洋财产保险股份有限公司宜春中心支公司（以下简称保险公司）购买了交强险和第三者责任险。肇事车辆属以挂靠形式从事道路运输经营活动的机动车，被告黎志杰为挂靠人，被告汽车运输公司为被挂靠人。原告赖金海、宁海林、姚婷、赖天佑起诉到法院要求被告赔偿原告损失。

【案件焦点】

在发生交通事故致人死亡后，事故责任人是否要对被害人的遗腹子女的抚养费进行赔偿。

【法院裁判要旨】

江西省萍乡市湘东区人民法院经审理认为：公民的生命健康权受法律保护。被告黎志杰驾驶汽车未遵守道路交通管理法规的规定与赖维琪驾驶的摩托车发生碰撞，造成了赖维琪死亡的交通事故。《道路交通事故认定书》认定被告黎志杰负此次事故的全部责任。公安交警部门对本案中交通事故所作的事故认定准确合法，法院予以确认。被告黎志杰给原告赖金海等造成的损害应予以赔偿。被告汽车运输公司为肇事车辆的所有权人，被告黎志杰与被告汽车运输公司为挂靠关系，故两被告承担本案的连带赔偿责任。本案事故车辆在被告保险公司购买了交强险和第三者责任险。被告保险公司应在肇事车辆参保的强制保险赔偿限额范围内先予赔偿，再按照事故车辆方在责任范围内按第三者责任险进行赔偿。被告保险公司关于原告要求赔偿精神抚慰金没有法律依据的意见，根据《最高人民法院关于审理道路交通事故损害赔偿案件适用法律若干问题的解释》，被侵权人或者其近亲属请求承保交强险的保险公司优先赔偿精神损害的，人民法院应予支持，因赖维琪已死亡，其死亡给家属造成极大痛苦，故原告请求精神损害抚慰金 50000 元，法院予以支持，被告保险公司关于原告要求赔偿精神抚慰金没有法律依据的意见不予支持。遗腹子女在被害人死亡前作为胚胎活体已客观存在，被害人死亡前在法律上可认为享有胎儿抚养的期待权，这种期待权随着胎儿出生成为现实，胎儿出生的法律事实一旦形成，其父母的抚养期待权消灭，成为现实的法定抚养义务，故在机动车交通案件中，事故责任人应当对被害人的遗腹子女的抚养费进行赔偿。本案原告赖金海、宁海林、姚婷、赖天佑的经济损失共计 638838 元，被告保险公司交强险的赔偿数额为 112000 元（其中包括精神损害抚慰金 50000 元、部分死亡赔偿金 60000 元、车损 2000 元），余款 526838 元由被告保险公司与投保人按照约定在第三者责任险的赔付限额内承担赔付责任，被告保险公司在第三者责任险赔偿限额内承担 526838 元。综上，依据《中华人民共和国侵权责任法》第十六条、第四十八条，《中华人民共和国道路交通安全法》第七十四条、第七十六条，《最高人民法院关于审理人身损害赔偿案件适用法律若干问题的解释》第十八条、第二十二条、第二十七条、第二十八条、第二十九条，《最高人民法院关于审理道路交通事故损害赔偿案件适用法律若干问题的解释》第一条、第三条、第十五条、第十六条，《最高人民法院关于确定民事侵权精神损害赔偿责任若干问题的解释》第八条第二款，《最高人民法院关于民事诉讼证据的若干规定》第二条之规定判决如下：

一、被告中国太平洋财产保险股份有限公司宜春中心支公司应在机动车交通事故责任强制保险赔付限额内赔偿原告赖金海、宁海林、姚婷、赖天佑112000元；在第三者责任险赔偿限额内赔偿原告赖金海、宁海林、姚婷、赖天佑损失526838元；限被告中国太平洋财产保险股份有限公司宜春中心支公司在本判决生效后十日内支付给原告赖金海、宁海林、姚婷、赖天佑；如果未按本判决规定的期限履行给付金钱义务，应当依照《中华人民共和国民事诉讼法》第二百五十三条之规定，加倍支付迟延履行期间的债务利息；

二、驳回原告赖金海、宁海林、姚婷、赖天佑的其他诉讼请求。

案件受理费11380元，由被告黎志杰负担5094元，被告宜丰县远达汽车运输有限公司负担5094元，原告赖金海、宁海林、姚婷、赖天佑负担1192元。

【法官后语】

本案中对原告所主张的各项主张均无异议，被告主要是对被害人的遗腹子女的抚养费的承担问题有异议。对于在机动车交通事故案件中，责任人是否应当承担被害人遗腹子女的抚养费，在司法实践中也有些争议。

一种意见认为，我国自然人的民事权利能力是从出生时起到死亡时止，具有民事权利能力，承担相应的民事责任。在事故发生时，原告赖天佑尚未出生，不具有公民资格，不享有民事权利，不是赖维琪生前抚养的人，不能计算被抚养人生活费，故原告要求赔偿被抚养人生活费的主张不应得到支持。

另一种意见认为，公民享有生命健康权，因赖天佑出生以后，赖维琪对孩子进行抚养是其法定义务，因此，原告要求赔偿被抚养人生活费的主张应予支持。“权利始于出生终于死亡”，胎儿虽是将来才能出生的人，但胎儿利益属于任何人都有权享有的生命法益，法律在依法保护民事主体权益的同时，对于其在诞生前或死亡后的权益应受到同等的保护。《继承法》第二十八条规定：“遗产分割时，应当保留胎儿的继承份额。胎儿出生时是死体的，保留的份额按照法定继承办理。”承认胎儿的继承权，前提是胎儿出生后存活。其实胎儿在出生后应享有的权利很多，不限于继承权，例如受抚养权，而抚养人首先是其父母，如果父母一方或双方在胎儿出生前死亡，就无法履行其抚养义务，胎儿在出生后即丧失了受抚养的权利，这对其正常生活的人身利益是有重大损害的，因此胎儿在出生后有权利请求造成父母一方或双方死亡的侵权人赔偿其生活费损失，也就是说侵权人的赔偿项目中应包括出生后存活婴儿的全部（在父母双方均因侵权行为死亡时）或部分生活费（父母一方因侵权行为死亡时）。本案中赖天佑虽是在赖维琪死亡后才出生的公民，不是赖维琪生前抚养的人，但在赖维琪死亡前作为胚胎活体已客观存在，赖维琪死亡前在法律上可认为享有胎儿抚养的期待权，这种期待权随着胎儿出生成为现实，胎儿出生的法律事实一旦形成，其父母的抚养期待权消灭，成为现实的法定抚养义务，故对赖天佑应计算被抚养人生活费。

编写人：江西省萍乡市湘东区人民法院　林建华

36

交通事故中受损车辆重置费用的判断标准

——于佳森诉张振霞等机动车交通事故责任案

【案件基本信息】

1. 裁判书字号

北京市丰台区人民法院（2015）丰民初字第292号民事判决书

2. 案由：机动车交通事故责任纠纷

3. 当事人

原告：于佳森

被告：张振霞、安嘉物流（北京）有限公司、富德财产保险股份有限公司北京分公司

【基本案情】

2014年10月2日，在北京市丰台区万丰路与吴家场路交叉口，安嘉物流（北京）有限公司（以下简称安嘉物流公司）司机张振霞驾驶京PP5N10号轻型厢式货车由北向东行驶，适有于佳森驾驶蒙D3X031号小型轿车（内乘张澍、石利楠）由南向北行驶，双方接触，造成两车损坏，于佳森、张澍、石利楠受伤。事故经交通管理部门认定，张振霞驾驶机动车转弯未让直行的车辆先行，确定张振霞负全部责任、于佳森为无责任，张澍、石利楠为无责任。事故发生后，于佳森支付施救费734元。于佳森购买蒙D3X031号小型汽车（车架号码LDNB43AZ2E054××××）支付车辆购置款54800元、车辆购置税4500元、车牌费125元、保险费1066.67元。另查，事故发生时，张振霞所驾车辆在富德财产保险股份有限公司北京分公司（以下简称富德保险公司）投保了交强险及商业三者险。

【案件焦点】

交通事故中侵权人在赔偿受害人的受损车辆重置费用时应当包含哪些项目，如何进行判断。

【法院裁判要旨】

北京市丰台区人民法院经审理认为：安嘉物流公司司机张振霞驾驶机动车与于佳森驾驶的机动车发生交通事故，造成于佳森财产受损。事故经交通管理部门认定，张振霞负全部责任。张振霞所驾车辆在富德保险公司投保了交强险及商业三者险，先由承保交强险的保险公司在责任限额范围内予以赔偿；不足部分，由承保商业三者险的保险公司根据保险合同予以赔偿；仍有不足的，依照《中华人民共和国道路交通安全法》和《中华人民共和国侵权责任法》的相关规定由安嘉物流公司予以赔偿。《最高人民法院关于审理道路交通事故损害赔偿案件适用法律若干问题的解释》第十五条明确规定，因道路交通事故造成下列财产损失，当事人请求侵权人赔偿的，人民法院应予支持：（一）维修被损坏车辆所支出的费用、车辆所载物品的损失、车辆施救费用；（二）因车辆灭失或者无法修复，为购买交通事故发生时与被损坏车辆价值相当的车辆重置费用；（三）依法从事货物运输、旅客运输等经营性活动的车辆，因无法从事相应经营活动所产生的合理停运损失；（四）非经营性车辆因无法继续使用，所产生的通常替代性交通工具的合理费用。于佳森主张的车辆购置款、车辆购置税、车牌费、施救费，有据佐证，法院予以支持。关于保险费，法院根据投保时间及交通事故发生时间予以确定。关于交通费，法院根据车辆因无法继续使用，所产生的通常替代性交通工具的合理费用予以酌定。

北京市丰台区人民法院依据《中华人民共和国民法通则》第一百一十七条，《中华人民共和国道路交通安全法》第七十六条之规定，判决如下：

被告富德财产保险股份有限公司北京分公司赔偿原告于佳森车辆购置款54800元（于本判决生效后十日内履行，车架号码为LDNB43AZ2E054××××机动车归被告富德财产保险股份有限公司北京分公司所有）、车辆购置税4500元、车牌费125元、施救费734元、交通费1000元、保险费1022.83元。

【法官后语】

近年来，机动车交通事故数量逐年上升，机动车交通事故损害赔偿案件在民事案件中的比重逐年增加。其中财产损失赔偿范围问题，一直是司法审判中的热点和难点。对于侵权行为造成的财产损失，《侵权责任法》第十九条规定，侵害他人财产的，财产损失按照损失发生时的市场价格或者其他方式计算。该条明确了财产损失的计算方式，但是没有明确损失赔偿的具体范围。《最高人民法院关于审理道路交通事故损害赔偿案件适用法律若干问题的解释》第十五条规定，当事人有权请求侵权人赔偿因车辆灭失或者无法修复，为购买交通事故发生时与被损坏车辆价值相当的车辆重置费用。但是车辆重置费用的认定标准却没有统一规定。关于如何确定受损车辆于事故发生时的价值，在司法实践中主要是通过鉴定机构进行司法鉴定。但是关于车辆重置费用是否就等于司法鉴定认定的数额，主要有两种观点：

第一种观点认为，鉴定结果就是侵权人应当赔偿的数额，该价格是经过市场的检验而得出，其已经将市场交易中要涉及的经济因素，产生的风险予以考虑，所以该价格具有终局性和合理性，故不会再产生其他费用。这个价格就是车辆损失发生时的市场价格。

第二种观点认为，鉴定结果是重要的赔偿依据，但并非唯一。鉴定得出的价格只是受害人可以购买到车辆所要支出的费用。但是受害人若想最终能够占用、使用、收益、处分该车辆，还需支付其他费用，因此产生的损失仍应作为车辆重置费用由侵权人予以赔偿。

笔者支持第二种观点，主要理由如下：

第一，该观点与《民法通则》第一百一十七条“折价赔偿”的规定相符。需要明确的是，重置费用与修理费用是对损害的不同情况而设定的不同方式。物的损害有毁损和毁灭两种，前一种产生的是修理费用，后一种产生的是重置费用。财产损害遵循全部赔偿的原则，故重置费用应当包含重置车辆而产生的各种相关费用。

第二，与《最高人民法院关于审理道路交通事故损害赔偿案件适用法律若干问题的解释》的精神相符。在该司法解释向社会公开征求意见稿中曾表述为：本条所称“车辆的重置费用”，是指因机动车交通事故导致被侵权人的车辆灭失或无法修复的，被侵权人为取得与交通事故发生前被损害车辆价值相当的车辆所需要的金额。人民法院应当根据鉴定结论、该车辆的使用年限等因素确定该损失的数额。在公布实施的司法解释中并未采用该条，但是其已体现了对于车辆重置费用的认定要综合考虑的精神。

第三，因购买使用车辆而支付的必要的税费、保险应当作为重置费用予以赔偿有其合理性。根据我国《道路交通安全法》的规定，国家对于机动车的管理主要方式之一就是车辆所有人缴纳相关税费，从而获得道路行驶的资格。因此相关税费的损失应全额赔偿。交强险亦属于使用车辆必然产生的费用。但是由于交强险的特点，其是对保险期间内投保车辆发生交通事故对第三者的赔偿，因此交强险具有时间跨度，已经过去的时间，无论是否发生交通事故，投保人都已享受到了保险带来的保障。故侵权人应当根据保险剩余期间赔偿相应保险费更为合理。

编写人：北京市丰台区人民法院　李志峰

37

服刑地能否认定为经常居住地

——刘声香诉中国平安财产保险股份有限公司厦门分公司等机动车交通事故责任案

【案件基本信息】

1. 调解书字号

福建省厦门市中级人民法院（2015）厦民终字第620号民事调解书

2. 案由：机动车交通事故责任纠纷

3. 当事人

原告（被上诉人）：刘声香

被告（上诉人）：中国平安财产保险股份有限公司厦门分公司、中国人民财产保险股份有限公司厦门市分公司

被告：厦门市大涵物流有限公司、厦门协威进出口有限公司

【基本案情】

2014年4月17日14时许，陈维清驾驶闽D69506号重型半挂牵引车牵引闽DN617号挂车沿324国道由西往东行驶至243km+300m处路段时，由于机械故障导致油箱漏油，致南侧三个车道被油污覆盖，致李彪顺无证驾驶搭载李秀章的无牌二轮摩托车沿324国道由西往东行驶至该油污路面时摔倒，乘员李秀章滑向南侧慢车道，遇由西往东行驶的由牛书亮驾驶的闽DA2550号重型半挂牵引车牵引闽DJ871号挂车行经该路段，碾压李秀章，造成李秀章受伤经抢救无效于2014年5月1日10时许死亡，李彪顺受伤及车辆损坏的损害后果。李秀章系原告刘声香与其夫李合顺唯一的子女，其夫李合顺已病故。2014年9月9日，原告刘声香向法院提起诉讼，请求法院依法判令：被告中国平安财产保险股份有限公司厦门分公司、中国人民财产保险股份有限公司厦门市分公司分别在交强险的限额内承担120000元的

赔偿责任（其中精神损害抚慰金在交强险限额内优先赔偿），超出交强险部分由被告厦门市大涵物流有限公司、中国平安财产保险股份有限公司厦门分公司承担50%的赔偿责任（其中被告中国平安财产保险股份有限公司厦门分公司在第三者责任险范围内承担赔偿责任，不足部分由被告厦门市大涵物流有限公司负责赔偿），由被告厦门协威进出口有限公司、中国人民财产保险股份有限公司厦门市分公司承担50%的赔偿责任（其中被告中国人民财产保险股份有限公司厦门市分公司在第三者责任险范围内承担赔偿责任，不足部分由被告厦门协威进出口有限公司负责赔偿）。

【案件焦点】

李秀章在事故发生前曾在厦门监狱服刑，服刑地能否认定为经常居住地，能否适用厦门市城镇标准计算死亡赔偿金。

【法院裁判要旨】

福建省厦门市翔安区人民法院经审理认为：虽然李秀章在事故发生前曾在厦门监狱服刑，但其被限制人身自由的事由系因刑事犯罪被判处有期徒刑，原告刘声香以李秀章在事故发生前在厦门监狱服刑为由主张李秀章在事故发生前已连续在厦门居住生活满一年，缺乏相应的法律依据，故法院认为，原告刘声香主张按照厦门市城镇居民人均可支配收入计算李秀章的死亡赔偿金缺乏相应的事实和法律依据。

福建省厦门市翔安区人民法院于2014年11月21日作出（2014）翔民初字第1946号民事判决书，判决：

一、被告中国平安财产保险股份有限公司厦门分公司应于本判决生效之日起七日内，在其承保的交强险的责任限额内向原告刘声香支付赔偿款120000元，并在其承保的商业三者险的责任限额内直接向原告刘声香支付保险金115288.05元；

二、被告中国人民财产保险股份有限公司厦门市分公司应于本判决生效之日起七日内，在其承保的交强险的责任限额内向原告刘声香支付赔偿款110000元，并在其承保的商业三者险的责任限额内直接向原告刘声香支付保险金244788.05元；

三、驳回原告刘声香的其他诉讼请求。

判决作出后，被告中国平安财产保险股份有限公司厦门分公司、中国人民财产保险股份有限公司厦门市分公司不服判决向厦门市中级人民法院提出上诉，经厦门市中级人民法院主持调解，各方达成调解协议，厦门市中级人民法院于2015年4

月27日作出（2015）厦民终字第620号民事调解书。

【法官后语】

城镇居民与农村居民的认定往往涉及受害人的切身利益，由于赔偿标准差异较大，在审理人身损害赔偿案件中往往成为案件的争议焦点。由于城镇化的进行以及农村居民进城务工的情形比较普遍，对于经常居住地和主要收入来源地均为城镇的受害人按照农村居民标准计算赔偿数额明显不公。根据《最高人民法院民一庭关于经常居住地在城镇的农村居民因交通事故伤亡如何计算赔偿费用的复函》的规定，判断适用标准的要素有两个：经常居住地和主要收入来源均为城市。只要当事人能够同时具备这两方面的要求，有关损害赔偿费用就应根据当地的城镇居民的标准计算。

（一）经常居住地在城镇

根据2015年《最高人民法院关于适用〈中华人民共和国民事诉讼法〉的解释》规定，公民的经常居住地是指公民离开住所地至起诉时已连续居住一年以上的地方，但公民住院就医的除外。那么，服刑地能否作为经常居住地呢？

“经常居住地”是一个法律概念，其引入尊重了自然人长期或者经常离开户籍所在地的居住地而在其他地方居住的现实，将现实中自然人居所的不确定，通过法律方式确定下来。对于经常居住地的认定问题，部分法院出台了相关指导规则。例如，四川省合江县人民法院规定下列情形的农村居民视为城镇居民，按城镇居民标准予以赔偿：进城务工、经商或从事其他职业满一年的；进城务工、经商或从事其他职业人员的同住家属（父母、配偶、子女）满一年的；城镇近郊的农村居民，以在城镇务工、经商为业的；农村居民靠积蓄或供养在城镇购房或租房生活一年以上的。

上述指导规则将务工、生活、学习等作为认定因素。其实，“经常居住地”类似于有关国际条约中规定的“惯常居所地”。如何确定“惯常居所地”往往被认为是一个事实问题，因此，国际条约并没有对认定“惯常居所地”的标准作出规定。其他国家的立法例中也很少有关于如何界定“经常居所地”的规定，德国法与瑞士法中对此仅有抽象规定，均强调其应当是“生活中心”。我们可以借鉴德国法与瑞士法强调的“生活中心”这一要素来确定经常居住地，且居住人要有久居的意思，因此法律规定以起诉时居住一年以上的地方为推定居住人有久居的意思。

结合本案，李秀章在事故发生前曾在厦门监狱服刑，其在监狱服刑系因刑事犯罪被判处有期徒刑，被限制人身自由，监狱不能作为“生活中心”，更无居住人有久居的意思可言。因此，服刑地不能作为经常居住地。

（二）主要收入来源地在城镇

至于主要收入来源的判断问题，要根据受害人的主要收入，即占多数的收入来源进行判断。一般而言，应以占受害人50%以上收入的来源进行判断。虽然服刑人员如有遵守监规纪律，努力学习，积极劳动，有认罪服法表现的；阻止违法犯罪活动；超额完成生产任务等情形的，监狱可以给以物质奖励，但该物质奖励不能视为收入来源。

综上所述，服刑地不能作为经常居住地，原告刘声香以李秀章在事故发生前在厦门监狱服刑为由主张按照厦门市城镇居民人均可支配收入计算李秀章的死亡赔偿金缺乏相应的事实和法律依据。

编写人：福建省厦门市翔安区人民法院　郑宇彤

38

同一受伤部位两次造成残疾，如何计算残疾赔偿金

——王小敏诉高文革等机动车交通事故责任案

【案件基本信息】

1. 裁判书字号

北京市第二中级人民法院（2015）二中民终字第09692号民事判决书

2. 案由：机动车交通事故责任纠纷

3. 当事人

原告（上诉人）：王小敏

被告（上诉人）：北京京联出租汽车有限责任公司

被告（被上诉人）：高文革

【基本案情】

2014年3月1日，北京京联出租汽车有限责任公司（以下简称京联出租公司）司机高文革驾驶机动车（乘车人王小敏）行驶至北京市丰台区南三环内环主路万柳桥东侧时，适有朱辉驾驶机动车至此，双方相撞，造成王小敏受伤。事故经交通管理部门认定，高文革负全部责任。2014年3月1日至2014年3月19日，王小敏于首都医科大学附属北京天坛医院住院治疗18天，确定诊断：急性闭合性颅脑损伤（重）、创伤性硬膜下血肿（右颞）、颅骨骨折（右颞）、头皮裂伤（右额）、脑外伤所致精神障碍、创伤后遗忘、神经性耳聋（右侧重度、左侧极重度）、第一肋骨骨折。出院建议：建议前往同仁医院耳鼻喉科就诊，继续诊断和治疗听力障碍；建议整形医院给予右额伤口美容治疗；胸外科定期复查肋骨骨折；全休3个月，密切护理，我科随诊，1个月后门诊复查，如有不适，门、急诊随诊。王小敏在治疗过程中支付医疗费2325.45元。

诉讼中，王小敏申请进行伤残等级及误工期、营养期、护理期评定。2014年10月28日，法大法庭科学技术鉴定研究所作出《司法鉴定意见书》，鉴定意见：依照《道路交通事故受伤人员伤残评定》（GB18667－2002）标准，王小敏创伤后双耳听觉障碍（右耳重度，左耳极度），伤残等级为Ⅵ级；其轻度智力缺损（偏轻），伤残等级为Ⅸ。综合评定，王小敏的伤残等级为Ⅵ级，累计伤残赔偿指数55%；王小敏伤后误工期考虑90日～180日，营养期考虑60日～90日，护理期考虑60日～90日，具体请结合本案实际发生期限使用。王小敏支付鉴定费5000元。京联出租公司收到《司法鉴定意见书》后主张王小敏于交通事故发生前已办理残疾人证，为听力三级残疾，王小敏隐瞒了自身耳聋的事实进行鉴定，故对该鉴定意见不予认可。王小敏称其于交通事故发生前并未患有耳聋，对办理残疾证事宜并不清楚，耳聋为交通事故所致。法院向中国残疾人联合会信息中心查询信息，载明：王小敏残疾类别为听力残疾，残疾等级为三级，致残主要原因为药物中毒，平均听力损失为75dBHL，伴随言语能力情况为听觉语言交流障碍，评定方式为目测评定，证件申请类型为新证申请，评定日期为2009年5月4日，发证日期为2009年9月8日。2015年5月29日，法大法庭科学技术鉴定研究所回函，载明：1. 根据目前医疗技术水平不能确定王小敏此次外伤前是否存在听力障碍。2. 本次鉴定评定的伤残等级的依据是鉴定时对王小敏听力进行的客观检查结果。听力损失75 dBHL属中等重度听力障碍，双耳中等重度听力障碍的伤残等级为Ⅷ级（伤残赔偿指数30%）。

【案件焦点】

受害人在交通事故发生前，已经患有听力残疾，现因交通事故造成更为严重的损害，是否应当参照最高人民法院指导案例24号予以计算残疾赔偿金。

【法院裁判要旨】

北京市丰台区人民法院经审理认为：公民合法的民事权益受法律保护。京联出租公司司机高文革驾驶机动车与朱辉发生交通事故，造成王小敏人身受伤。事故经交通管理部门认定，高文革负全部责任。京联出租公司主张高文革为疲劳驾驶，故公司不应承担赔偿责任，缺乏事实及法律依据，法院不予采信。王小敏主张京联出租公司承担赔偿责任，于法有据，法院予以支持。关于残疾赔偿金赔偿金额一节，当事人对自己提出的诉讼请求所依据的事实有责任提供证据加以证明，没有证据或者证据不足以证明当事人主张的，由负有举证责任的当事人承担不利后果。王小敏主张其于交通事故发生前未患有听力残疾，鉴定机构亦明确根据目前医疗技术水平不能确定王小敏此次外伤前是否存在听力障碍。王小敏的听力残疾有中国残疾人联合会相关信息予以证明，王小敏对此不予认可，其应就相关主张承担举证责任。但王小敏未能提供充足的证据予以证明，故其应当承担不利后果。关于残疾赔偿金中的赔偿系数，法院根据鉴定机构的相关鉴定意见予以确定。故王小敏主张的部分残疾赔偿金，法院予以支持。被抚养人生活费依法计入残疾赔偿金。

北京市丰台区人民法院依照《中华人民共和国侵权责任法》第十五条、第十六条、第二十二条，《中华人民共和国民事诉讼法》第一百四十四条之规定，作出如下判决：

被告北京京联出租汽车有限责任公司于本判决生效后十日内赔偿原告王小敏医疗费2325.45元、住院伙食补助费900元、营养费2700元、残疾赔偿金254155元、精神损害抚慰金30000元、误工费21000元、护理费7730元、交通费1000元、残疾辅助器具费69800元、财产损失500元、鉴定费5000元。

北京市第二中级人民法院在审理过程中，上诉人京联出租公司于2015年11月9日申请撤回上诉、上诉人王小敏于2015年11月10日申请撤回上诉，双方均同意按原判决执行。

【法官后语】

最高人民法院指导案例24号明确了交通事故的受害人没有过错，其体质状况对损害后果的影响不属于可以减轻侵权人责任的法定情形。但是由于人体结构的复杂性，交通事故发生原因的多样性，会常常发生一些较为特殊的情况，如受害人原来已经构成残疾的部位再次遭受伤害，变得严重的情况下，应当如何赔偿受害人的残疾赔偿金。是否应当适用最高人民法院指导案例24号即产生了多种观点。

本案受害人王小敏的残疾赔偿金应如何计算是双方争议的焦点。本案另一个争论焦点就是王小敏是否在交通事故发生前就患有听力残疾。根据民事诉讼证据规则，法院对该事实进行了认定，对此不再赘述。因此本文所讨论的焦点就是受害人存在听力残疾的情况下，交通事故加重了听力的损害程度，侵权人应当如何赔偿。对此主要有两种观点：

第一种观点认为，本案仍应以指导案例作为判案标准。受害人王小敏虽然于交通事故发生前患有听力残疾，但受害人对此没有过错，因此体质状况对损害后果的影响不属于可以减轻侵权人责任的法定情形。本案与指导案例是一致的。

第二种观点认为，本案与指导案例存在不同点，有其特殊性，故不应再适用指导案例。受害人患有的听力残疾第一次与第二次均经鉴定机构评定已构成交通事故的残疾等级。受害人于交通事故发生前已经丧失了部分劳动能力，若要求侵权人全部赔偿，按照受害人没有丧失劳动能力的情况认定，对于侵权人是不公平的。侵权人应当按照其过错程度，即其加重受害人的残疾部分予以赔偿是公平合理的。

笔者支持第二种观点，主要理由如下：

第一，指导案例与本案的区别。最高人民法院24号指导案例的情况是受害人自身本无伤残，但因体质特殊，经过本不足以造成残疾的交通事故外力的影响而产生了残疾的结果，这是一种质变的过程。而本案的情况，受害人已经构成了残疾，交通事故的外力影响使原本较低的残疾等级变为了更高等级，这是一种量变的过程。

第二，残疾赔偿金含义的理解。《最高人民法院关于审理人身损害赔偿案件适用法律若干问题的解释》中明确规定了残疾赔偿金根据受害人丧失劳动能力程度或者伤残等级来确定，按照受诉法院所在地上一年度城镇居民人均可支配收入或者农村居民人均纯收入标准，自定残之日起按二十年计算。因此计算残疾赔偿金主要的两个因素就是伤残等级和赔偿期限。我国的残疾赔偿金在理论上采取了“劳动能力丧失”说。根据因伤致残的受害人全部或者部分丧失劳动能力的情况，客观计算其未来的收入损失，实行定性化赔偿。该司法解释以《国家赔偿法》的规定为依据，确定残疾赔偿金的性质是对受害人收入损失的赔偿。[①] 在本案中，受害人于交通事故发生前已经丧失了部分劳动能力，其收入亦会有相应的影响。侵权人造成了受害人劳动能力丧失的幅度就是应当赔偿的范围。

第三，与侵权责任法的精神相符。侵权责任法是通过救济来保护私权，目的在于强化对受害人的保护。因此对受害人王小敏主张的赔偿，法律应当予以支持。但同时侵权责任法还要兼顾社会中人们行为的自由，要保证每一个人对其行为有一种合理的预期。对于侵权人来说，其造成损害应当承担赔偿责任，但也不应加大其责任，给受害人造成的事故前后损失的差额作为其赔偿范围更加符合公平正义原则。

编写人：北京市丰台区人民法院　李志峰

39

因交通事故导致乘车人流产如何保护

——赵子龙等诉冯玉峰等机动车交通事故责任案

【案件基本信息】

1. 裁判书字号

河北省黄骅市人民法院（2015）黄民初字第595号民事判决书

2. 案由：机动车交通事故责任纠纷

---

① 最高人民法院民事审判第一庭编：《最高人民法院人身损害赔偿司法解释的理解与适用》，人民法院出版社2004年第1版，第314页。

3. 当事人

原告：赵子龙、汤茂娟

被告：冯玉峰、安盛天平财产保险股份有限公司沧州中心支公司、邓建

【基本案情】

2014 年 4 月 4 日 15 时许，被告冯玉峰无证驾驶号牌为冀 JM5803 套牌车沿老 205 国道由南向北行驶至福利电气焊门前时，在超越顺行车辆的同时驶入逆行线与沿老 205 线由北向南载乘刘爱红、汤茂娟行驶的赵子龙驾驶的冀 BF9362 号车相撞。造成双方车辆损坏，冯玉峰、刘爱红、汤茂娟、赵子龙受伤的交通事故。该事故经黄骅市公安交通警察大队处理认定：冯玉峰负事故的全部责任；刘爱红、汤茂娟、赵子龙无事故责任。

被告冯玉峰驾驶的真实号牌为冀 JYW657 号车登记车主系张永军。张永军的女儿张娜娜与被告邓建结婚时，张永军将冀 JYW657 号车作为张娜娜的陪嫁物品交给张娜娜，由张娜娜与被告邓建共同管理使用该车。2014 年 4 月 4 日，被告冯玉峰在被告邓建家拿到该车钥匙后，驾驶该车发生交通事故。

事故发生后，原告汤茂娟进行了放射性检查，因已怀孕 40 多天，对胚胎存在致畸形可能，原告进行了人工流产。

【案件焦点】

因交通事故导致乘车人流产，所受损失如何赔偿。

【法院裁判要旨】

河北省黄骅市人民法院经审理认为：根据《中华人民共和国侵权责任法》第四十九条规定："因租赁、借用等情形机动车所有人与使用人不是同一人时，发生交通事故后属于该机动车一方责任的，由保险公司在机动车强制保险责任限额范围内予以赔偿。不足部分，由机动车使用人承担赔偿责任；机动车所有人对损害的发生有过错的，承担相应的赔偿责任。"《最高人民法院关于审理道路交通事故损害赔偿案件适用法律若干问题的解释》第十八条规定："有下列情形之一导致第三人人身损害，当事人请求保险公司在交强险责任限额范围内予以赔偿，人民法院应予支持：（一）驾驶人未取得驾驶资格或者未取得相应驾驶资格的；……"因此，原告

方的人身损失应先由保险公司在交强险责任限额范围内予以赔偿。其余损失，由肇事车辆驾驶人赔偿，本案中，被告邓建作为冀 JYW657 号车的管理人对冀 JYW657 号车套牌及由被告冯玉峰驾驶该车存在管理上的过错，应承担 10% 的相应赔偿责任。

河北省黄骅市人民法院依照《中华人民共和国侵权责任法》第十六条、第四十九条，《中华人民共和国道路交通安全法》第七十六条，《中华人民共和国保险法》第六十五条、第六十六条，《最高人民法院关于审理道路交通事故损害赔偿案件适用法律若干问题的解释》第十八条之规定，判决如下：

一、被告安盛天平财产保险股份有限公司沧州中心支公司赔付原告汤茂娟损失 19305 元；

二、被告冯玉峰赔偿原告赵子龙损失 34785 元、赔偿原告汤茂娟损失 2410 元；

三、被告邓建赔偿原告赵子龙损失 3865 元、赔偿原告汤茂娟损失 268 元。

【法官后语】

本案系常见的机动车交通事故责任纠纷，特殊之处在于因交通事故导致乘车人流产如何保护的问题。

主审法官认为，汤茂娟是本案的适格原告，可以主张精神损害赔偿，理由如下：

其一，汤茂娟是本案适格原告。

汤茂娟是直接受害人，而非间接受害人。直接损害是胎儿流产给汤茂娟带来的损害，因为汤茂娟是胎儿的准母亲，汤茂娟和胎儿的关系是直接的。汤茂娟和胎儿的关系在胎儿形成后便已经确立，因此，胎儿流产给汤茂娟带来的损害是直接的。

汤茂娟的合法权益受到了侵害。《人口和计划生育法》规定公民有生育的权利。生育权是法律明确规定的，受法律保护的。本案的交通事故直接导致汤茂娟腹中的胎儿流产，这是完全违背汤茂娟本意的，所以汤茂娟的生育权受到了直接的侵害。

本案的侵权行为（即交通事故）造成的后果除汤茂娟身体受到损害之外，还有胎儿的死亡。我国法律规定民事主体的民事权利能力始于出生终于死亡。胎儿因不是法律意义上的人，而不能主张任何权益，但这并不妨碍胎儿的父母主张他们对胎儿的权益。

其二，在本案中汤茂娟可以获得精神损害赔偿。

2001年2月26日开始实施的《最高人民法院关于确定民事侵权精神损害赔偿责任若干问题的解释》（以下简称为“精神赔偿解释”）第一条规定，民事主体因身体权遭受非法侵害，可以请求精神损害赔偿。在本案中，汤茂娟腹中的胎儿在分娩以前是汤茂娟身体的一部分，该“部分”却因被告的侵权永远丧失。因此可以认定汤茂娟身体权受到了非法侵害，根据“精神赔偿解释”第一条之规定，汤茂娟可以要求精神赔偿。

综上所述，我们可以看出，当出现交通事故导致胎儿流产的情况时，母体应受到法律的保护，应该得到相应的精神赔偿。

编写人：河北省黄骅市人民法院　闫广练

40

已届法定退休年龄且无固定收入的受害人的误工费认定

——唐听兴诉陈刚、中国平安财产保险股份有限公司无锡分公司机动车交通事故责任案

【案件基本信息】

1. 裁判书字号

江苏省无锡市惠山区人民法院（2014）惠民初字第02766号民事判决书

2. 案由：机动车交通事故责任纠纷

3. 当事人

原告：唐听兴

被告：陈刚、中国平安财产保险股份有限公司无锡分公司

【基本案情】

2014年7月14日7时40分，陈刚驾驶苏B682Y7小型普通客车，沿无锡市惠山区前洲街道余浩路由北向南行驶至堰玉路口左转弯时，与对向直行的唐听兴驾驶

的自行车发生碰撞，造成车辆损坏，人员受伤的交通事故。2014年7月17日，无锡市公安局交通警察支队惠山大队认定，陈刚负事故全部责任。

事发时，陈刚持有准驾车型为C1E的机动车驾驶证，有效期自2013年10月15日起至2023年10月15日止。所驾车辆登记所有权人为陈刚，该车在中国平安财产保险股份有限公司无锡分公司（以下简称平安财险无锡分公司）投保了交强险和保险金额为20万元的商业第三者责任险（含不计免赔），事故发生于保险期间内。

事发后当日，唐听兴被送往无锡市惠山区堰桥医院接受住院医治，经诊断为左下肢皮肤撕脱伤，全身多处软组织伤，左膝内侧副韧带损伤，于2014年8月26日出院。唐听兴接受医治期间共计产生医疗费为10652.67元。经唐听兴申请及法院委托，无锡市中西医结合医院司法鉴定所于2015年1月29日出具的鉴定意见书载明：唐听兴左下肢损伤伤残等级评定为十级，其外伤参与度拟定为40%~60%，参考均值为50%。误工期为180日，护理期为90日，营养期为90日。

诉讼中，唐听兴主张因本案交通事故造成的损失项目、金额及陈刚、平安财险无锡分公司的质证意见为：

1. 医疗费。唐听兴主张1644元，提交一份金额为1000元的收据载明："唐听兴因左脚骨折，每次药费200元，医治五次，共计1000元，收款人为孙德荣"，并称其余644元的票据遗失。陈刚称唐听兴在医院治疗期间的医疗费共计10652.67元，均由其垫付，并提交医疗费票据；1000元系其陪同唐听兴前往私人诊所接受治疗产生的费用。平安财险无锡分公司称认可医疗费为10652.67元，对1644元因无发票不予认可。

2. 住院伙食补助费、营养费、护理费、残疾赔偿金、精神损害抚慰金，唐听兴主张共计21115元，陈刚及平安财险无锡分公司均无异议。

3. 误工费。唐听兴主张102000元（6月×17000元/月），称其退休前为会计，退休后代多家企业做账，并提交无锡市腾达纺织印染设备有限公司等十一家企业的营业执照、工资发放单及证明，上述企业出具的证明载明唐听兴月收入为17000元。庭审时，唐听兴自称事发前年收入为12万~13万元。陈刚及平安财险无锡分公司认可误工费为12000元（6月×2000元/月）。

4. 车辆维修费。唐听兴主张125元，提交发票一份。陈刚及平安财险无锡分公司以未定损为由，不认可该损失项目及金额。

庭审中，双方一致确认陈刚已垫付 11652.67 元。

【案件焦点】

已届法定退休年龄且无固定收入的受害人误工费计算标准。

【法院裁判要旨】

江苏省无锡市惠山区人民法院经审理认为：关于误工费，唐听兴提交的书面证据载明的收入状况与庭审时其明确的收入金额之间互相矛盾且相去甚远，法院对其提交的书面证据及陈述均不予采信；唐听兴年事已高，退休后代企业做账，庭审中亦自认属无固定收入，却未提交最近三年的平均收入状况；唐听兴未提交与事发后恢复工作的时间及收入状况相关的证据。综上，唐听兴的误工费应以其从事相同或相近行业上一年度平均工资为标准计算为 25914.58 元（52549 元/年 ÷365 日 ×180 日）。加之其他损失，认定唐听兴的损失合计 58837.25 元。因陈刚负事故全部责任，且所驾车辆投保交强险和商业险，平安财险无锡分公司应在交强险限额内向唐听兴赔偿 55060.58 元，在商业第三者责任险限额内赔偿 3776.67 元，合计 58837.25 元。因陈刚已垫付 11652.67 元，平安财险无锡分公司应在向唐听兴的赔偿款中将该垫付款扣除后，向陈刚予以返还。

江苏省无锡市惠山区人民法院依照《中华人民共和国侵权责任法》第六条第一款、第十六条、第二十二条、第四十八条，《中华人民共和国道路交通安全法》第七十六条第一款，《中华人民共和国保险法》第六十五条，《最高人民法院关于审理人身损害赔偿案件适用法律若干问题的解释》第十七条第一款、第二款、第十八条、第十九条、第二十条、第二十一条、第二十三条、第二十四条、第二十五条，《最高人民法院关于确定民事侵权精神损害赔偿责任若干问题的解释》第八条第二款、第十条之规定，判决如下：

一、中国平安财产保险股份有限公司无锡分公司于本判决生效后十日内向唐听兴赔偿 47184.58 元；

二、中国平安财产保险股份有限公司无锡分公司于本判决生效后十日内向陈刚支付理赔款 11652.67 元；

三、驳回唐听兴的其他诉讼请求。

【法官后语】

误工费金额的认定一直是人身损害赔偿案件，尤其是交通事故致人身损害赔偿案件的审判难点。

《最高人民法院关于审理人身损害赔偿案件适用法律若干问题的解释》第二十条规定："误工费根据受害人的误工时间和收入状况确定。误工时间根据受害人接受治疗的医疗机构出具的证明确定。受害人因伤致残持续误工的，误工时间可以计算至定残日前一天。受害人有固定收入的，误工费按照实际减少的收入计算。受害人无固定收入的，按照其最近三年的平均收入计算；受害人不能举证证明其最近三年的平均收入状况的，可以参照受诉法院所在地相同或者相近行业上一年度职工的平均工资计算。"

此外，认定误工费金额时，应注意以下几点：1. 误工费的本质系受害人因受伤导致丧失或部分丧失劳动能力，致使收入减少的损失。审理时应核实受害人受伤前及受伤后的收入状况及收入减少金额。2. 受伤前的收入应注意区分是固定收入还是不固定收入。3. 司法实践中，不少受害人或代理人会提交受害人所在工作单位出具的书面证明，以证明具体的收入减少金额。但根据审判经验，这些证明有时存在扩大误工损失的情形，所以，认定收入应以银行转账付款凭证或工资发放原始清单等关键证据为准，不轻信用人单位的书面证明。4. 法定退休年龄是公民享有休息权和退休制度的具体表现。是否届满法定退休年龄，与是否存在误工费之间不具备必然联系。受害人受伤时虽届法定退休年龄，但只要仍具备相应劳动能力且从事劳动获得报酬，此时应认定存在误工费损失；反之，即使受害人未满法定退休年龄，但因事发前即无劳动能力不从事任何劳动，或事发前虽具备劳动能力但因故不从事任何劳动也无任何收入，也无证据证明事发后即将从事的工作项目或种类，此时本人认为受害人不存在误工费损失。5. 司法鉴定意见书载明的误工期间仅具备参考功能，还应结合受害人的实际误工期间和受害人从事的具体工作进行综合判断。实践中，鉴定意见书未明确误工期的长短与受害人从事工作性质之间的关联性。例如，受害人腿部骨折，如果从事搬运等需要腿部受力的体力工作，则应当自骨折痊愈一段时间后方可继续从事上述工作为止；而如果受害人从事的工作不需要走动在住所地即可完成，比如网络销售的专职网管员，因其主要工作无须走动，两者虽都需要进行治疗，但治疗后可以恢复工作的时间肯定不一致，也就致使误工期间的不同。所以，实践中有些受害人在鉴定意见书给予的误工期间内即恢复劳动，获得报酬；也有些受害人因工作的特殊性和伤情的变化，即使鉴定意见书给予的误工期届满，仍客观不能继续受伤前的工作。

本案中，受害人虽已届法定退休年龄，但提交证据足以证明其事发前仍然从事代企业做账的工作，所以应支持误工费损失这一损失项目。因受害人收入不固定，又不能提交最近三年的平均收入状况，所以依法应参照受诉法院所在地相同或者相近行业上一年度职工的平均工资计算其误工费。

编写人：江苏省无锡市惠山区人民法院　薛雨

41

死因无法查明情况下的多角度因果关系分析

——潘留琴、钱夕伟诉薛扬亮机动车交通事故责任案

【案件基本信息】

1. 裁判书字号

安徽省滁州市中级人民法院（2015）滁民一终字第01646号民事判决书

2. 案由：机动车交通事故责任纠纷

3. 当事人

原告（被上诉人）：潘留琴、钱夕伟

被告（上诉人）：薛扬亮

【基本案情】

2014年2月1日14时50分许，薛扬亮驾驶无牌三轮摩托车沿乌衣工业大道由北向南行驶至双郢路口时与双郢路由西向东行驶至路口的由钱传喜驾驶的无牌两轮摩托车相撞，致使钱传喜受伤。本次事故经滁州市公安局交警支队三大队认定，薛扬亮负事故的主要责任，钱传喜负事故的次要责任。事故发生后，钱传喜被送往滁州市中西医结合医院紧急救治。同日，钱传喜转入南京市鼓楼医院治疗。经过20

天的治疗，南京市鼓楼医院建议转院进行康复治疗。后，钱传喜先后辗转南京紫金医院（2014 年 2 月 19 日至 2014 年 3 月 10 日）、第二军医大学长征医院南京分院（2014 年 3 月 10 日至 2014 年 4 月 9 日）、南京紫金医院（2014 年 4 月 9 日至 2014 年 4 月 28 日）、第二军医大学长征医院南京分院（2014 年 4 月 28 日至 2014 年 5 月 7 日）进行康复治疗。2014 年 5 月 7 日，钱传喜在医院进行的康复治疗没有效果，加之医药费负担较重，钱传喜出院回家进行康复治疗。2014 年 5 月 30 日，钱传喜因脑出血死亡。原告潘留琴系死者钱传喜的妻子，原告钱夕伟系死者钱传喜的儿子。

薛扬亮对事故的真实性和责任划分无异议，但是对受害人钱传喜的治疗经过，死亡原因及本次交通事故与死亡结果之间是否具有因果关系存在异议。

【案件焦点】

钱传喜死亡与本起交通事故是否构成因果关系。

【法院裁判要旨】

安徽省滁州市南谯区人民法院认为：公民的身体健康权受法律保护。本案中，原、被告对钱传喜的死亡事实均没有异议，但就钱传喜具体的死亡原因，双方均未提供充足的证据予以证明，公安机关亦未就钱传喜的死亡原因作出结论性判断，即钱传喜的死亡原因并不明确。法院在审理该案过程中委托安徽同德司法鉴定所对“钱传喜的死亡与其交通事故之间的因果关系和参与度”进行司法鉴定，但因现有材料不足，安徽同德司法鉴定所无法对钱传喜的死亡原因进行鉴定。尸体检验是确定死者死亡原因的有效且必要方式，但死者家属即原告方未经相关部门同意，即自行将钱传喜尸体火化。就原告方未对钱传喜进行尸检的行为，应当予以尊重，但其已将钱传喜的尸体火化，导致查清钱传喜死亡原因的途径消失，致使钱传喜死亡原因无法查明，由此产生的举证不能的后果，应由原告方承担。但原告方已经举证证明了死者钱传喜因本起交通事故受到重大创伤，且原、被告双方对钱传喜在最后出院时，仍然处于昏迷不醒、不能自理的这一事实并无异议。钱传喜受到重大创伤与本起交通事故的因果关系，法院予以确认。钱传喜受到重大创伤后长时间住院治疗，其间并未受到新的伤害，在没有证据证明有其他事由给钱传喜造成新的伤害的情况下，综合本案实际情况和钱传喜的伤情，法院审判委员会酌定，薛扬亮对钱传喜死亡负70%责任，钱传喜事发前自身患有高血压等疾病，其家属将钱传喜接回家后没有进行稳妥照料护理，酌情原告方自行承担30%责任，故原告方主张的死亡赔偿金，法院予以支持。误工费部分，原告方主张钱传喜工资为170元/天，但并未提供用工单位的营业执照、组织机构代码证、用工合同、工资收入凭据、纳税证明和缴纳社保凭证等证据予以佐证，被告方认可误工期限为120天，综合考虑钱传喜拆迁安置和实际居住情况，法院参照江苏省城镇居民人均可支配收入标准予以计算。护理费部分，原告方未能提供证据证明钱传喜住院治疗期间需要两人护理，但被告方自愿认可原告方主张的钱传喜护理期限120天，97.5元/天的标准，故法院对原告主张的护理期限和标准予以支持。被告方自愿认可原告方的第4项、第5项、第6项、第7项诉请，交通费认可1000元，家属处理丧葬事宜的误工费和交通费认可1000元，原告方医疗费仅主张82870元，法院予以支持。精神损害抚慰金，综合考虑钱传喜受伤住院治疗和负本起交通事故次要责任的情况，酌定为40000元。本案中，滁州市公安局交通警察支队直属三大队出具的《道路交通事故认定书》认定的责任划分，各方当事人均无异议，法院予以确认，鉴于事故双方所驾车辆均为摩托车，法院酌定薛扬亮承担事故责任的70%，钱传喜承担事故责任的30%。机动车未参加交通事故责任强制保险发生交通事故造成人身伤亡、财产损失的，由机动车所有人或管理人在相当于强制保险责任限额范围内按照伤情和实际损失先行赔偿。被告方未为肇事无牌三轮摩托车投保交强险，则该车发生交通事故造成两原告亲属钱传喜的损失，应由被告方在相当于强制保险责任限额内先行赔偿。超出部分由双方当事人按照事故责任比例按责承担。对于原告方所遭受的损失，法院逐一核定如下：1. 死亡赔偿金650760元（32538元/年×20年）；2. 误工费10697.42元（32538元/年÷365天×120天）；3. 护理费11700元（120天×97.5元/天）；4. 住院伙食补助费2910元；5. 营养费3600元；6. 丧葬费25639.5元；7. 医疗费82870元；8. 交通费1000元；9. 家属处理丧葬事宜的误工费和交通费1000元；10. 精神损害抚慰金40000元，上述合计830176.92元。被告薛扬亮在（2014）南民一初字第00522号案件中已支付钱传喜医疗费58000元，本案中薛扬亮应先在相当于强制保险责任限额内支付原告方110000元，其中精神损害抚慰金在该部分款项中优先支付，超出部分按照事故责任比例被告薛扬亮承担367484.24元，合计477464.24元。

安徽省滁州市南谯区人民法院经法院审判委员会讨论决定，依据《中华人民共和国民法通则》第一百一十九条，《中华人民共和国侵权责任法》第六条、第十六条，《中华人民共和国保险法》第六十五条，《最高人民法院关于审理人身损害赔偿案件适用法律若干问题的解释》第十七条、第十八条、第十九条、第二十条、第二十一条、第二十二条、第二十三条、第二十四条、第二十七条、第二十九条，《最高人民法院关于审理道路交通事故损害赔偿案件适用法律若干问题的解释》第十四条，《中华人民共和国民事诉讼法》第六十四条，《最高人民法院关于民事诉讼证据的若干规定》第二条的规定，判决如下：

一、被告薛扬亮于本判决发生法律效力之日起十日内在保险责任限额范围内赔偿原告潘留琴、钱夕伟人民币合计477464.24元；

二、驳回原告潘留琴、钱夕伟的其他诉讼请求。案件受理费10392元，由原告潘留琴、钱夕伟负担2866元，由被告薛扬亮负担7526元。

被告薛扬亮不服一审判决，提出上诉。滁州市中级人民法院经审理认为：本案二审争议焦点为：1. 钱传喜死亡是否与案涉交通事故存在因果关系，若存在因果关系，则薛扬亮对钱传喜死亡所应承担的死亡赔偿金比例如何确定；2. 精神损害抚慰金的数额如何确定。

对于争议焦点一：2014年2月1日，钱传喜在发生案涉交通事故后，被送入医院进行治疗，入院诊断为闭合性颅脑损伤（重型）。在随后的治疗过程中，钱传喜近亲属为使钱传喜得到更进一步治疗而进行的多次转院亦得到前一治疗医院的许可，且治疗过程并未间断，亦未见因钱传喜的转院导致病情加重的情形。但根据医院病历显示，钱传喜最后出院时仍处于神志昏迷状态，且钱传喜因案涉交通事故导致的颅脑损伤（重型）应属于极易引起死亡后果发生的身体创伤，该创伤随时可能导致钱传喜死亡后果的发生，钱传喜近亲属应遵守医嘱，将钱传喜留院进行康复治疗，但钱传喜近亲属并未遵守医嘱，而是回家进行康复治疗，存在一定过错。但上述钱传喜近亲属的过错程度尚不足以中断案涉交通事故与钱传喜死亡之间的因果联系，综合以上因素，案涉交通事故在钱传喜死亡上仍起着主导作用，是钱传喜死亡的主要原因。且在钱传喜上述治疗过程中，薛扬亮也并未积极给付治疗费用，该情形亦加重了钱传喜近亲属的治疗费用负担。本案中，虽经医院诊断，钱传喜生前患有糖尿病、高血压的既往病史，但钱传喜在对脑部受伤部位治疗过程中并未对上述疾病进行治疗，薛扬亮亦未举证上述疾病因素导致本案钱传喜脑部损伤加重的相应证据，薛扬亮亦无其他证据证明钱传喜死亡系其他非疾病因素介入所致，根据《最高人民法院关于民事诉讼证据的若干规定》第二条的规定，薛扬亮应承担举证不能的法律后果。基于本案侵权行为的发生原因、损害后果、钱传喜死亡时间与案涉交通事故发生时间的时间跨度、薛扬亮对钱传喜死亡的过错程度、钱传喜近亲属在钱传喜死亡上的过错，原判决酌定钱传喜家属对钱传喜死亡承担30%责任比例，薛扬亮对钱传喜死亡承担70%责任比例适当，法院依法予以确认。薛扬亮认为案涉交通事故与钱传喜死亡不具有因果联系的上诉理由不能成立，法院不予采纳。

对于争议焦点二。精神损害抚慰金一般是根据受害人的精神损害程度、加害人的过错程度以及受诉法院所在地的经济发展状况等因素确定。因侵权致人死亡的，受害人近亲属有权获得精神损害抚慰金赔偿。精神损害抚慰金的赔偿数额应根据侵权人的过错程度、侵权行为造成的后果及受诉法院所在地的平均生活水平等因素予以确定。案涉交通事故致钱传喜脑部受重伤，并最终致其死亡，必然给其近亲属精神上带来伤害，结合侵权人薛扬亮承担事故的主要责任，原判决根据钱传喜的死亡结果、钱传喜本身治疗及过错情况，酌定薛扬亮赔偿精神损害抚慰金数额为40000元在法律规定的范围内，法院予以维持。薛扬亮主张其应承担35000元精神损害抚慰金的上诉请求不能成立，法院不予支持。

综上，原判决认定事实清楚，适用法律正确，法院依法予以维持。上诉人薛扬亮的上诉请求不能成立，法院依法予以驳回。

安徽省滁州市中级人民法院依照《中华人民共和国民事诉讼法》第一百七十条第一款第（一）项之规定，判决如下：

驳回上诉，维持原判。

二审案件受理费2687元，由上诉人薛扬亮负担。

【法官后语】

近年来，随着我国社会经济迅猛发展，私家车日益增多，随之而来的是交通事故的频繁发生。机动车交通事故责任纠纷也成为民事审判工作的重点和难点，该类案件一方面涉及当事人的财产权或生命健康权，对当事人本人及其家庭影响重大，另一方面交通事故责任划分需要交通部门进行事故责任认定，对死亡伤残等级、

“三期”期限、死亡因果关系等需要借助相关鉴定机构进行专业鉴定，同时综合证据材料和当事人陈述进行分析判断，结合案情、涉案死者或伤者的病情以及诊疗活动进行法律价值衡量，以判定事实上因果关系的有无及原、被告双方应承担的具体责任比例。

本案中，涉及的法律问题主要有两点：一是钱传喜死亡是否与案涉交通事故存在因果关系，若存在因果关系，则薛扬亮对钱传喜死亡所应承担的死亡赔偿金比例如何确定；二是钱传喜死亡赔偿金应适用何种赔偿标准。

第一个法律问题：案涉交通事故与钱传喜死亡因果关系的认定。民事侵权案件中因果关系是非常复杂的法律问题，可表现为一因一果、一因多果、多因一果、多因多果、内因外因、条件与原因、直接原因、间接原因、主要和次要原因等。法院在审理该案过程中因死者家属擅自将钱传喜尸体火化，导致无法对钱传喜的死亡原因进行鉴定，不利于本起交通事故与钱传喜死亡的因果关系的确定，由此产生的举证不能的后果，应由原告方承担。但交通事故中因果关系的确定，存在复杂性、多因性、疑难性等问题，确定事故因果关系应从事故责任划分、伤者（死者）病情、伤者（死者）诊疗过程、伤者后期是否因其他因素导致病情恶化及因果关系鉴定等各方面，综合分析判断，科学确定。本案中原告已经举证证明了死者钱传喜入院诊断为闭合性颅脑损伤（重型），治疗过程虽经多次转院治疗，但治疗过程并未间断，亦未见因钱传喜的转院导致病情加重的情形，死者钱传喜最后出院时仍处于神志昏迷状态。虽然死者钱传喜近亲属并未遵守医嘱治疗，存在一定过错。但上述死者钱传喜近亲属的过错程度尚不足以中断案涉交通事故与钱传喜死亡之间的因果联系。同时原、被告双方对本起交通事故责任划分和死者钱传喜伤情并无异议，且薛扬亮并未提供死者钱传喜的糖尿病、高血压等既往病史导致死者钱传喜脑部损伤加重的相应证据，薛扬亮亦无其他证据证明钱传喜死亡系其他非疾病因素介入所致。根据《最高人民法院关于民事诉讼证据的若干规定》第七十三条第一款规定，双方当事人对同一事实分别举出相应的证据，但都没有足够的依据否定对方证据的，人民法院应当结合案件情况，判断一方提供证据的证明力是否明显大于另一方提供证据的证明力，并对证明力较大的证据予以确认。依据高度盖然性证据规则，原告方已经充分举证证明了本起交通事故与死者钱传喜死亡的因果关系，而薛扬亮并未提出充分的证据材料证明自己所主张的观点。同时根据《最高人民法院关于民事诉讼证据的若干规定》第二条规定："当事人对自己提出的诉讼请求所依据的事实或者反驳对方诉讼请求所依据的事实有责任提供证据加以证明。没有证据或者证据不足以证明当事人的事实主张的，由负有举证责任的当事人承担不利后果。"综合双方当事人证据材料和钱传喜的伤情，法院认定案涉交通事故与钱传喜死亡构成因果关系。

第二个法律问题：钱传喜的死亡赔偿金依据什么标准计算。生命本是无价的，但在生命权受到侵害后，需要以金钱的方式进行赔偿，就必然涉及赔偿标准问题。近年来，随着市场经济的发展，人员的流动性也日益增强，大批农村居民进入城镇务工，特别是随着中国城镇化进程的加快，因政府拆迁、城市扩展用地、工程建设用地等因素使得更多的农村居民失去赖以生计的土地，并进入城镇工作、生活和居住。这一部分农村居民常年在城镇工作、生活，其收入相对稳定，消费水平也和一般城镇居民基本相同，虽然户籍登记仍为农村居民，但是事实上已经融入城镇生活。如果这类人员发生伤亡事故，在计算残疾赔偿金或死亡赔偿金时，仍以其户籍登记作为判断依据，按照农村居民标准给予赔偿，显然不能合理地补偿经济损失，从而有失公平。因而在确认赔偿金计算标准时，不能简单地依据受害人的户籍登记作出判断，而应当综合考虑受害人的经常居住地、工作地、获取报酬地、生活消费地等因素进行确定。对于赔偿权利人虽为农村居民，但如有证据证实发生交通事故时已在城镇居住生活满一年以上，且有相对稳定的工作，在计算赔偿数额时按照城镇居民标准对待，同时结合《最高人民法院关于审理人身损害赔偿案件适用法律若干问题的解释》对死亡赔偿金的规定，这样才能体现法律面前人人平等的精神。

编写人：安徽省滁州市南谯区人民法院　孙春孺

42

在校高三学生发生交通事故能否获得误工费赔偿

——谭某某诉中国人民财产保险股份有限公司石河子市分公司等机动车交通事故责任案

【案件基本信息】

1. 裁判书字号

新疆维吾尔自治区石河子市人民法院（2016）兵 9001 民初 1659 号民事判决书

2. 案由：机动车交通事故责任纠纷

3. 当事人

原告：谭某某

被告：中国人民财产保险股份有限公司石河子市分公司、伏梅、张鸿浩

【基本案情】

2014 年 3 月 21 日 19 时 35 分许，被告伏梅驾驶新 C67552 号小型轿车，沿石河子市西一路由南向北行驶至“中国动物卫生监督局”路口处右转弯时，与沿西环路东侧非机动车道由北向南由被告张鸿浩驾驶的“雅迪”牌两轮电动车相碰撞，并撞到正在路旁正常行走的原告谭某某，造成原告谭某某受伤，两车受损的道路交通事故。经石河子市公安局交通警察支队城区大队认定，被告伏梅驾驶机动车通过便道时，在未确保安全的情况下行驶，负事故的同等责任，被告张鸿浩未取得驾驶证不在机动车道内行驶负事故的同等责任。

原告受伤后，于 2014 年 3 月 21 日至 6 月 21 日先后在石河子大学医学院第一附属医院门诊检查、治疗，所花费的门诊检查治疗费由被告伏梅全部支付。

2015 年 11 月 24 日，原告在中山大学附属第五医院门诊检查，影像分别所见：“右外踝见骨块游离，边缘毛糙，余右踝构成骨骨质未见异常，关节对合好，关节间隙未见异常，周围软组织消肿。”2015 年 2 月 16 日，原告再次前往中山大学附属

第五医院门诊检查，影像分别所见："右侧外踝骨皮质不规整，腓骨下端可见骨块影，右侧胫骨下段骨质就踝关节骨质、结构显示正常，未见骨折征象及骨质破坏，关节面光滑，关节间隙显示正常；关节对应关系正常。"原告共花费门诊检查费852.32元。2016年2月16日，原告在石河子大学医学院第一附属医院进行门诊检查，花费门诊检查费226元。以上，原告花费的门诊检查费合计1078.32元。原告受伤后，由其母亲郜杰护理。

2016年2月24日，原告委托新疆中信司法鉴定中心对其误工期、护理期、营养期进行评定。2016年3月1日，新疆中信司法鉴定中心作出（2016）临鉴字第349号司法鉴定意见书。鉴定意见：被鉴定人谭某某误工期为120日、护理期为90日、营养期为60日。原告花费法医鉴定费1865元。

原告为治疗和检查自己的疾病，花费交通费300元。

审理过程中，被告中国人民财产保险股份有限公司石河子市分公司（以下简称人保石河子公司）对原告主张的门诊检查费真实性无异议，关联性不予认可；对原告主张的误工费，辩称原告为学生不存在误工损失问题，对原告的护理费及营养费认为应当有医疗机构的证明；对原告主张的交通费认可200元；对原告主张的鉴定费不属于保险公司的赔偿范围。

【案件焦点】

原告谭某某作为高中三年级学生，是否存在误工费。

【法院裁判要旨】

新疆维吾尔自治区石河子市人民法院认为：公民的人身权利受法律保护，侵害公民身体造成伤害的，应当赔偿损失。原、被告对石河子市公安局交通警察支队城区大队作出的道路交通事故认定书认定的事实无异议，法院予以认定。

被告伏梅驾驶机动车通过便道时，在未确保安全的情况下行驶，致使此次交通事故的发生，其行为具有过错，应当对原告因此次交通事故造成的损失负50%的赔偿责任，被告张鸿浩未取得驾驶证不在机动车道内行驶，造成乘车人原告受伤，其行为具有过错，应当对原告因交通事故造成的损失负50%的赔偿责任。

根据《中华人民共和国道路交通安全法》第七十六条第一款第（一）项规定："机动车发生交通事故造成人身伤亡、财产损失的，由保险公司在机动车第三者责任强制保险责任限额范围内予以赔偿；不足的部分，按照下列规定承担赔偿责任：（一）机动车之间发生交通事故的，由有过错的一方承担赔偿责任；双方都有过错的，按照各自过错的比例分担责任。”本案中，新 C67552 号车辆在被告人保石河子公司投保有交强险，故被告人保石河子公司应当在交强险限额内赔偿原告的损失。根据本案查明的事实，法院对原告的损失确定如下：1. 医疗费。原告在中山大学附属第五医院及石河子大学医学院第一附属医院门诊检查，花费门诊检查费 1078.32 元，系原告为检查自己的伤情及痊愈情况应当花费的费用，法院予以认定。2. 营养费。根据相关法律规定，营养费根据受害人伤残情况参照医疗机构的意见确定。本案中，根据原告的伤情，原告在治疗恢复期间一定时期内确需加强营养，参照中华人民共和国公安部颁布的《人身损害误工期、护理期、营养期评定规范》（GA/T 1193－2014）第 10.2.15（a）之规定，原告主张的营养期符合法律规定，法院对原告的营养期认定为 60 天，每天 15 元为宜，原告的营养费为 900 元（15 元/天×60 天）。3. 护理费。根据原告伤情及受伤部位，原告在治疗恢复期间内确需一定时间的护理，参照中华人民共和国公安部颁布的《人身损害误工期、护理期、营养期评定规范》（GA/T 1193－2014）第 10.2.15（a）之规定，原告主张的护理期法院酌定为 50 天，参照新疆生产建设兵团 2014 年度在岗职工平均工资，原告的护理费为 6803.84 元（49668 元/年÷365 天×50 天）。4. 交通费。原告前往医疗机构门诊检查、治疗期间确需花费一定的交通费用，法院对原告的交通费酌定为 200 元为宜。上述第 1 至 4 项，合计 9082.16 元（医疗费 1078.32 元＋营养费 900 元＋护理费 6803.84 元＋交通费 200 元），由被告人保石河子公司在交强险限额内赔偿。5. 法医鉴定费。原告主张鉴定费 1865 元，被告伏梅、张鸿浩无异议，法院予以认定。该损失由被告伏梅负担 932.50 元（1865 元×50%），被告张鸿浩负担 932.50 元（1865 元×50%）。关于误工损失，交通事故发生时，原告为高中三年级学生，不属于从事社会职业人员，且原告也没有向法院提供相应的证据证明其受伤后的误工损失，故原告主张误工费的请求，法院不予支持。

新疆维吾尔自治区石河子市人民法院依照《中华人民共和国民法通则》第一百零六条第二款、第一百一十九条，《中华人民共和国侵权责任法》第六条第一款、第十八条，《中华人民共和国道路交通安全法》第七十六条第一款第（一）项，《最高人民法院关于审理人身损害赔偿案件适用法律若干问题的解释》第十七条第一款、第二十一条、第二十二条、第二十四条的规定，判决如下：

一、被告中国人民财产保险股份有限公司石河子市分公司在机动车交通事故责任强制保险限额内赔偿原告谭某某9082.16元，于本判决生效之日起十五日内给付原告谭某某；

二、被告伏梅赔偿原告法医鉴定费用932.50元，于本判决生效之日起十五日内给付原告谭某某；

三、被告张鸿浩赔偿原告谭某某法医鉴定费用932.50元，于本判决生效之日起十五日内给付原告谭某某；

四、驳回原告谭某某的其他诉讼请求。判决书送达后，双方当事人均未上诉。

【法官后语】

关于高中三年级学生是否存在误工费问题，审判实践中有两种不同的意见，第一种意见认为：在校高三学生发生交通事故的，存在误工费，理由是：一般情况下高三学生已经接近18周岁，具有完全的劳动能力，因此，只要在此期间发生交通事故受伤或者人身受到损害的，均会产生误工费问题，有权要求侵权人赔偿。

第二种意见认为：在校高三学生发生交通事故的，不存在误工费，理由如下：在交通事故中的误工费，是指受害人从遭受伤害丧失劳动能力到恢复劳动能力这一期间，因无法正常劳动而实际减少的收入。《最高人民法院关于审理人身损害赔偿案件适用法律若干问题的解释》对误工费的规定为受害人有固定收入的，误工费按照实际减少的收入计算。受害人无固定收入的，按照其最近三年的平均收入计算；受害人不能举证证明其最近三年的平均收入状况的，可以参照受诉法院所在地相同或者相近行业上一年度职工的平均工资计算。根据上述条款，笔者认为：第一，在校学生因尚未完成学业，没有固定的收入；第二，在校学生更无证据证明其最近三年的平均收入状况；第三，学生在学习阶段是以学习为目的的，不属于劳动行业，没有与学生相同或相近的行业存在。因此，即使在校学生有误工时间的法医鉴定结论，但也无法获得误工赔偿。在校高三学生受伤前并未从事务工活动，也没有从事任何有报酬的其他工作，交通事故发生后其也没有减少的收入，故在校高中三年级学生要求赔偿误工费的诉讼请求法院是不能支持的。如果有证据证明交通事故发生前利用假期在外务工且有固定收入，还是可以获得误工费赔偿的。

但如果受伤的在校学生为已成年的大学生，且其有证据证明交通事故发生前利用假期在外务工且有固定收入，但因交通事故导致无法继续在假期务工的，则其在假期期间可期待的务工收入，是可以作为误工费计算进行赔偿的。综上，本案中，谭某某交通事故发生时系高中三年级学生，不属于从事社会职业人员，其不能证明其在交通事故发生前在外从事务工活动，因此，法院不支持其误工费的诉讼请求是正确的。

编写人：新疆维吾尔自治区石河子市人民法院　杜世成

43

个体工商户的营业房房租损失是否可以直接认定为经营损失或误工费

——刘玄诉中国平安财产保险股份有限公司许昌中心支公司等机动车交通事故责任案

【案件基本信息】

1. 裁判书字号

北京市第三中级人民法院（2014）三中民终字第06557号民事判决书

2. 案由：机动车交通事故责任纠纷

3. 当事人

原告（被上诉人）：刘玄

被告（上诉人）：中国平安财产保险股份有限公司许昌中心支公司

被告（被上诉人）：谢晓雅、张占元

【基本案情】

2013年10月2日8时20分，刘玄由南向北直行至怀柔区南大街牌楼路口时与谢晓雅驾驶由西向北左转的车牌号为豫K97280小客车（车主为张占元）发生碰撞，导致刘玄脚部受伤。经北京市公安局怀柔分局交通支队认定，谢晓雅承担事故全部责任。张占元在中国平安财产保险股份有限公司许昌中心支公司（以下简称平安许昌支公司）投保了期限自2013年2月25日至2014年2月24日止的交强险。事发后，刘玄于2013年10月2日到北京市怀柔区第一医院治疗，经诊断为多发软组织损伤及骨折，刘玄为此花费1510.87元。该医院为刘玄出具了2013年10月2日至12月6日的病休诊断证明书。刘玄称其独立经营位于北京市怀柔区南小街13号东侧北向南第六间门店的北京缘梦艺诗服装店，因事故致其产生经营损失16917.81元，并为此出具租房协议、配偶王栋工作证明和租金收据等证据，以证明王栋虽系服装店经营者，但实际经营人系其本人。

刘玄诉至法院要求谢晓雅、张占元、平安许昌支公司赔偿：医疗费1510.87元、误工费11161.66元、交通费37元、其他经济损失16917.81元，共计29627.34元。误工费中包含其个体经营的租金。谢晓雅辩称事故发生时间、地点、经过和交通事故责任认定书均属实，谢晓雅临时借用张占元车辆。刘玄诉求部分赔偿数额过高且无事实和法律依据，该涉案车辆在被告平安许昌支公司投保交强险，刘玄各项损失应当由保险公司在交强险限额内赔偿。张占元称，涉案车辆系具有合法驾驶资格的谢晓雅临时借用且无安全性能缺陷，张占元系肇事车辆所有人，但在事故中无过错，不应承担赔偿责任。平安许昌支公司称，肇事车辆在平安许昌支公司投保交强险，事故发生在保险期间，刘玄没有提供工作证明以证明其误工损失，且医院证明字迹潦草存在瑕疵不足以证明其伤情，故刘玄不存在误工及医药费损失。

【案件焦点】

个体工商户的营业房房租损失能否直接认定为经营损失或误工费。

【法院裁判要旨】

北京市怀柔区人民法院经审理认为：侵权行为人因其侵权行为导致其他人遭受损害的，应对导致的损害结果承担赔偿责任。北京缘梦艺诗服装店工商登记的业主为刘玄的配偶王栋，刘玄主张其本人独自经营该服装店，平安许昌支公司对此亦无反证。根据北京市怀柔区第一医院的诊断证明，刘玄作为具备劳动能力的个体经营劳动者，在2013年10月2日至12月6日共计65天期间处于因伤全休状态。刘玄提供的其与北京好世界休闲娱乐有限公司签订的租房协议无法直接证明其经营损失，且无法认定原告主张的经营损失与此次交通事故存在法律上的因果关系，对原告要求被告赔偿其他经济损失的诉讼请求，一审法院不予支持。关于个体经营者的误工费的认定，在本案现有证据情况下，结合租金对误工的直接损失进行酌定，并以此作为误工费的综合认定因素，并无不当。综上，北京市怀柔区人民法院判决：

一、被告中国平安财产保险股份有限公司许昌中心支公司于本判决生效后七日内给付原告刘玄医疗费、误工费和交通费共计21047.87元；

二、驳回原告刘玄的其他诉讼请求。

二审法院驳回上诉、维持原判。

【法官后语】

1. 误工费的赔偿范围

误工费的赔偿范围实际上就是误工损失的范围，即受害人因暂时失去或减少劳动能力而无法从事正常工作或劳动所导致的收入损失，具体可表现为：第一，无法从事原有的工作或劳动导致的实际收入的损失；第二，丧失特定的工作机会导致的预期收入损失；第三，为避免收入损失而支出的相关费用。

本案中，个体工商户的房租损失是否属于无法从事原有工作或劳动而遭受的实际收入的损失？该问题有两种意见。

意见一，个体工商户的房租损失属于实际收入损失。对于一人独自经营的个体工商户，该经营人因暂时劳动能力受损，无法经营，如确有证据证明其为经营而租用房屋，则该支出属于必然发生的固定费用，现该房租支出无法通过正常经营而抵顶，该支出应当视为因无法从事原有工作或劳动而实际遭受的收入损失。

意见二，个体工商户的房租损失不属于实际收入损失。个体经营户的经营存在风险，即使存在固定支出的房租亦不足以证明其收入必然大于房租，个体经营户的固定房租损失与其劳动能力受损不直接相关。

本案采用第二种意见。本案中，虽刘玄举证证明相关房租为个体经营所用且为固定必然支出，但现有证据不足以证明刘玄正常劳动必然可以弥补个体房租支出。故现刘玄受伤与房租支出之间无必然联系，不宜将此认定为误工费。

2. 误工费的计算标准

根据《最高人民法院关于审理人身损害赔偿案件适用法律若干问题的解释》

第二十条的规定，误工费的认定应根据受害人的收入状况和误工时间确定。受害人有固定收入的，误工费按照实际减少的收入计算。受害人无固定收入的，按照其最近三年的平均收入计算，不能证明其最近三年的平均收入状况的，可以参照受诉法院所在地相同或者相近行业上一年度职工的平均工资计算。据此，误工费计算的依据有：是否有固定收入、收入额以及误工时间。

对于个体工商户。经营能力虽然亦为劳动能力之一种，但营业收入系基于资产的运作，受资本规模、市场机会等多种因素的影响，不能全部视为劳动能力之所得。因此，在计算此类受害人的误工费时，就不能完全以其营业收入作为计算的标准，而应当仅以其收入中的劳动力价值部分作为赔偿的依据。劳动力价值应为营业收入扣除其经营成本、资本性收入等因素的部分。

具体到本案，刘玄提交的房租支出损失应当属于刘玄的经营成本，而非其收入损失。但当刘玄无直接证据证明其实际收入损失时，是否可以以房租支出损失作为一项衡量因素。房租支出损失在此类案件中应当作为何种损失的证据，有何证明力？本案对此的意见为：1. 房租支出损失与受伤收入损失并不直接相关，不能作为直接认定误工费或者营业损失的依据；2. 房租支出可以间接佐证个体经营户的日常经营规模和经营情况，可以作为衡量个体经营户误工损失的综合酌定因素。

编写人：北京市第三中级人民法院　蒙瑞

44

获得工伤保险待遇后能否再向第三人主张侵权赔偿

——梁水好诉覃国环机动车交通事故责任案

【案件基本信息】

1. 裁判书字号

广西壮族自治区河池市环江毛南族自治县人民法院（2015）环民初字第1854号民事判决书

2. 案由：机动车交通事故责任纠纷

3. 当事人

原告：梁水好

被告：覃国环

【基本案情】

2012年9月19日早，被告覃国环驾驶桂12－76542号多功能拖拉机从环江县洛阳镇沿S205线往环江县城区方向行驶，当行至S205线44km＋700m处时与相向由原告梁水好驾驶的桂MC7970号轻型厢式货车发生碰撞，造成原告受伤及两车不同程度损坏的道路交通事故。原告受伤当日即被送到广西玉林市骨科医院住院治疗至2013年1月15日出院，期间住院118天，开支医疗费55201.24元，出院诊断：右股骨内髁骨折（开放性）、右髌骨开放性骨折并部分缺损、右前交叉韧带损伤、右膝后交叉韧带损伤、左下肢多处皮肤软组织挫裂伤、左膝后交叉韧带损伤。因行内固定物取出术，原告于2014年2月28日再次到广西玉林市骨科医院住院治疗至同年3月20日出院，期间住院20天，开支医疗费15245.08元。2014年9月18日，原告到河池市一品司法鉴定所对其伤残进行鉴定，该鉴定所于2014年9月24日作出鉴定意见，评定其因交通事故构成九级伤残。环江县交警队作出环公交认字（2012）第0919A号《道路交通事故认定书》，认定被告覃国环负事故主要责任，原告负事故次要责任。事故发生后，被告未给付原告任何费用，原告为维护自己的合法权益，向法院提起民事诉讼，请求：1. 被告覃国环赔偿医药费（70446.32元－工伤获赔30000元）＝40446.32元、住院伙食补助费100元/天×138天＝13800元、误工费184.40元/天×288天（住院138天＋全休150天）＝53107.20元、护理费73.33元/天×138天＝10119.54元、精神损害抚慰金5000元、伤残赔偿金24669元/年×20年×20%＝98676元，合计221149.06元，因被告的车辆未投保机动车交通事故责任强制保险（以下简称交强险），故上述损失先由被告在交强险12万元限额内赔偿，不足部分按事故责任比例承担，被告应承担70%即（221149.06－120000）元×70%＝70804.34元，余下30%由原告自行承担，被告共应赔偿原告190804.34元；2. 案件诉讼费由被告承担。

另查明，涉案桂12－76542号多功能拖拉机为被告覃国环所有，事故发生时，该机动车未依法投保交强险。原告梁水好系河池市烟草公司环江营销部职工，事故发生时正驾车执行公司卷烟配送任务，其行为已被认定为工伤，广西壮族自治区劳动能力鉴定委员会鉴定其构成八级伤残，其在工伤保险中获赔医疗费29350.90元、住院伙食补助费2070元、一次性伤残补偿金51150元、劳动能力鉴定费300元，合计82870.90元。庭审过后，原告自愿放弃对被告医药费40446.32元的诉讼请求并得到法院的准许。

【案件焦点】

原告主张的各项赔偿项目及数额是否有事实和法律依据及如何确定赔偿数额。

【法院裁判要旨】

广西壮族自治区河池市环江毛南族自治县人民法院经审理认为：该案构成工伤和侵权的竞合，原告在获得工伤保险待遇后有权向第三人提起侵权之诉。原告请求侵权之诉的部分赔偿项目与工伤保险待遇的赔偿项目重合，如果全部支持原告主张的各项赔偿项目则构成了双重赔偿，这与民法的公平原则相悖，产生了法外利益。那么，原告主张的哪些赔偿项目与工伤保险的赔偿项目重复呢？我们认为，原告主张的误工费对应工伤保险的原工资福利待遇；医疗费对应工伤保险的医疗费；护理费对应停工留薪期间的护理费和生活护理费；住院伙食补助费对应工伤保险赔偿的住院伙食补助费。上述费用属于重复赔偿项目，原告在工伤保险中已经获得赔偿的，在本案中采取就高不就低原则相应予以扣减。原告主张的精神损害抚慰金、伤残赔偿金与其在工伤保险获赔的一次性伤残补助金、劳动能力鉴定费不属于重复赔偿项目可以获赔。原告可按《2015年广西壮族自治区道路交通事故人身损害赔偿项目计算标准》主张各项损失：住院伙食补助费符合法律规定，法院予以支持，采取就高不就低原则扣减原告在工伤保险已获赔的2070元后为11730元；误工费因原告受伤期间享受工伤待遇，工资收入并未实际减少，该项费用法院不予支持；原告住院期间未享受护理费工伤待遇，其主张护理费于法有据，原告住院期间的护理人员为其妻子韦幸妮，韦幸妮月工资收入2200元，原告住院共计138天，其主张护理费10119.54元法院予以支持；精神损害抚慰金5000元较为合理，法院予以支持；伤残赔偿金98796元符合法律规定，法院予以支持。上述损失共计125645.54元，其中计入交强险伤残赔偿金项下的误工费、护理费、精神损害抚慰金、残疾赔偿金合计113915.54元、计人交强险医疗费项下的住院伙食补助费11730元，两项分别超过交强险伤残赔偿金11万元、医疗费1万元限额。因被告驾驶的机动车未投保交强险，原告主张其在交强险伤残赔偿金、医疗费承担12万元的主张，法院予以支持，超出部分按事故责任承担，综合双方的行为对该起交通事故的发生所起的作用以及过错的严重程度，法院认为，被告覃国环应承担70%的民事赔偿责任即5645.54元×70% =3951.88元，原告自行承担30%的民事责任为宜。综上所述，被告覃国环共应赔偿原告123951.88元。驳回原告的其他诉讼请求。

广西壮族自治区河池市环江毛南族自治县人民法院依照《中华人民共和国道路交通安全法》第七十六条第一款第（一）项，《最高人民法院关于审理道路交通事故损害赔偿案件适用法律若干问题的解释》第十九条第一款，《最高人民法院关于审理人身损害赔偿案件适用法律若干问题的解释》第十二条第二款、第十七条第一款、第二款，《中华人民共和国民事诉讼法》第六十四条，《最高人民法院关于民事诉讼证据的若干规定》第二条之规定，作出如下判决：

被告覃国环赔偿原告梁水好因该交通事故造成的各项经济损失共计123951.88元。

【法官后语】

工伤保险待遇与第三人侵权竞合的案例在审判实务中并不鲜见，两者的权利基础和归责原则不同，侵权赔偿属于民法调整的范畴，采取损害填补原则；工伤赔偿因劳动者发生工伤事故获得的一种社会保险利益，实行无过错责任原则，有社会保险的性质。目前尚未有法律对此予以规范，各地法院对此裁判不一。本案例是原告在获得工伤保险待遇后再起诉侵权人，我们对原告的主张不是全部支持，而是对重复赔偿项目采取就高不就低的原则处理，不重复赔偿项目予以支持。那么，两者之间哪些项目是重复的呢？笔者认为，侵权中的误工费对应工伤保险的原工资福利待遇；医疗费对应工伤保险的医疗费；护理费对应停工留薪期间的护理费和生活护理费；住院伙食补助费对应工伤保险赔偿的住院伙食补助费；交通费对应工伤保险的交通费；残疾器具费对应工伤保险的残疾辅助器具费；被扶养人生活费对应工伤保险的供养亲属抚恤金；丧葬费对应工伤保险的丧葬补助金。那么，两者之间哪些不是重复赔偿项目呢？我们认为，侵权中的残疾赔偿金、死亡赔偿金、营养费、精神损害抚慰金、伤残鉴定费与工伤保险的一次性伤残补助金、一次性工亡补助金、一次性工伤医疗补助金和伤残就业补助金、劳动能力鉴定费不属于重复赔偿项目。本案例的处理即兼顾了公平，又避免法外利益的产生。

编写人：广西壮族自治区河池市环江毛南族自治县人民法院　韦立春

45

交通事故中行为人“挂床”行为的认定

——李孝英诉万学中、中华联合财产保险股份有限公司信阳中心支公司机动车交通事故责任案

【案件基本信息】

1. 裁判书字号

河南省信阳市固始县人民法院（2015）固民初字第1865号民事判决书

2. 案由：机动车交通事故责任纠纷

3. 当事人

原告：李孝英

被告：万学中、中华联合财产保险股份有限公司信阳中心支公司

【基本案情】

2015年1月21日16时许，被告万学中驾驶豫SEG272号汽车沿固陈路从东向西行驶至固陈路陈集镇街道路段，遇前方同向行驶由李孝英驾驶的电动三轮车右转弯，两车发生交通事故，致使李孝英和搭乘人魏立琴受伤，两车受损。经固始县交警大队认定，万学中对该起事故承担全部责任，李孝英、魏立琴不承担责任。原告受伤后即被送往固始县人民医院救治，其伤情被诊断为头皮开放性外伤。原告提交的住院病历首页显示，出院时间为2015年3月16日10时，实际住院54天；住院病历内，长期医嘱单显示，从2015年1月29日至2015年3月16日期间46天无治疗记录；临时医嘱单显示，治疗截止时间为2015年1月28日；体温单显示，体温

记录截止时间为2015年2月7日。原告支付医疗费用17099.18元。原告治疗终结后，信阳天正法医临床司法鉴定所对原告的伤情进行了鉴定，并于2015年8月5日出具信阳天正司鉴所（2015）临鉴字第210号《司法鉴定意见书》；经鉴定，原告的伤情构成十级伤残；原告支付鉴定费600元。

另查明，事故发生时，被告万学中持有C1驾驶证，有效期限为2015年2月18日至2025年2月18日；豫SEG272号汽车行驶证上登记的所有人为汪明珍，检验有效期至2017年1月；该车系万学中从汪明珍处购得，未办理所有权转移登记；该车在被告中华联合财产保险股份有限公司信阳中心支公司（以下简称保险公司）处投保有交强险及包括不计免赔率的赔偿限额为500000元的商业三者险，事故发生在保险期限内。事故发生后，万学中先行向原告支付了10000元。

再查明，该事故另一伤者魏立琴因该事故造成肱骨骨折、骶骨骨折，已产生医疗费用约20000元，二次手术尚未施行，准备另案起诉。

【案件焦点】

机动车交通事故受害人住院治疗期间没有办理出院手续不在医院进行实际治疗，这种“挂床”行为期间的损失赔偿请求是否应当予以支持。

【法院裁判要旨】

河南省信阳市固始县人民法院经审理认为，行为人因过错侵害他人民事权益的，应当承担侵权责任。本案交通事故经交警部门认定，被告万学中承担全部责任，原告李孝英不承担责任，诉争双方不持异议，法院依法予以确认；故被告万学中对该事故的发生存在全部过错，应对原告的损失承担赔偿责任。因肇事车辆在被告保险公司处投有交强险、商业三者险，事故发生在保险期间内，故原告的损失应先由被告保险公司依法在其保险责任限额内予以赔偿，不足部分再由被告万学中赔偿。又因该起事故另一伤者魏立琴准备另案起诉，法院考虑其受伤治疗及产生损失的实际情况，为其在交强险分项限额内预留50%的份额。关于原告住院天数问题，法院综合病历记载的内容，确认原告住院至2015年2月7日，住院天数为17天。

对原告的各项损失，法院结合庭审情况及原告诉请，依照法律规定，并参照河南省相关标准，在公平合理的基础上作审核认定如下：医疗费凭票计为17099.18元，住院伙食补助费为30元/天×17天=510元，营养费为20元/天×17天=340

元，护理费50元/天×17天=850元（原告主张按50元/天计，不超出相关标准，依法准予），误工费为50元/天×195天=9750元（计至定残日前一天；原告主张按50元/天计，不超出相关标准，依法准予），残疾赔偿金为9416.1元/年×10%×16年=15065.76元，精神抚慰金5000元，交通费酌定为500元，鉴定费600元；原告主张财产损失3360元，因其提供的票据不合法律的规定，法院不予确认。综上，原告李孝英的损失总计为49714.94元。

河南省信阳市固始县人民法院依照《中华人民共和国侵权责任法》第六条第一款、第四十八条、第五十条，《中华人民共和国道路交通安全法》第七十六条，《最高人民法院关于审理道路交通事故损害赔偿案件适用法律若干问题的解释》第十六条，《最高人民法院关于审理人身损害赔偿案件适用法律若干问题的解释》第十七条、第十八条、第十九条、第二十条、第二十一条、第二十二条、第二十三条、第二十四条、第二十五条，《中华人民共和国民事诉讼法》第六十四条，《最高人民法院关于适用〈中华人民共和国民事诉讼法〉的解释》第九十条之规定，判决如下：

一、被告中华联合财产保险股份有限公司信阳中心支公司在交强险死亡伤残赔偿限额内赔偿原告残疾赔偿金、护理费、误工费、交通费、精神损害抚慰金计31165.76元，在医疗费用赔偿限额内赔偿原告医疗费、住院伙食补助费、营养费计5000元；在商业三者险赔偿限额内赔偿原告12949.18元；以上合计人民币49114.94元，被告中华联合财产保险股份有限公司信阳中心支公司于本判决生效之日起十日内赔偿给原告李孝英；

二、被告万学中应赔偿原告李孝英鉴定费人民币600元，从其先行支付的人民币10000元中扣除；剩余人民币9400元，由原告李孝英在领取上述保险公司赔偿款时返还被告万学中；

三、驳回原告李孝英的其他诉讼请求。

如未按本判决指定的期间履行给付金钱义务，应当依照《中华人民共和国民事诉讼法》第二百五十三条的规定，加倍支付迟延履行期间的债务利息。

【法官后语】

挂床住院是指患者已经不需要继续治疗应当出院却故意留院，不办理出院手续的现象。一般而言，患者不在医院住院治疗或住院三天以上没有诊疗行为就可称为“挂床住院”。部分人身损害类纠纷特别是机动车交通事故责任纠纷中受害人“挂床住院”现象十分突出。之所以采取“挂床”治疗方式，主要是部分受害人与侵权人未达成赔偿协议，以“挂床”住院的方式向侵权人施压，还有部分受害人为了得到更多的赔偿，采取“挂床”的方式扩大自身的损失，由此产生的床位费和因住院所衍生的误工费、护理费、住院伙食补助费等项目的损失数额必然增加，无疑加重了侵权人的赔偿责任，受害人则有可能通过这种方式获得更大的利益。

除此之外，受害人的“挂床”行为极大地浪费了本就有限的医疗资源，又加重了侵权人和保险公司的负担，而且容易造成当事人之间的对立，不利于纠纷的解决，为涉诉信访埋下隐患。然而，单靠法院无法解决“挂床”乱象，还需相关主管部门积极主动履行职责，如：制定相应的监管细则，不定期对医院病历、用药清单、收费等情况进行抽查，一经发现“挂床”行为并查证有医护人员配合的，应对医护人员进行追责；加强对医院机构医药费用特别是住院费用的控制，采取限定住院量等方式严查挂床住院行为；加强对医护人员的执业道德培训与法律知识培训，强化医护人员责任意识，规范其诊疗行为。法院也可根据审判中遇到的实际情况，适时发出司法建议，多部门联动，才能取得最大的社会效果。

编写人：河南省信阳市固始县人民法院　吴国磊

46

非经营性车辆受损是否应支持通常替代性交通工具费用

——冯健诉张泽华机动车交通事故责任案

【案件基本信息】

1. 裁判书字号

湖北省宜昌市五峰土家族自治县人民法院（2015）鄂五峰民初字第00345号民事判决书

2. 案由：机动车交通事故责任纠纷

3. 当事人

原告：冯健

被告：张泽华

【基本案情】

2014年10月5日12时30分，被告张泽华驾驶鄂E2E303小型客车，沿鸦来线行驶至鸦来线111km+300m时，与原告冯健驾驶的鄂D1B280大众小型客车追尾碰撞，造成两车不同程度受损的交通事故。五峰土家族自治县公安局交通警察大队对该事故作出张泽华负全部责任，冯健无责任的《道路交通事故认定书》。事故发生后，原、被告在交警中队协商处理赔偿事宜未果。原告驾驶受损车辆鄂D1B280大众小型客车回荆州后送至荆州市城南开发区建大汽车修理厂修理。因协商未果，原告冯健以2014年10月22日租用别克凯越轿车发票4200元，10月26日修理费发票800元为据，请求判令被告张泽华支付租车费4200元、修理费800元。

【案件焦点】

原告冯健在修理私家车期间导致其私家车使用中断的损失能否得到支持。

【法院裁判要旨】

湖北省宜昌市五峰土家族自治县人民法院经审理认为：本次交通事故被告张泽华负全部责任，原告冯健无责任，原、被告无异议。对于原告冯健车损以及在修理期间所产生的通常代替性交通工具的合理费用，被告张泽华应予赔偿。本案的焦点为原告诉请租车费4200元（14天×300元/天）是否合理。在开庭审理时，原告冯健向法院陈述为2014年10月12日上午将车送至修理厂，排队修理，下午预付押金开始租车，同年10月26日（开具修理费发票的时间）还车结算开具机打发票。但原告冯健向法院提交的租车费发票显示开票时间为2014年10月22日，与原告冯健陈述不相符。对于原告车损修理天数情况，原告庭审陈述为尾箱盖变形、后保险杠掉漆划伤两处，结合被告向法院提交的车损照片以及修理费为800元，综合考虑，法院酌情认定为2天。租车费每天按300元/天计算，共600元。对于原告诉请修理14天，被告需支付4200元租车费的高出部分，法院不予支持。据此，依照

《最高人民法院关于审理道路交通事故损害赔偿案件适用法律若干问题的解释》第十五条第一款第（一）项、第（四）项之规定，判决如下：

一、被告张泽华在本判决生效后十日内赔偿原告冯健修理费800元，租车费600元，共计1400元；

二、驳回原告冯健的其他诉讼请求。

法院判决送达后，原、被告均未上诉，并已按照判决内容给付完毕。

【法官后语】

本案处理重点主要在于私家车受损是否应支持通常替代性交通工具合理费用以及确定损失的多少。根据《最高人民法院关于审理道路交通事故损害赔偿案件适用法律若干问题的解释》第十五条（四）项的规定："因道路交通事故造成下列财产损失，当事人请求侵权人赔偿的，人民法院应予支持：……（四）非经营性车辆因无法继续使用，所产生的通常替代性交通工具的合理费用。"

具体到本案中，原告冯健的大众轿车因交通事故造成尾箱盖变形、后保险杠掉漆划伤两处车损，因需修理导致使用中断的损失。我国司法解释对非经营性车辆与经营性车辆同等对待，将单纯使用中断损失列为可赔偿性损害，可以避免用于营利目的的物之所有权人对可期待利益的丧失获得赔偿，而个人日常生活所使用的物之所有权人在一段时间内不能根据购买某物时设立的目的使用该物时却不能得到赔偿的矛盾。因此冯健因私家车维修期间导致了使用利益的损失，应得到赔偿。

对于通常替代性交通工具的合理费用的确定问题，要以诚实信用为基础，遵循必要性、合理性原则，根据事故车辆本身的价值大小和一般使用用途来确定"通常替代性交通工具"。本案中原告的大众轿车受损，租用别克凯越车辆的行为符合司法解释精神，但应遵循必要性、合理性原则。

编写人：湖北省宜昌市五峰土家族自治县人民法院民一庭　薛继平

47

负事故次要责任承担主要赔偿责任

——谌某某诉王某某机动车交通事故责任案

【案件基本信息】

1. 裁判书字号

湖南省益阳市安化县人民法院（2015）安法民一初字第1057号民事判决书

2. 案由：机动车交通事故责任纠纷

3. 当事人

原告：谌某某

被告：王某某

【基本案情】

2015年2月9日13时30分许，被告王某某驾驶普通二轮摩托车行至东坪镇芒东村路段与原告谌某某驾驶的摩托车相撞，造成原告受伤，两车受损的道路交通事故。经安化县交警大队认定，原告负主要责任，被告负次要责任。原告受伤后在安化县人民医院住院治疗30天，伤情经鉴定构成十级伤残。后原告诉请法院判决：被告赔偿原告67676元；本案诉讼费由被告承担。被告王某某认为原告的请求无事实与法律依据，对原告的损失不予赔偿，此次交通事故是由原告违法所致，与被告无法律上的因果关系；原告未成年，无驾驶资格，驾驶机动车上路系无证驾驶；原告发生事故时系高速行驶，其损失应由原告自负。

【案件焦点】

本案交通事故责任的划分及赔偿责任的承担。

【法院裁判要旨】

湖南省益阳市安化县人民法院经审理认为：公民的健康权依法受法律保护。本案中，因原、被告均违章驾驶导致交通事故发生，造成原告损害，各责任人理应承担相应责任。根据《中华人民共和国道路交通安全法》第七十六条第一款第（一）项之规定，机动车之间发生交通事故，先由保险公司在交强险限额内承担赔偿责任，不足部分，由各责任人按照各自过错的比例分担责任，故对原告的损失被告应承担30%的赔偿责任，原告自负70%的责任。因被告驾驶的肇事车辆未依法投保交强险，原告请求投保义务人即被告在交强险责任限额范围内予以赔偿，符合《最高人民法院关于审理道路交通事故损害赔偿案件适用法律若干问题的解释》第十九条之规定，故法院依法予以支持。

湖南省益阳市安化县人民法院依照《中华人民共和国道路交通安全法》等法律规定判决：

一、被告王某某在交强险限额范围内赔偿原告谌某某医药费等经济损失45191元，按责赔偿原告经济损失12506元，合计57697元，限本判决生效后30日内付清；

二、驳回原告谌某某的其他诉讼请求。

宣判后，双方均未上诉。

【法官后语】

该案例涉及驾驶未投保交强险的机动车上路行驶发生交通事故造成他人人身损害的问题。《最高人民法院关于审理道路交通事故损害赔偿案件适用法律若干问题的解释》第十九条第一款规定："未依法投保交强险的机动车发生交通事故造成损害，当事人请求投保义务人在交强险责任限额范围内予以赔偿的，人民法院应予支持。"该条已对未投保交强险的机动车发生交通事故造成损害作出了明确规定，但对双方均未投保交强险的机动车发生交通事故后的赔偿未明确规定，司法实践中也存在争议。

目前，在广大农村及小城镇，摩托车数量较多，且绝大部分是没有投保交强险的。未投保交强险的机动车上道路行驶，不仅违反《道路交通安全法》的规定，更重要的是，一旦发生交通事故造成他人损害，第三人往往不能获得交强险的赔偿。本案的判决更有利于对道路交通事故中受害人的保护，也能达到以法律制裁手段惩罚未依法投保交强险的投保义务人的目的，为交强险制度的实施提供了保障。

本案例中，原告与被告驾驶的摩托车均未依法投保交强险，原告受伤，被告承担事故的次要责任，被告要先在交强险限额范围内承担赔偿责任后，再按双方事故责任承担赔偿责任。虽然从最终判决结果来看，对造成的原告损害86879元，判决对事故负次要责任的被告承担了大部分的赔偿责任57697元，表面上看起来似乎有些显失公平。其实不然，案例中结果的不公平，主要原因是基于被告作为投保义务人先行在交强险限额范围内承担赔偿责任，而造成原告不能从交强险中获得赔偿的损失是因被告未履行法律的投保交强险的义务而造成的，而并非基于其造成交通事故的侵权责任。反之，如果被告履行法定义务投保交强险，其先行在交强险限额范围内承担的赔偿就会转嫁给保险公司，原告不能从交强险中获得赔偿的损失就不会发生，被告显然承担的赔偿责任就会相应减轻很多。这样表面看来“不公平”的结果恰恰符合《最高人民法院关于审理道路交通事故损害赔偿案件适用法律若干问题的解释》第十九条的立法目的及国家设立交强险强制保险的目的，该判决不仅符合交强险的基本保障功能与强制性特征，而且更体现了未投保交强险的违法行为的惩罚性功能，对提高各机动车驾驶人投保交强险积极性有很好的社会引导作用。

编写人：湖南省益阳市安化县人民法院　袁园园

48

交通事故赔偿案件中怎样认定逃逸行为

——崔艳玲、李金晶诉张宝东、中国人民财产保险股份有限公司三河支公司机动车交通事故责任案

【案件基本信息】

1. 裁判书字号

北京市第三中级人民法院（2015）三中民终字第11816号民事判决书

2. 案由：机动车交通事故责任纠纷

3. 当事人

原告（被上诉人）：崔艳玲、李金晶

被告（上诉人）：张宝东

被告：中国人民财产保险股份有限公司三河支公司

【基本案情】

2014年6月22日0时40分许，在北京市顺义区龙塘路李遂路路口东侧，张宝东驾驶车牌号为冀H02904农用运输车由东向西行驶时，适有李瑞海驾驶车牌号为冀F873MN小轿车由东向西行驶，小轿车与农用运输车右后部相撞，造成李瑞海死亡，两车损坏。发生交通事故后，张宝东驾驶农用运输车离开事故现场，改变了其正常行驶路线并在其水泥制品销售部自行将车辆损坏部位修复并改变车辆颜色，后被查获。

2014年8月29日，顺义交通支队作出事故认定：张宝东发生交通事故后逃逸，负事故主要责任；李瑞海饮酒后驾车且未按规定速度行驶，负事故次要责任。

死者李瑞海之妻崔艳玲及其女李金晶认可交通支队的责任认定并据此起诉二被告要求赔偿死亡赔偿金806420元、丧葬费34758元、精神损害抚慰金100000元，共计941178元。另查明，张宝东驾驶的车辆在被告中国人民财产保险股份有限公司三河支公司投保了交强险，事发在保险期内，其中死亡伤残赔偿限额为11万元，医疗费用赔偿限额为1万元，财产损失赔偿限额为2千元。

被告张宝东不同意承担赔偿责任，理由为：一是本次事故系死者李瑞海醉酒、超速、右侧违章超车造成的，李瑞海应当承担事故全部责任，张宝东不存在任何违章行为，其驾车离开事故现场的行为不构成逃逸；二是驾车驶离现场与本次事故的发生不存在因果关系，不能因此加重张宝东的事故责任。

【案件焦点】

张宝东驾车驶离事故现场的行为是否构成逃逸以及原告诉请的赔偿责任应由谁来承担。

【法院裁判要旨】

北京市顺义区人民法院经审理认为：张宝东在凌晨0时40分明知与其他车辆发生了碰撞的情况下，没有停车查看对方司机伤情，在未报警的情况下驾车离开事故现场，并且改变其正常行驶路线，而后自行修理其受损车辆并更换车辆颜色。后经相关部门查获后张宝东才被迫承认其发生交通事故一事。张宝东对其为何在明知发生交通事故的情况下仍驾车离开现场的解释不具有合理性，其也不具有离开现场的正当理由。故法院认为张宝东的上述行为构成逃逸。张宝东在发生交通事故后未通知相关机构处理的情况下，自行修复其车辆受损部位并改变车辆颜色，后相关部门将其查获。法院综合上述案情及相关法律规定，酌定由张宝东与李瑞海各自负担50%的赔偿责任。

北京市顺义区人民法院依照《中华人民共和国侵权责任法》第六条、第十六条、第十八条、第二十二条、第四十八条，《中华人民共和国道路交通安全法》第七十六条，《中华人民共和国道路交通安全法实施条例》第九十二条，《最高人民法院关于审理人身损害赔偿案件适用法律若干问题的解释》第二十七条、第二十九条之规定，判决：

一、中国人民财产保险股份有限公司三河支公司在交强险范围内赔偿崔艳玲、李金晶死亡伤残赔偿金110000元（含精神损害抚慰金），于判决生效之日起七日内执行；

二、张宝东赔偿崔艳玲、李金晶380589元，于判决生效之日起七日内执行；

三、驳回崔艳玲、李金晶的其他诉讼请求。

张宝东持原审起诉意见提起上诉。北京市第三中级人民法院经审理认为：刑事案件对于“逃逸”的构成要件及证明标准与民事案件并不一致，刑事案件中的“逃逸”要求当事人主观上是故意的，而民事案件中“逃逸”在主观上仅要求当事人知道发生了交通事故即可，当事人逃离事故现场的目的不论，故检察机关虽作出了不予起诉的决定，但并不能据此得出在民事案件中张宝东的行为不构成逃逸的结论。本案中，张宝东在凌晨0时40分明知与其他车辆发生碰撞的情况下，没有停车查看对方司机伤情，在未报警的情况下驾车离开事故现场，张宝东对其为何在明知发生交通事故的情况下仍驾车离开现场的解释不具有合理性，其也不具有离开现场的正当理由，故法院认定张宝东驾车离开事故现场的行为构成逃逸。根据《中华人民共和国道路交通安全法》的相关规定，发生交通事故，当事人具有保护事故现场并报警以明确责任和损失、抢救受伤人员等义务，张宝东在事故发生后驾车逃逸，并未履行上述法定义务。《中华人民共和国道路交通安全法实施条例》第九十二条规定，发生交通事故后当事人逃逸的，逃逸的当事人承担全部责任。但是有证据证明对方当事人也有过错的，可以减轻责任。当事人故意破坏、伪造现场、毁灭证据的，承担全部责任。张宝东在发生交通事故后驾车逃逸，而李瑞海饮酒后驾驶机动车，未按规定速度行驶，且其车辆与张宝东所驾驶车辆右后部接触，其对本次事故的发生已具有相当大的过错，一审法院综合上述案情及相关法律规定酌定由张宝东与李瑞海各自负担50%的赔偿责任并无不当，法院予以维持。张宝东上诉要求不予承担赔偿责任，缺乏事实和法律依据，法院不予支持。

北京市第三中级人民法院依照《中华人民共和国民事诉讼法》第一百七十条第一款第（一）项之规定，作出如下判决：

驳回上诉，维持原判。

【法官后语】

本案处理重点主要在于对“逃逸”的理解。道路交通事故损害赔偿案件中“逃逸”与刑法上的逃逸存在性质和证明标准的差异，交强险和第三者责任商业保险（以下简称商业三者险）中的逃逸并不以被保险人主观上知晓发生人伤事故（仅需要知道发生交通事故）为前提，即使刑事判决未认定构成逃逸，但结合全案证据可以认为逃离现场存在高度可能性的，民事案件中可以认定构成逃离，但同时需考虑驾驶人逃离或离开现场的正当性和合理性。

刑法上的逃逸仅指为逃避法律追究而逃跑的行为，即肇事者在肇事行为发生后，害怕被司法机关发现，被追究法律责任而逃离事故现场的行为。在刑事案件的审理过程中，通常需要结合主客观因素来认定是否构成逃逸行为：客观上机动车驾驶人有违反交通运输管理法规的先前行为，违背了先前行为引起的后义务；主观上有明知自己的行为造成了交通事故并对逃逸行为有直接的故意。刑事责任作为最严苛的责任形式，主要表现在对主观恶意的惩治，其要求的证明标准也更加严苛。

道路交通事故损害赔偿案件中的“逃逸”，更准确地讲应当是“逃离”或“离开”事故现场。民事案件中逃离事故现场就已经可以作为认定其具有过错的一个因素，这里偏重考虑的是行为的客观表现，而不论主观故意。只要驾驶人知晓发生了交通事故，即使仅是轻微物损，其亦应立即报警、通知保险人并实施减损和救助。根据《道路交通安全法》第七十条第一款规定，在道路上发生交通事故，车辆驾驶人应当立即停车，保护现场；造成人身伤亡的，车辆驾驶人应当立即抢救受伤人员并迅速报告执勤的交通警察或公安机关交通管理部门。商业三者险保险条款中基本上都规定了逃逸免赔。设置这些条款的目的是督促当事人报警以便确定事故性质、责任、驾驶资格及是否存在禁驾事由等情形。具体到本案中，张宝东在没有正当理由的情况下离开现场，直到被抓获，其行为有违常情，陈述前后矛盾，难以排除具有规避违驾之嫌。虽然交通事故责任认定书中未记载张宝东有其他违反交通法律法规的行为，但其驾车驶离事故现场的行为足以认定其在民事侵权案件中具有过错。此外，检察机关的不起诉决定书，可以证明张宝东的行为不构成交通肇事罪，但不能证明其在本次交通事故中逃离事故现场的行为不具有民法意义上的过错。

虽然实践中大多数“逃离”或“离开”事故现场的行为背后都有不可告人的目的，但不能排除少数驾驶人离开现场的正当性和合理性，诸如：暴雨、光线黑暗、视角盲点、间接碰撞等情形下，驾驶人并不知道交通事故的发生；危及生命的情形下，驾驶人救治自己的需要。所以在道路交通事故损害赔偿案件中，应该综合全案证据认定逃离现场并最终确定双方过错。

随着交通运输业的迅速发展，交通事故中驾驶人逃逸案件也呈上升趋势，严重扰乱了正常的交通秩序。在交通事故损害赔偿案件中正确认定逃逸对过错原则的适用及保险责任的确定有着十分重要的意义，同时也能促使事故当事人积极参与解决事故，维护交通秩序的畅通有序，保护受害人的人身财产安全。在发生交通事故后，无论后果有多严重，内心有多恐惧，或者无论自己是否应当负事故责任，都不能一走了之，均应守候现场并积极采取救治措施，否则将会付出更大的代价。

编写人：北京市顺义区人民法院　李永芝

四、交通事故保险理赔

49

被保险机动车没有上牌的担责问题

——温阳寿诉刘继玉等机动车交通事故责任案

【案件基本信息】

1. 裁判书字号

广东省廉江市人民法院（2014）湛廉法民一初字第470号民事判决书

2. 案由：机动车交通事故责任纠纷

3. 当事人

原告：温阳寿

被告：刘继玉

被告：广东廉江经济开发区管理委员会、中国人民财产保险股份有限公司湛江市分公司

【基本案情】

2014年4月22日，刘继玉驾驶无号牌自卸货车从九洲江开发区往廉城方向行驶，9时整，行至S287线42km+200m处避让障碍物变更车道时，与同方向原告驾驶的粤GDJ749号二轮摩托车发生碰撞，造成原告的摩托车损坏，原告受伤的交通事故，经廉江市交警大队处理作出公交认字（2014）第253号《道路交通事故认定书》，认定刘继玉承担事故的主要责任，原告承担事故的次要责任。

【案件焦点】

没有行驶证或号牌的车辆发生交通事故，保险公司是否应在交强险及第三者险内依法赔付。

【法院裁判要旨】

广东省廉江市人民法院经审理认为：廉江市公安局交通警察大队作出的公交认字（2014）第253号《道路交通事故认定书》认定的事实清楚，作出的责任认定正确，法院对此予以确认。刘继玉是广东廉江经济开发区管理委员会（以下简称廉江开发区）的员工，不承担赔偿责任，其责任由廉江开发区承担。

廉江开发区的车辆虽没有上牌，但中国人民财产保险股份有限公司湛江市分公司（以下简称人民保险公司）在订立第三者责任险保险合同时明知这一事实，并在保单中有特别约定，因此人民保险公司应在第三者险内依法赔付。由于廉江开发区没有购买不计免赔率，根据保险条款，人民保险公司仅承担70%责任的85%，另70%责任的15%由廉江开发区承担。对原告的合法合理损失，先由人民保险公司在保险范围内依法赔偿，不属于保险范围或不足部分，由廉江开发区依法赔偿。因此，广东省廉江市人民法院依法判决：

一、限被告中国人民财产保险股份有限公司湛江市分公司在本判决生效后十日内赔付原告温阳寿149007.88元；

二、限被告广东廉江开发区管理委员会在本判决生效后十日内赔付原告温阳寿1670.8元。

一审判决后，人民保险公司以被保险机动车没有上牌为由对应承担的第三者责任险部分提起上诉，此案在中院审理期间撤回上诉。

【法官后语】

本案的争议焦点是被保险机动车没有上牌，保险人应否在第三者险内依法承担保险责任。法院依法判决保险人承担保险责任。理由如下：

1. 保险合同有效。《保险法》第十一条第一款规定："订立保险合同，应当协商一致，遵循公平原则确定各方的权利和义务。"第十四条规定："保险合同成立后，投保人按照约定交付保险费，保险人按照约定的时间开始承担保险责任。"本案保险人与被保险人签订的保险合同，符合法律规定，是合法有效的合同，受法律保护，双方应严格执行，法院依法予以确认。

2. 保险合同的另行约定有效。《保险法》第十八条第二款规定："投保人和保险人可以约定与保险有关的其他事项。"，因此，保险人与被保险人在保单中约定被保险人的车辆在没有上牌的情况下，在规定路线行驶，属双方的特别约定，符合法律规定，同样合法有效。

3. 根据保险条款应承担保险责任。根据被保险人机动车第三者责任保险条款第六条第（十）项的规定，没有特别约定的，对未上牌车辆保险人不承担保险责任，但如果双方有约定的，属除外条款，被保险车辆虽没有上牌，但保险公司在订立第三者责任险保险合同时明知这一事实，并在保单中有特别约定，应承担责任。所以，保险人应承担保险责任。

编写人：广东省廉江市人民法院　钟朝东

50

关于商业三者险不赔偿医疗保险范围外用药条款效力的认定

——李海亚诉姜连厚等机动车交通事故责任案

【案件基本信息】

1. 裁判书字号

北京市海淀区人民法院（2015）海民初字第5429号民事判决书

2. 案由：机动车交通事故责任纠纷

3. 当事人

原告：李海亚

被告：姜连厚、中国太平洋财产保险股份有限公司北京分公司

【基本案情】

2014年6月26日7时33分，在北京市海淀区亮甲店路亮甲店村口，姜连厚驾驶在中国太平洋财产保险股份有限公司北京分公司（以下简称保险公司）保险公

司投保交强险及50万元不计免赔商业三者险的京KL9909号车辆由西向东行驶，李海亚骑电动三轮车由北向南行驶，两车发生碰撞，造成两车损坏，李海亚受伤。事故经交通管理部门认定姜连厚负全部责任。李海亚的伤情经诊断为：腰1-3左侧横突骨折、双侧胸腔积液、脑外伤后神经反应、全身多处软组织损伤。经鉴定李海亚的损伤构成X级伤残。

李海亚要求姜连厚、保险公司赔偿医疗费16451.44元、住院伙食补助费1600元、营养费3000元、护理费9000元、误工费22499元、交通费2000元、残疾赔偿金80642元、残疾辅助器具费7元、复印费9.3元、精神损害抚慰金10000元、鉴定费3150元、财产损失费2000元，并承担诉讼费。

姜连厚对事故事实及责任认定无异议，认为应由保险公司承担赔偿责任。

保险公司对事故事实及责任认定无异议，同意在交强险及商业三者险限额内赔偿，但认为李海亚的医疗费中有4539.32元为自费药，不属于商业三者险的赔偿范围。

【案件焦点】

不赔偿医疗保险范围外用药的条款是否属于商业三者险的免责条款，如何认定该条款的效力。

【法院裁判要旨】

北京市海淀区人民法院经审理认为：此次事故经认定姜连厚负全部责任，李海亚无责任，姜连厚所驾车辆在保险公司投保交强险及50万元不计免赔商业三者险，故保险公司应在交强险限额内先行承担赔偿责任。不足部分由保险公司在商业三者险限额内根据保险合同予以赔偿。对于李海亚超出保险范围的损失，应由姜连厚承担赔偿责任。现李海亚主张的住院伙食补助费、残疾赔偿金、残疾辅助器具费、复印费、鉴定费，理由正当，法院予以支持；李海亚主张的医疗费过高，法院根据其提交的有效医疗费单据并扣除保险公司支付的部分判定；李海亚主张的营养费过高，法院参照每天30元标准及鉴定意见确定的60天营养期判定；李海亚主张的误工费过高，李海亚虽提供了单位证明，但未提供劳动合同及个人所得税完税证明，故法院参照纳税起征点及鉴定意见确定的90天误工期判定；李海亚主张的护理费过高，法院参照其具体伤情、鉴定意见确定的60天护理期以及护工从事同等级别护理的劳动报酬标准认定住院32天每天的护理费为150元，出院后28天每天的护理费为100元；李海亚主张的交通费过高，法院参照其提交的交通费单据及其陈述的交通费发生事由酌情判定；李海亚主张的精神损害抚慰金过高，法院酌情判定；李海亚虽未就财产损失费的金额提供证据，但其电动三轮车在事故中损坏，必然造成其财产损失，具体金额由法院酌情判定。

北京市海淀区人民法院依据《中华人民共和国道路交通安全法》第七十六条，《中华人民共和国侵权责任法》第十六条、第十九条、第二十二条，《中华人民共和国保险法》第十七条，《最高人民法院关于审理道路交通事故损害赔偿案件适用法律若干问题的解释》第十四条、第十五条、第十六条，《最高人民法院关于适用〈中华人民共和国保险法〉若干问题的解释（二）》第九条、第十一条之规定作出如下判决：

一、中国太平洋财产保险股份有限公司北京分公司于本判决生效后七日内在交强险限额内赔偿李海亚医疗费、住院伙食补助费、营养费10000元，误工费、护理费、交通费、残疾赔偿金、精神损害抚慰金、残疾辅助器具费、复印费104208.3元，财产损失费800元；在商业三者险限额内赔偿李海亚医疗费、住院伙食补助费、营养费15963.43元；扣除中国太平洋财产保险股份有限公司北京分公司已给付的5000元，以上共计人民币125971.73元；

二、姜连厚于本判决生效后七日内赔偿李海亚鉴定费3150元，扣除姜连厚已给付的1116.99元，以上共计人民币2033.01元；

三、驳回李海亚的其他诉讼请求。

【法官后语】

本案审理的焦点为：不赔偿医疗保险范围外用药的条款是否属于商业三者险的免责条款，如何认定该条款的效力。

关于不赔偿医疗保险范围外用药的内容在商业三者险条款第十四条规定：保险事故发生后，保险人按照国家有关法律、法规规定的赔偿范围、项目和标准以及本保险合同的约定，在保险单载明的赔偿限额内核定赔偿金额。保险事故造成第三者人身伤亡的，保险人按照《道路交通事故受伤人员临床诊疗指南》和国家基本医疗保险的标准核定医疗费用。

保险公司关于免责的抗辩，除了提供商业三者险条款外，一般还会提供投保单，投保单中会有投保人手书的“经保险人明确说明本人已充分了解责任条款的内容”字样。

保险公司作为保险人提供的商业三者险条款属于格式合同文本，商业三者险条款第十四条的内容虽规定在赔偿处理部分而非责任免除部分，但该条内容具有在一定范围内免除保险公司赔偿责任的性质，应认定为隐性免除保险人责任条款。而对于免除保险人责任的条款，保险人在订立合同时应当在投保单、保险单或者其他保险凭证上作出足以引起投保人注意的提示，并对该条款的内容以书面或者口头的形式向投保人作出明确说明，未作提示或者说明的，该条款不产生效力。足以引起投保人注意的提示是指以足以引起投保人注意的文字、字体、符号或者其他明显标志作出提示，对免除责任条款的内容向投保人作出明确说明是指保险人对保险合同中有关免除保险人责任条款的概念、内容及其法律后果以书面或者口头的形式向投保人作出常人能够理解的解释说明。保险公司提交的商业三者险条款中第十四条的内容作为隐性免除保险人责任条款并未加黑、加粗、加大，并不足以引起投保人的注意；商业三者险条款第十四条未规定在免除责任部分而是规定在赔偿处理部分，保险公司提交的投保单中虽有姜连厚手书的“经保险人明确说明本人已充分了解责任条款的内容”，但只能证实姜连厚对责任条款的内容是了解的，不能证明保险公司就商业三者险条款第十四条的内容向姜连厚进行了解释说明，且姜连厚称投保时保险公司未向其特别解释说明商业三者险条款第十四条关于保险公司不赔偿自费药的内容。综上，不能认定保险公司在姜连厚投保时已就商业三者险条款第十四条的内容向其进行了提示和说明，该条款不产生效力。

编写人：北京市海淀区人民法院　李宏宇

51

交通事故认定以及商业第三者保险合同中第三者的定义

——陈敏矿诉安邦财产保险股份有限公司广东分公司等机动车交通事故责任案

【案件基本信息】

1. 裁判书字号

广东省广州市中级人民法院（2015）穗中法民一终字第5462号民事判决书

2. 案由：机动车交通事故责任纠纷

3. 当事人

原告（被上诉人）：陈敏矿

被告（上诉人）：安邦财产保险股份有限公司广东分公司、中国太平洋财产保险股份有限公司广州分公司

被告（被上诉人）：广州市凯发货运有限公司

【基本案情】

2013年7月30日凌晨一点，原告驾驶粤AM0286号重型半挂牵引车（以下简称粤AM0286号车）行至广州市萝岗区九龙大道枫下路段时，为了行车安全将车停靠在路边，下车检查轮胎情况时轮胎突然发生爆炸造成原告受伤。原告受伤后，被送至武警广东总队医院住院治疗，于同年9月17日出院，共住院49天。同年11月25日，南方医科大学司法鉴定中心作出伤残鉴定，认定原告的伤残程度为九级。粤AM0286号车为广州市凯发货运有限公司（以下简称凯发公司）所有，原告为该公司所聘用的司机。安邦财产保险股份有限公司广东分公司（以下简称安邦公司）承保了粤AM0286号车的机动车第三者责任强制险（以下简称交强险），中国太平洋财产保险股份有限公司广州分公司（以下简称太平洋公司）承保了该车的保险限额为100万元的不计免赔第三者责任商业险（以下简称商业三者险）。原告多次

前往保险公司索赔无果，故诉至法院，请求判令：（一）太平洋公司以及安邦公司在各自保险责任范围内赔偿原告因事故造成的损失347458.12元；（二）太平洋公司以及安邦公司承担本案诉讼费。

广州市黄埔区人民法院经公开审理查明：事故经过、投保情况以及伤残程度与原告表述一致，在此不再赘述。事故发生后，原告被送至武警广东省总队医院住院治疗，至2013年9月17日出院，共住院49天。入院诊断为全身多处爆炸伤，右小腿、右足毁损伤，右胫腓骨开放性粉碎性骨折，右小腿骨筋膜室综合征，右跟骨粉碎性骨折，右足多骨多发性开放性粉碎性骨折，全身多处软组织擦挫伤，全身多处异物存留，双眼角膜损伤以及右第一跖趾关节开放性全脱落。出院医嘱为：1. 继续加强右下肢功能康复锻炼，避免右下肢负重行走、剧烈活动等，定期做X线检查，视骨折愈合情况决定右下肢负重行走时间；2. 定期每天外固定支架钉孔滴酒精消毒，保持伤口干洁；3. 注意休息，加强营养，建议继续全休半年，住院期间留陪人一名；4. 定期每个月复查，不适随诊；5. 待骨折愈合后须再次住院手术治疗，所需住院费用约为人民币一万五千元。

2013年8月8日，安邦公司向凯发货运公司发出机动车辆保险拒赔通知书，表示本事故不属于保险责任，不能给予理赔。2014年12月29日，原告分别向安邦公司和太平洋公司发函要求在交强险限额范围内先行赔付未果。

原告与凯发公司于2012年9月1日签订劳动合同，每月工资是6500元。事故发生后至2014年8月1日期间，凯发公司停发了原告的工资。原告家庭成员包括妻子黎海云，儿子陈某某以及女儿陈某。

以上事实，有驾驶证、行驶证、保险单、门诊病历、入院记录、诊断证明、出院记录、医疗收费票据、医疗费用明细清单、工作证明、劳动合同、道路运输从业资格证、户籍成员关系证明、催告函、拒赔通知书、司法鉴定意见书、鉴定费发票及庭审笔录等证据予以证实。

【案件焦点】

本案所涉事故是否属于交通事故、原告是否属于保险合同中的赔偿对象以及各方当事人在事故中的过错责任。

【法院裁判要旨】

广东省广州市黄埔区人民法院审理认为：（一）关于本次事故是否属于交通事故。根据《中华人民共和国道路交通安全法》（以下简称道路安全法）第一百一十九条的规定，该法所称道路是指公路、城市道路和虽在单位管辖范围但允许社会车辆通行的地方，包括广场、公共停车场等用于公众通行的场所；交通事故是指车辆在道路上因过错或者意外造成的人身伤亡或者财产损失的事件。本案事故发生在九龙大道枫下路段，九龙大道属于公路，符合道路安全法关于道路的定义。粤AM0286 号车作为一个整体，其轮胎发生爆炸造成的人身伤亡或者财产损失，均应视为该车辆所致。道路安全法并未将道路交通事故限定于只能发生在车辆运动的状态之下；而且，按两保险公司所辩称的事故发生仅应理解为限于车辆运动状态之下，则将会导致大量交通事故被排除在交强险以及商业三者险的理赔范围之外，显然与道路安全法的立法目的、交强险的保障目的相悖。此外，道路安全法未将交警部门处理定性作为确定是否属于道路交通事故的前置程序。故两保险公司以粤AM0286 号车处于静止状态而且未经交警部门处理为由辩称本次事故不属于道路交通事故应予以驳回，本事故属于道路交通事故。

（二）关于原告是否属于保险合同的赔偿对象。《机动车交通事故责任强制保险条例》第三条规定交强险是指由保险公司对被保险机动车发生道路交通事故造成本车人员、被保险人以外的受害人的人身伤亡、财产损失，在责任限额内予以赔偿的强制性责任保险；第四十二条第（二）项规定被保险人是指投保人及其允许的合法驾驶人。《中国太平洋财产保险股份有限公司神行车保机动车综合险》中机动车第三者责任保险条款第四条约定，本保险合同中的第三者是指保险机动车发生意外事故的受害人，但不包括被保险人以及保险事故发生时保险机动车本车上人员。根据原告提供的交强险以及商业三者险保险单，凯发公司为两份保险合同的投保人。而原告虽为粤 AM0286 号车的司机，但在事故发生时与该车已完全脱离，并不属于交强险所规定的驾驶人以及商业三者险约定的车上人员的范围，原告因本次事故遭受人身伤害，应属于保险合同的赔偿对象。安邦公司以及太平洋公司以原告是事故车辆司机为由拒绝赔偿的主张，应予驳回。

（三）关于各方当事人应承担的事故责任问题。1.《最高人民法院关于审理道路交通事故损害赔偿案件适用法律若干问题的解释》（以下简称交通事故司法解释）第一条第（一）项规定，机动车发生交通事故造成损害，机动车所有人或者管理人知道或者应当知道机动车存在缺陷，且该缺陷是交通事故发生原因之一的，人民法院应当认定其对损害的发生有过错，并适用《中华人民共和国侵权责任法》第四十九条的规定确定其相应的赔偿责任。根据原告与凯发公司签订的劳动合同，原告作为凯发公司雇请的司机，维修汽车并非其职务范围。凯发公司作为粤AM0286号车的所有人，享受汽车运行带来的收益的同时，有责任保证名下车辆符合安全标准，及时发现车辆缺陷并加以维修。因凯发公司日常疏于检测，而导致轮胎不符合安全行驶的标准并发生爆炸，其在原告受伤的损害后果的发生过程中存在过错，应承担赔偿责任。2. 安邦公司主张原告承担本次事故的全部过错，但并未提供证据予以证实。原告在粤AM0286号车运行过程中发现车辆存在异常状况而停靠路边检查，并非造成轮胎爆炸的原因。安邦公司主张原告承担事故的全部过错的理由不成立，予以驳回。原告在事故中并无过错，凯发公司应就其过错承担事故的全部责任。3. 安邦公司承保了粤AM0286号车的交强险，太平洋公司承保了该车100万元保险限额的不计免赔商业三者险。两保险公司所承保的机动车一方有过错，应先在交强险赔偿责任限额内承担责任，并就不足部分根据保险合同按过错比例承担民事责任。

依照《最高人民法院关于审理人身损害赔偿案件适用法律若干问题的解释》规定的赔偿项目以及参照《广东省2014年度人身损害赔偿计算标准》，核定原告损失如下：

（一）医疗费121148.29元。根据当事人提交的证据，核定已经支出医疗费106148.29元以及后续治疗费15000元。

（二）营养费1000元。出院时出院医嘱要求原告在出院后加强营养，法院对原告主张的数额予以支持。

（三）住院伙食补助费4900元。原告一共住院49天，按100元/天计算，原告住院伙食补助费为4900元（100元/天×49天）。

（四）残疾赔偿金144858.16元。根据《最高人民法院关于适用〈中华人民共和国侵权责任法〉若干问题的通知》第四条的规定，本项损失包括残疾赔偿金和被扶养人生活费两个部分。交通事故造成原告九级伤残，确定残疾赔偿金的计算系数为20%。1. 残疾赔偿金130394.8元。按照2013年度全省城镇居民可支配收入计算，残疾赔偿金为130394.8元（32598.7元/年×20年×20%）。2. 被抚养人生活费14463.36元。事故发生时，原告有两名子女需要抚养，需抚养时间分别为6年5个月和1年6个月，按照2013年全省城镇居民人均年生活消费支出计算，被抚养人生活费为15467.76元（24105.6元/年÷12个月×77个月×20%÷2），以及3602.34元（24105.6元/年÷12个月×18个月×20%÷2）。原告主张的数额并未超过法院核实数额，予以准许。

（五）误工费49616.67元。事故发生前，原告在凯发公司工作已满11个月，月均工资为6500元，故确定误工费为6500元/月÷30天×229天=49616.67元（住院天数49天+医嘱全休半年即180天）。

（六）护理费3920元。原告住院共49天，按照广州市护理人员的一般收入80元/天计算护理费为3920元（49天×80元/天）。

（七）交通费1000元。原告因事故入院租车、出院、复诊及处理事故相关事宜必定会产生一定的费用，对原告交通费1000元的主张予以确认。

（八）精神损害抚慰金20000元。交通事故造成原告九级伤残，给原告的精神带来重大损害，应当予以抚慰。原告提出的数额予以支持。

（九）伤残鉴定费800元。鉴定费是确定原告损失的必要支出，原告提供相应的费用票据予以证明，故予以支持。

以上费用共计347243.12元。安邦公司应在交强险医疗赔偿限额内支付10000元，在交强险死亡伤残赔偿限额内支付110000元。因太平洋公司承保的是不计免赔商业三者险，且并未提交证据证明本案中存在需要扣减免赔率的情形，故该公司应在商业三者险赔偿限额内支付227243.12元。

广州市黄埔区人民法院依照《中华人民共和国侵权责任法》第十六条、第四十八条以及《最高人民法院关于审理道路交通事故损害赔偿案件适用法律若干问题的解释》第十六条之规定，判决如下：

一、被告安邦财产保险股份有限公司广东分公司在本判决发生法律效力之日起十日内在机动车第三者责任强制险医疗赔偿限额内支付原告陈敏矿10000元，在死亡伤残赔偿限额内支付原告110000元；

二、被告中国太平洋财产保险股份有限公司广州分公司在本判决发生法律效力之日起十日内在第三者责任商业险的赔偿限额内支付原告陈敏矿227243.12元；

三、驳回原告陈敏矿的其他诉讼请求。

安邦公司及太平洋公司上诉至广州市中级人民法院，广州市中级人民法院经审理认为，一审判决认定事实清楚，适用法律正确，二审法院依法予以维持。安邦公司和太平洋公司的上诉理由都不能成立，二审法院依法予以驳回。依据《中华人民共和国民事诉讼法》第一百七十条第一款第（一）项的规定，判决如下：

驳回上诉，维持原判。

【法官后语】

认定交通事故应立足于《道路交通安全法》第一条所言“为了维护道路交通秩序，预防和减少交通事故，保护人身安全”立法目的，按照法律所规定的概念。本案中保险公司认为只有在车辆处于动态行驶过程中发生的事故才能称为交通事故，属于断章取义，明显有悖于法律精神。

保险目的在于维护社会经济秩序和社会公共利益，分散、减轻社会成员风险成本。《机动车交通事故责任强制保险条例》以及各保险公司的保险条例均对保险范围及第三者作出了具体规定。在具体个案中，对于第三者的定义可以根据案件事实适当予以扩大解释与运用，衡平财产权、生命权等不同法益之间的次序，遵循立法目的。在本案中，原告本属于驾驶人员，但在下车检查车辆之时，已在空间上处于车辆之外，不属于车辆上的人员，应作第三者理解。

本案通过一审和二审的判决，对交通事故认定以及商业第三者合同中第三者的定义进行详细明确的解释，有利于公众准确理解相关法律概念，防止保险公司通过断章取义式地解释法律以及收缩性解释合同条款的做法，减免自身应付的保险责任。

编写人：广东省广州市黄埔区人民法院　张惠滨

52

被保险机动车被盗抢期间肇事的赔偿责任

——钱菊华诉刘传红等机动车交通事故责任案

【案件基本信息】

1. 裁判书字号

湖北省宜昌市枝江市人民法院（2014）鄂枝民初字第65号民事判决书

2. 案由：机动车交通事故责任纠纷

3. 当事人

原告：钱菊华

被告：刘传红、中国太平洋财产保险股份有限公司宜昌中心支公司

【基本案情】

2012年9月10日10时21分许，被告刘传红持C1机动车驾驶证驾驶其在枝江市妇幼保健医院盗窃的鄂E592B5正三轮载货摩托车，沿长江大堤公路自西向东行驶，当行驶至枝江市七星台镇长江大堤下百里33km+400m时，遇未取得机动车驾驶证的袁乔军驾驶未依法登记的大阳牌DY90－7A型普通两轮摩托车载乘客李沙沙、钱菊华，沿长江大堤自东向西行驶，两车在会车过程中发生刮擦，造成钱菊华重伤的交通事故。枝江市公安局交通警察大队作出的《道路交通事故认定书》认定：刘传红负本起道路交通事故的主要责任。被告刘传红因交通肇事罪和盗窃罪被判刑一年六个月。

原告钱菊华受伤后，在枝江市人民医院住院治疗36天，住院医疗费37404.51元，出院诊断：1. 左股骨开放性骨折；2. 左膝开放性损伤，左髌骨、股骨外踝开放性粉碎性骨折；3. 左下肢皮肤撕脱伤；4. 头皮血肿。出院医疗护理建议：1. 继续院外治疗；2. 休息一个月；3. 不适随诊。2012年12月25日枝江市人民医院法医司法鉴定所作出鉴定意见：钱菊华为九级伤残，伤后误工日为180天，护理日为

120 天，后续治疗费 12500 元。

在诉讼过程中，被告中国太平洋财产保险股份有限公司宜昌中心支公司针对上述司法鉴定，申请对钱菊华的伤残等级重新鉴定，2014 年 3 月 6 日宜昌三峡司法鉴定中心作出司法鉴定意见：钱菊华左股骨干骨折的伤残程度评定为 X 级，左下肢功能部分丧失的伤残程度评定为 X 级。

被告刘传红盗窃的鄂 E592B5 正三轮摩托车（建设牌 J150ZH－B 型）车主为董善喜，在被告中国太平洋财产保险股份有限公司宜昌中心支公司承保了交强险，事故发生时在保险期限内。

【案件焦点】

被保险机动车被盗抢期间肇事、保险公司是否应该赔偿及承担责任。

【法院裁判要旨】

湖北省枝江市人民法院审理认为：交强险为驾驶机动车必须投保的强制保险，《机动车交通事故责任强制保险条例》将交强险的首要功能定位于“保障机动车道路交通事故受害人依法得到赔偿”，进而维护道路交通秩序，具有安定社会的功能。本案虽然造成交通事故的三轮摩托车系被告刘传红盗窃所得，但由于该三轮摩托车投保了交强险，原告钱菊华有向承保该交强险的保险公司请求首先赔偿的权利。交强险实行分项限额赔偿方法，本案中原告钱菊华的医疗责任类别损失，已超过限额 10000 元，由被告中国太平洋财产保险股份有限公司宜昌中心支公司赔偿 10000 元，原告钱菊华的伤残责任类别损失为 45718. 74 元，没有超过限额，应由被告中国太平洋财产保险股份有限公司宜昌中心支公司全额赔偿；被告中国太平洋财产保险股份有限公司宜昌中心支公司共计赔偿 55718. 74 元。原告损失余额为 41624. 51 元，由被告刘传红赔偿其中的 70%。

湖北省枝江市人民法院依照《中华人民共和国道路交通安全法》第七十六条，《中华人民共和国侵权责任法》第十六条、第二十二条，《机动车交通事故责任强制保险条例》第一条、第二十一条的规定，判决如下：

一、被告中国太平洋财产保险股份有限公司宜昌中心支公司赔偿原告钱菊华 55718. 74 元，在判决生效后十日内汇入法院账号；

二、被告刘传红赔偿原告钱菊华 29137. 15 元，在判决生效后三十日内履行；

三、驳回原告钱菊华的其他诉讼请求。

【法官后语】

《最高人民法院关于审理道路交通事故损害赔偿案件适用法律若干问题的解释》出台以后，其中第十八条对“驾驶人未取得驾驶资格或者醉酒的”、“被保险人故意制造交通事故”等违反道路交通安全法规的情形导致的人身伤亡，保险公司应承担的责任范围已作明确规定。但对于被保险机动车被盗抢期间肇事的，保险公司是否承担责任及承担责任的范围并未作明确解释。实际上，关于盗抢的机动车发生交通事故造成损害的，保险公司应如何承担责任问题，《侵权责任法》第五十二条及《机动车交通事故责任强制保险条例》第二十二条均已作了相关规定，即保险公司应在强制保险责任限额内垫付抢救费用，并享有向肇事者追偿的权利。在实践中对于“抢救费用”不同承办人会有不同理解，笔者认为，“抢救费用”即为交强险责任限额中的医疗费用赔偿限额（10000元）和死亡伤残赔偿限额（110000元）。本案判决中对于“保险公司如何承担赔偿责任”的处理与相关法律条文的立法精神和目的是相符的，具有一定的指导意义。

（一）被保险机动车被盗抢期间肇事，保险公司应予赔偿。

1. 从《机动车交通事故责任强制保险条例》立法目的来看，该条例第一条明确规定：“为了保障机动车道路交通事故受害人依法得到赔偿……”，可见《机动车交通事故责任强制保险条例》的第一立法目的是保障受害人得到赔偿。因此，从受害人的角度，即使被盗抢的车辆肇事，也应该让受害人得到及时、有效的赔偿；而且，从风险控制的角度来看，机动车作为高速运行的危险物，对不特定第三人均可能产生危险，这种危险对于受害人来讲是不可控制的，不能因为机动车是被盗来的而导致受害人遭遇赔偿上的差别。

2. 从《道路交通安全法》第七十六条与《机动车交通事故责任强制保险条例》第二十一条可以看出，只要不是投保人故意制造交通事故，保险公司都应予赔偿。在交通事故中，受害人的故意即所谓的“碰瓷”行为，才是保险公司唯一的免责事由。上述规定并未限制所驾驶车辆是否为盗抢所得。

3. 《侵权责任法》第五十二条及《机动车交通事故责任强制保险条例》第二十二条均已作了相关规定，被保险机动车被盗抢期间肇事造成损害，保险公司应在强制保险责任限额内垫付抢救费用，并有权向致害人追偿。在上述情形致害人肇事后往往会弃车逃跑，即便被抓获在多数情况下也缺乏赔偿能力，因此法律规定保险公司有义务先行对受害人予以赔偿，这样更有利于实现交强险保护受害人权益、填补受害人损失的功能。

（二）保险公司应垫付的抢救费用为交强险责任限额中的医疗费用赔偿限额（10000 元）和死亡伤残赔偿限额（110000 元）。

1.《机动车交通事故责任强制保险条例》第二十二条第二款规定为“有前款所列情形之一，发生道路交通事故的，造成受害人的财产损失，保险公司不承担赔偿责任”，而与“财产损失”相对应的为“人身损害”，依照《侵权责任法》第十六条及第二十二条的规定，侵害他人造成人身损害的，应赔偿医疗费、护理费、交通费、住宿费、住院伙食补助费、营养费、误工费、残疾赔偿金、残疾辅助器具费、丧葬费、死亡赔偿金、精神损害抚慰金等，对上述赔偿项目保险公司应在分项责任限额内承担赔偿责任，也就是在医疗费用赔偿限额（10000 元）和死亡伤残赔偿限额（110000 元）内予以赔偿。因此，“抢救费用”不能简单地理解为医疗费用，而应包括《侵权责任法》第十六条和第二十二条规定的各项损害。

2. 虽然《最高人民法院关于审理道路交通事故损害赔偿案件适用法律若干问题的解释》第十八条规定中并未涉及被盗抢车辆肇事的情形，但该条设立的目的很明确，即为了保障受害人能依法得到赔偿。与该条规定的其他违法情形一样，被盗抢车辆肇事保险公司亦应承担相应的赔偿。保险公司承担责任后可以向侵权人追偿，并不会造成放纵违法行为人的后果。并且，保险公司的追偿能力与受害人相比，显然处于更有利的地位。

编写人：湖北省宜昌市枝江市人民法院　陈超

53

停运损失是否属于机动车保险的理赔范围

——华成宝诉吴洋等机动车交通事故责任案

【案件基本信息】

1. 裁判书字号

辽宁省沈阳市铁西区人民法院（2015）沈铁西民四初字第01770号民事判决书

2. 案由：机动车交通事故责任纠纷

3. 当事人

原告：华成宝

被告：吴洋、沈阳市唐氏维森汽车租赁有限公司、中国平安财产保险股份有限公司辽宁分公司

【基本案情】

2015年11月5日20时05分，在沈阳市铁西区沈辽东路凌空一街，被告吴洋职务行为驾驶被告沈阳市唐氏维森汽车租赁有限公司（以下简称租赁公司）所有的轿车不按规定让行，与原告华成宝驾驶的出租车发生交通事故，导致原告车辆损坏，该事故经沈阳市公安局交通警察支队铁西区大队认定，被告吴洋负事故全部责任，原告华成宝无责任。

事故发生后，原告于2015年11月6日将车送至辽宁汇鑫汽车销售服务有限公司进行修理，于2015年11月11日修车完毕，共计停运6天，发生修车费4440元，该修车费用被告中国平安财产保险股份有限公司辽宁分公司（以下简称保险公司）已经理赔完毕，就停运损失问题，原、被告未能达成一致，故原告诉讼来院。

沈阳出租汽车暨客车租赁行业协会出具证明，原告车辆每天平均运营收入270元。肇事车辆轿车在被告保险公司投保机动车交通事故责任强制保险及第三者责任险30万元，并投保不计免赔特约险，本次事故发生在保险期间内。

【案件焦点】

停运损失是否属于机动车保险的理赔范围，应由交强险还是商业第三者险赔偿。

【法院裁判要旨】

辽宁省沈阳市铁西区人民法院经审理认为：公民的合法财产及其权益受法律保护。被告吴洋因职务行为驾驶被告租赁公司车辆与原告驾驶的车辆发生交通事故，并经交警部门认定，吴洋负事故全部责任，故对原告的损失，作为用人单位的被告租赁公司应承担全部赔偿责任。但由于肇事车辆在被告保险公司投保交强险及商业第三者责任险，故被告保险公司应在交强险及三者险理赔范围责任限额内首先予以赔偿，超出部分及理赔范围之外的部分再由被告租赁公司予以赔偿。

辽宁省沈阳市铁西区人民法院依据《中华人民共和国侵权责任法》第六条第一款，《中华人民共和国保险法》第十七条之规定，判决如下：

一、被告中国平安财产保险股份有限公司辽宁分公司于本判决发生法律效力之日起十日内在第三者责任保险限额内赔偿原告华成宝停运损失 1620 元，如果逾期履行上述金钱给付义务，应当依照《中华人民共和国民事诉讼法》第二百五十三条之规定，加倍支付迟延履行期间的债务利息；

二、驳回原、被告的其他诉讼请求。

【法官后语】

对于交强险应否赔偿问题。由于交强险系法定保险，法律授权保监会按照交强险业务总体上不盈利不亏损的原则审批保险费率，保监会依职权审批保险费率并审定相应保险条款，发布后在全国统一适用，停运损失是否纳入交强险保障范围，应以是否有明确规定为准。现交强险保险条款中明确规定该损失不属于交强险赔偿范围，故不应由交强险保险公司予以赔偿；另交强险具有基本保障性质，其保障范围取决于费率水平、事故率、道路交通状况、保险业的经营管理水平、保险市场的发展程度、人们的道路交通安全意识等多种因素，保障范围的大小与国家所投入的损失填补成本息息相关。我国现已实行了全国统一的保险条款和基础保险费率，保监会按照总体上不盈利不亏损的原则审批了相应保险费率，并审定了相应的保险条款，条款中已将停运损失排除在保障范围之外，如将停运损失纳入保障范围，保险公司对此就要用交强险保费的相当一部分用于支付该类财产损失，这显然背离了交强险分项限额优先保障受害人人身损害的制度安排，直接危及交强险制度的正常实施；此外，保监会系保险行业主管部门，依法履行行政管理职能，依照法律法规的规定统一监督管理全国保险市场，维护保险行业的合法、稳健运行，保障保险行业的健康有序发展，其所审定的交强险保险条款，系保监会依据法定授权及相应制度原则并结合保险行业发展实际和当前我国社会现状而确定，具有行政管理的公共属性，具备规范性文件特点，自由裁量权不应介入此范畴，不应在复杂的保险业务领域创设规则，为了维护法制的统一，亦不应判决交强险赔偿。

关于第三者责任险应否赔偿问题。被告保险公司主张三者险保险条款约定该损失保险公司不予赔偿，但被告租赁公司主张保险公司未尽说明义务，现被告保险公司未在指定举证期限内举证证明已尽明确说明义务，故对于被告保险公司该抗辩主张，法院不予采信，故原告停运损失1620元，应由被告保险公司在第三者责任保险限额内予以赔偿。

编写人：辽宁省沈阳市铁西区人民法院　赵志威

54

实习期内驾驶牵引挂车发生交通事故，保险公司在商业险范围内是否承担赔偿责任

——银花等诉刘洪波等机动车交通事故责任案

【案件基本信息】

1. 裁判书字号

青海省海西蒙古族藏族自治州乌兰县人民法院（2015）乌民初字第322号民事判决书

2. 案由：机动车交通事故责任纠纷

3. 当事人

原告：银花、乌龙花、腾德力玛、达西

被告：刘洪波、刘现民、邢台瑞鑫物流有限公司、中国人寿财产保险股份有限公司邢台市中心支公司

【基本案情】

2015年9月23日23时10分，被告刘洪波（刘现民雇用的司机）持A2驾驶证（实习期内）驾驶被告车主刘现民挂靠于邢台瑞鑫物流有限公司的冀ED5950（冀E6S30挂）重型半挂牵引车沿国道315线由西向东行驶至384km+100m处，与乌兰县柯柯镇行人巴叶力（系城镇居民户口）发生碰撞，造成巴叶力当场死亡的道路交通事故。乌兰县公安交通警察大队乌公交认字（2015）第025号《道路交通事故认定书》，认定被告刘洪波负事故的主要责任，巴叶力负事故的次要责任。事故发生后，被告刘现民给付原告方现金30000元，之后再未向原告方支付过其他费用。据此，死者巴叶力之妻银花代表原告方诉至法院，请求依法判令：1. 四被告在责任范围内赔偿原告方丧葬费28902元；死亡赔偿金446131.4元；被抚养人原告乌龙花生活费52478.67元；被抚养人腾德力玛生活费96210.89元；被抚养人达西生活费17492.89元；死者家属原告方为处理巴叶力后事支出的交通费1500元，住宿费3000元，误工费2100元。以上共计691548.07元的70%计484083.65元。2. 本案诉讼费由四被告承担。

被告中国人寿财产保险股份有限公司邢台市中心支公司（以下简称人保财险邢台市支公司）委托代理人辩称，冀ED5950号（冀E6S30挂）重型半挂牵引车在我公司投保交强险和商业险主车100万元、挂车5万元及不计免赔，但本案事故发生时，驾驶员刘洪波持有的是驾驶牵引车辆的A2实习证，没有驾驶机动车牵引挂车的资格，因此属于法律规定和保险合同约定的未依法取得驾驶资格的情形，法定和保险合同约定的保险人不应当承担赔偿责任的情形。据此，刘洪波A2驾驶证处于实习期，属于商业三者险免赔范围，对超出交强险范围的损失，不予赔付。

被告刘现民的委托代理人、邢台瑞鑫物流有限公司书面辩称：1. 冀ED5950号（冀E6S30挂）重型半挂牵引车所有人是刘现民，挂靠在被告邢台瑞鑫物流有限公司，在被告人保财险邢台市支公司投保交强险一份，保险期间为2015年4月8日至2016年4月7日，投保商业三者险两份，主车100万元，保险期间为2015年4

月 8 日至 2016 年 4 月 7 日，挂车 5 万元，保险期间为 2015 年 4 月 10 日至 2016 年 4 月 9 日，事故发生在保险期间内；2. 本次事故刘现民雇用的司机刘洪波负事故主要责任，原告方的损失应由人保财险邢台市支公司在交强险范围内予以赔偿，超出部分由人保财险邢台市支公司在商业三者险责任限额内按照责任比例标准赔偿，被告刘现民不承担赔偿责任。被告人保财险邢台市支公司免赔条款未对被保险人尽到提示及明确说明义务，故商业险范围内拒赔理由不成立。

【案件焦点】

本案的焦点问题是驾驶员刘洪波实习期内驾驶牵引挂车发生交通事故，被告人保财险邢台市支公司在商业三者险范围内是否应当免赔。

【法院裁判要旨】

青海省海西蒙古族藏族自治州乌兰县人民法院经审理认为，根据《最高人民法院关于适用〈中华人民共和国保险法〉若干问题的解释（二）》第十条规定，保险人将法律、行政法规中的禁止性规定情形作为保险合同免责条款的免责事由，保险人对该条款作出提示后，投保人、被保险人或者受益人以保险人未履行明确说明义务为由主张该条款不生效的，人民法院不予支持。根据《中华人民共和国道路交通安全法实施条例》第二十二条第三款规定："机动车驾驶人在实习期内不得驾驶公共汽车、营运客车或者执行任务的警车、消防车、救护车、工程救险车以及载有爆炸物品、易燃易爆化学物品、剧毒或者放射性等危险物品的机动车；驾驶的机动车不得牵引挂车。"被告刘洪波在实习期内驾驶机动车牵引挂车，已经违反了前述法律法规的禁止性规定。因此，被告人保财险邢台市支公司将车辆驾驶员在实习期内驾驶牵引挂车作为免赔事由，符合前述保险法司法解释二第十条的相关规定，且保险公司的免赔条款对被保险人也尽到了提示及明确说明义务，应当认定该免责条款生效。故被告人保财险邢台市支公司仅在交强险范围内对原告所主张的损失承担赔偿责任，在商业三者险范围内应当免赔。

青海省海西蒙古族藏族自治州乌兰县人民法院依照《中华人民共和国侵权责任法》第十六条、第四十八条，《中华人民共和国保险法》第六十五条、第六十六条、第二十二条，《中华人民共和国道路交通安全法》第七十六条，《最高人民法院关于审理道路交通事故损害赔偿案件适用法律若干问题的解释》第三条、第十六条、第二十二条，《最高人民法院关于审理人身损害赔偿案件适用法律若干问题的解释》第九条、第十七条、第二十二条、第二十七条、第二十八条、第二十九条、第三十五条，《最高人民法院关于适用〈中华人民共和国保险法〉若干问题的解释（二）》第十条，《中华人民共和国道路交通安全法实施条例》第二十二条第三款，《中华人民共和国民事诉讼法》第一百四十四条的规定，判决如下：

一、被告刘现民、刘洪波、邢台瑞鑫物流有限公司连带赔偿原告银花、乌龙花、腾德力玛、达西各项经济损失412518.91元，此款项由被告中国人寿财产保险股份有限公司邢台市中心支公司在交强险限额内赔付原告110000元；剩余赔偿款302518.91元，由被告刘现民、刘洪波、邢台瑞鑫物流有限公司承担连带赔偿责任，其中被告刘现民已支付现金30000元（上述款项于本判决生效后十五日内给付）；

二、驳回原告银花、乌龙花、腾德力玛、达西的其他诉讼请求。

【法官后语】

本案处理重点在于对保险公司商业三者险免赔条款的理解。

具体到本案中，首先，被告刘洪波的驾驶证显示其增驾车型为A2，实习期至2016年5月20日。也即事故发生时被告刘洪波的驾驶证尚在实习期内。根据保险公司机动车商业保险条款及机动车第三者责任保险条款第六条第七款第3项之约定："发生意外事故时，驾驶人有以下情形之一的，保险人不负赔偿责任：……3.实习期内驾驶公共汽车、营运客车或者载有爆炸物品、易燃易爆化学物品、剧毒或者放射性等危险物品的被保险机动车，实习期内驾驶的被保险机动车牵引挂车"。因此，被告刘洪波在实习期内驾驶牵引挂车的情形符合商业险三者险免赔的相关约定，保险公司在商业三者险范围内不应承担赔偿责任。

其次，关于本案商业险条款的效力问题。

第一，本案被告人保财险邢台市支公司向法院提交的机动车商业保险投保单，投保人声明明确载明"本人确认投保单已附投保险种对应的保险条款，并且保险人已将保险条款的内容，尤其是免除保险人责任、投保人及被保险人义务、赔偿处理的条款的内容和法律后果，向本人进行了明确说明。本人对保险条款已认真阅读并充分理解，本人已认真审核并确认投保单内容真实无误。以上内容为本人真实意愿，同意以此作为订立合同的依据。"该投保人声明下方的"投保人签章"处加盖了被保险人邢台瑞鑫物流有限公司的公章。《最高人民法院关于适用〈中华人民共和国保险法〉若干问题的解释（二）》第十一条规定："保险合同订立时，保险人在投保单或者保险单等其他保险凭证上，对保险合同中免除保险人责任的条款，以足以引起投保人注意的文字、字体、符号或者其他明显标志作出提示的，人民法院应当认定其履行了保险法第十七条第二款规定的提示义务。保险人对保险合同中有关免除保险人责任条款的概念、内容及其法律后果以书面或者口头形式向投保人作出常人能够理解的解释说明的，人民法院应当认定保险人履行了保险法第十七条第二款规定的明确说明义务。"第十三条规定："……投保人对保险人履行了符合本解释第十一条第二款要求的明确说明义务在相关文书上签字、盖章或者以其他形式予以确认的，应当认定保险人履行了该项义务。但另有证据证明保险人未履行明确说明义务的除外。"因此，根据本案被告人保财险邢台市支公司提交的证据可以证明，其完全符合上述司法解释关于认定保险人履行了提示、明确说明义务的条件，应当认定本案中人保财险邢台市支公司就免责条款履行了提示及明确说明义务，关于商业三者险的免责条款应当生效。

第二，退一步讲，即便被告刘现民、邢台瑞鑫物流有限公司主张对于上述免责条款保险公司未尽到告知义务。但是根据《最高人民法院关于适用〈中华人民共和国保险法〉若干问题的解释（二）》第十条规定，保险人将法律、行政法规中的禁止性规定情形作为保险合同免责条款的免责事由，保险人对该条款作出提示后，投保人、被保险人或者受益人以保险人未履行明确说明义务为由主张该条款不生效的，人民法院不予支持。根据《道路交通安全法实施条例》第二十二条第三款规定"机动车驾驶人在实习期内不得驾驶公共汽车……驾驶的机动车不得牵引挂车。"被告刘洪波在实习期内驾驶机动车牵引挂车，已经违反了前述法律法规的禁止性规定。因此，保险公司将车辆驾驶员在实习期内驾驶牵引挂车作为免赔事由，符合前述相关司法解释的规定，且保险公司的免赔条款对被保险人也尽到了提示及明确说明义务，应当认定该免责条款生效。故本案中被告人保财险邢台市支公司在商业三者险范围内应当免赔。

编写人：青海省海西蒙古族藏族自治州乌兰县人民法院　成菊艳

55

不计免赔的免赔率应予告知

——方丽君诉钮凤林等机动车交通事故责任案

【案件基本信息】

1. 裁判书字号

北京市第一中级人民法院（2015）一中民终字第01723号民事判决书

2. 案由：机动车交通事故责任纠纷

3. 当事人

原告（被上诉人）：方丽君

被告（被上诉人）：钮凤林

被告（上诉人）：永诚财产保险股份有限公司北京分公司

【基本案情】

2014年3月7日14时许，钮凤林驾驶借用申海慧的小客车（车牌号为京N4JH58）行驶至北京市昌平区中石路中国石油大学内与骑自行车的方丽君发生交通事故，造成方丽君受伤，此事故经交通部门认定，钮凤林负全部责任。钮凤林驾驶的上述车辆在保险公司投保交强险和商业第三者责任保险，保险金为20万元，未投保不计免赔险，事故发生在保险责任期内。被告永诚财产保险股份有限公司北京分公司（以下简称永诚保险公司）认为，根据投保车辆的商业第三者责任保险的保险单，投保人未投保不计免赔险，故根据保险条款约定，驾驶人负全部责任的免赔率为20%，因此超出交强险的部分我公司只同意赔偿80%。

【案件焦点】

钮凤林的车辆未投保不计免赔险，是否应该在交强险之外免除保险公司20%的赔偿责任。

【法院裁判要旨】

北京市昌平区人民法院经审理认为："不计免赔"虽是保险公司单独设定的向投保人单独收取保险费的项目，但"免赔率"的约定是在保险条款中，应属于免除保险人责任的条款，保险人仍负有对投保人履行提示和明确说明义务。庭审中，永诚保险公司仅提交了商业第三者责任保险的保险条款，不能证明其履行了上述义务，故保险条款中关于免赔率的约定对投保人不发生法律效力。同理，保险条款中就医疗费用的约定也不产生法律效力，故永诚保险公司就免赔率和免除非医保费用赔偿责任的辩解，法院均不予支持。

北京市昌平区人民法院依据《中华人民共和国道路交通安全法》第七十六条，《中华人民共和国侵权责任法》第十六条、第十九条、第二十二条、第四十八条、第四十九条，《中华人民共和国保险法》第十七条第二款，《中华人民共和国民事诉讼法》第六十四条和参照《最高人民法院关于适用〈中华人民共和国保险法〉若干问题的解释（二)》第九条之规定，作出如下判决：

一、被告永诚财产保险股份有限公司北京分公司在交强险医疗费赔偿限额内给付原告方丽君医疗费2317元、住院伙食补助费100元、营养费2700元；在死亡伤残赔偿限额内给付原告方丽君护理费6450元、交通费1096元、残疾赔偿金80642元、残疾辅助器具费98元、精神抚慰金5000元；在财产损失赔偿限额内给付原告方丽君自行车修理费和衣服损失共计460元，以上共计人民币98863元，于本判决生效后十日内执行；

二、被告永诚财产保险股份有限公司北京分公司在交强险医疗费赔偿限额内给付被告钮凤林代其支付的医疗费4883元；在死亡伤残赔偿限额内给付被告钮凤林代其支付的护理费750元、交通费404元、残疾辅助器具费（矫形器、轮椅）2480元；在商业第三者责任保险限额内给付被告钮凤林代其支付的医疗费40922元、住院伙食补助费200元，以上共计人民币49639元，于本判决生效后十日内执行；

三、驳回原告方丽君的其他诉讼请求。

永诚保险公司不服提起上诉。北京市第一中级人民法院经审理认为：对保险合同中免除保险人责任的条款，保险人在订立合同时应当在投保单、保险单或者其他保险凭证上作出足以引起投保人注意的提示，并对该条款的内容以书面或者口头形式向投保人作出明确说明；未作提示或者明确说明的，该条款不产生效力。本案中，涉及的保险合同为永诚保险公司提供的格式合同，永诚保险公司上诉请求适用合同中事故责任免赔率的约定，但没有证据证明永诚保险公司对该条款的内容以书面或者口头形式向投保人作出明确说明；亦未在投保单、保险单或者其他保险凭证上作出足以引起投保人注意的提示，故该条款不产生效力。永诚保险公司上诉请求与法律规定相悖，法院不予支持。

北京市第一中级人民法院依照《中华人民共和国民事诉讼法》第一百七十条第一款第（一）项之规定，判决如下：

驳回上诉，维持原判。

【法官后语】

根据《最高人民法院关于适用〈中华人民共和国保险法〉若干问题的解释（二）》第九条第一款之规定："保险人提供的格式合同文本中的责任免除条款、免赔额、免赔率、比例赔付或者给付等免除或者减轻保险人责任的条款，可以认定为保险法第十七条第二款规定的'免除保险人责任的条款'"。《保险法》第十七条第一款规定："订立保险合同，采用保险人提供的格式条款的，保险人向投保人提供的投保单应当附格式条款，保险人应当向投保人说明合同的内容。"因此，在保险合同订立时，保险公司在投保单或者保险单等其他保险凭证上，对保险合同中免除保险人责任的条款，应以足以引起投保人注意的文字、字体、符号或者其他明显标志作出提示，并对该类条款的概念、内容及其法律后果以书面或者口头形式向投保人作出常人能够理解的解释说明。因此，对于"免除保险人责任的条款"，保险人必须同时尽到两项义务：一是提示义务，二是明确说明义务，否则不予生效。

车辆保险中的不计免赔险，系商业险的附加险种，虽在投保时需要单独缴纳保险费，但其以主险为前提，不能单独投保，相关免赔率亦规定在主险的保险条款中，属于保险格式合同中"免除保险人责任的条款"，因此保险人就该条款应该尽到提示和明确说明义务，否则不予生效。本案中，永诚保险公司对免赔率条款的内容并未以书面或者口头形式向投保人作出明确说明，亦未在投保单、保险单或者其他保险凭证上作出足以引起投保人注意的提示，故该条款不产生效力。

编写人：北京市昌平区人民法院　李保清　傅静

56

事故后短暂离开现场能否作为保险免赔事由

——赵希玉诉彭泽东等机动车交通事故责任案

【案件基本信息】

1. 裁判书字号

广东省广州市中级人民法院（2015）穗中法民一终字第1303号民事判决书

2. 案由：机动车交通事故责任纠纷

3. 当事人

原告（上诉人）：赵希玉

被告（被上诉人）：彭泽东、中国平安财产保险股份有限公司广州市番禺支公司

被告（上诉人）：彭泽海

【基本案情】

2014年6月28日7时03分，被告彭泽东驾驶桂NPW899号轿车沿广州市番禺区沙头街捷进西路遇原告赵希玉驾驶电动自行车，两车发生碰撞，造成原告受伤的交通事故。事故发生后，被告彭泽东驾车离开现场两三分钟后折返，并报交警和联系救护车辆，将原告送往医院救治。公安交警部门认定，被告彭泽东承担事故的全部责任，原告不承担事故责任。事后中国平安财产保险股份有限公司广州市番禺支公司（以下简称保险公司）垫付了医疗费10000元，被告彭泽东垫付医疗费24000元。被告彭泽东驾驶的车辆登记车主为被告彭泽海，二人为兄弟关系，事故发生时彭泽东是在为彭泽海购买生活用品。事故车辆购买了交强险及50万元第三者责任险。为维护自身权益，赵希玉起诉彭泽东、彭泽海及保险公司，要求保险公司赔偿医疗费72368.48元，彭泽东、彭泽海对超出保险限额部分承担连带赔偿责任。在彭泽海与保险公司签订的《保险合同》上，载明若事故发生后肇事人存在逃逸的情

形，第三者责任险免赔。

【案件焦点】

事故发生后司机短暂离开现场后返回是否构成逃逸。

【法院裁判要旨】

广东省广州市番禺区人民法院经审理认为：首先，被告彭泽东事发后在未停车保护现场、未抢救受伤人员、未报警的情况下离开现场，符合保险合同免责条款规定的免责情形；其次，《中华人民共和国道路交通安全法》第七十条第一款规定“在道路上发生交通事故，车辆驾驶人应当立即停车，保护现场；造成人身伤亡的，车辆驾驶人应当立即抢救受伤人员，并迅速报告执勤的交通警察或者公安机关交通管理部门”。综上，被告保险公司主张根据商业三者险保险合同约定免赔的抗辩意见成立，法院予以采纳。

广东省广州市番禺区人民法院依照《中华人民共和国侵权责任法》第六条、第十六条、第四十八条之规定，作出如下判决：

一、被告彭泽东、彭泽海于本判决发生法律效力之日起五日内赔偿原告赵希玉73269.35元；

二、驳回原告赵希玉的其余诉讼请求。

赵希玉持原审起诉意见提起上诉，彭泽海也上诉认为应由保险公司承担赔偿责任。广东省广州市中级人民法院经审理认为：根据交警部门的道路交通事故卷宗记录，彭泽东在事发后虽无立即停车，但在离开现场几分钟后自行返回事故现场，并随赵希玉乘救护车一同前往医院，赵希玉对此亦予以确认。故无证据显示彭泽东存在事发后主观上为逃避承担事故责任而逃逸的事实，其行为不符合保险公司商业第三者责任险的免责条款约定。故原审认定保险公司在商业第三者责任险赔偿范围内免责，由彭泽东、彭泽海对超出交强险部分的损失承担连带赔偿责任不当，法院依法予以纠正。

广东省广州市中级人民法院依照《中华人民共和国民事诉讼法》第一百七十条第一款第（二）项之规定，作出如下判决：

一、维持（2014）穗番法民六初字第642号民事判决的第二项；

二、变更（2014）穗番法民六初字第642号民事判决的第一项为：中国平安财产保险股份有限公司广州市番禺支公司于本判决发生法律效力之日起五日内在商业第三者责任险赔偿限额内向赵希玉赔偿73269.35元；

三、驳回赵希玉、彭泽海的其他上诉请求。

【法官后语】

本案的争议焦点主要是在：司机在事故发生后短暂离开现场后返回的行为是否属于保险合同中免责条款规定的逃逸情形。

关于交通事故中“逃逸”的概念，借用了《刑法》的概念。《刑法》认定交通肇事逃逸主要从主客观两个方面进行认定，即主观上有逃避法律责任的故意，客观上离开了事故现场。

1. 就主观方面而言，必须要有为了逃避法律责任的直接故意才可构成逃逸。若是为了抢救伤者、报警或是害怕受到人身伤害等原因而离开现场的，不构成逃逸。

2. 就客观方面而言，必须是离开了现场。现场不仅仅是指事故发生的现场，还应包括将伤者送往医院救治的路途，到交警部门协助调查等等。

其实《刑法》中关于逃逸规定的立法目的，主要有两个，一是为了使伤者得到及时的救治，由于肇事人和伤者是事故的第一当事人，如果肇事人逃逸，而伤者由于受伤又丧失了求救的能力，势必会扩大事故的损失；二是为了保护现场，方便交警部门查清事实，倘若肇事人逃逸，则报警时间会被延误，现场情况可能会被破坏，这不利于之后交警查清案件事实而划分事故责任。

反观本案，虽然出现了肇事人由于害怕法律追究而离开事故现场的情形，但其在几分钟之后便折返，并且报警和呼叫救护车，且陪同伤者一起到医院治疗。所以其行为并没有使伤者延误了治疗，也没有造成事故现场的破坏。一审法院的判决显然是对逃逸的规定进行了文义解释，即严格按照法律的字面意思进行解释。而二审法院的判决应用了目的解释，即探究法律条文后的立法目的。就法律的社会效果而言，笔者更倾向于二审法院的判决，因为这给予了像该案中的肇事者的那些人一个减小损害的机会，即鼓励他们返回现场救治伤者并保护现场。这对于缓和社会矛盾，促进社会和谐有积极的作用。

编写人：广东省广州市番禺区人民法院　杨光宇

57

保险合同免责条款效力分析

——郑甜甜诉张金保等机动车交通事故责任案

【案件基本信息】

1. 裁判书字号

江苏省无锡市中级人民法院（2015）锡民终字第0584号民事判决书

2. 案由：机动车交通事故责任纠纷

3. 当事人

原告（被上诉人）：郑甜甜

被告（被上诉人）：张金保

被告（上诉人）：安邦财产保险股份有限公司江苏分公司

【基本案情】

张金保与郑甜甜系夫妻关系，张晓棋系张金保与郑甜甜的女儿。2014 年 5 月 2 日，张金保驾驶苏 BX981X 小型客车在左拐驶入门口场地停车过程中不慎撞到行人张晓棋，致张晓棋倒地受伤，经送医院抢救无效当天死亡。交警部门出具《事故成因分析意见书》，认为张金保驾驶机动车在场地上停车未及时察明车前情况是造成事故的主要原因；张晓棋在场地上行走时，未由对其负有保护职责的张瑞青带领是造成事故的次要原因。后江阴市公安局出具《撤销案件决定书》，对张金保涉嫌过失致人死亡案，因情节显著轻微、危害不大、不认为是犯罪，决定撤销此案。

苏 BX981X 小型客车车主为张金保，该车在安邦财产保险股份有限公司江苏分公司（以下简称保险公司）投保了交强险和商业三者险。事故发生后保险公司已在交强险范围内赔偿 11 万元，但以涉案车辆在事故发生时未正常年审和造成被保险人家庭成员死亡的免责事由，及家庭财产混同拒绝在商业三者险内赔偿。事故发生后，苏 BX981X 小型客车经检验，行车制动、灯光系统合格。

保险公司机动车第三者责任保险条款（责任免除项下）第五条第一款规定：被保险人及其家庭成员的人身伤亡、所有或代管的财产；第十款规定：除另有约定外，发生保险事故时被保险机动车无公安机关交通管理部门核发的行驶证或号牌，或未按规定检验或检验不合格。

【案件焦点】

被保险车辆造成被保险人家庭成员人身伤亡的免责条款及被保险车辆未定期进行检验的免责条款是否有效？被保险人与死者存在继承关系的情况下，保险公司对于涉案交通事故损害应否予以保险理赔。

【法院裁判要旨】

江苏省江阴市人民法院经审理认为：关于免责条款效力问题。涉案机动车辆第三者责任险保险合同的相关格式化免责条款将被保险人或被保险车辆驾驶人员的家庭成员排除在外，属人为故意缩小第三者的范围，以最大化免除自己的责任，有违公平原则，该格式化免责条款应认定为无效条款。而年检是行政管理机关对机动车辆进行管理的行政行为，并不影响保险合同的效力。在本案事故发生后，经检验肇事车辆安全技术符合国家标准，故事故的发生与车辆是否年检没有必然联系。另，保险公司对上述免责条款均未尽到相应的明确说明义务，保险公司不能免除保险责任。

关于财产混同问题。保险公司的抗辩理由混淆了侵权行为和法定继承行为的请求权基础关系。本案中张晓棋有权向保险公司主张给付张金保应当负担的损害赔偿债务，该请求权由其法定代理人代为行使，所获得的给付，首先在逻辑上为张晓棋的个人财产，给付实现之后才发生法定继承效力。而本案张金保的过失行为不属于丧失继承权的情形，故其对女儿张晓棋的遗产拥有法定继承权。因此张金保获得财产的法律基础并非由于其侵权行为，而是基于被继承人的法定继承权。其次，被保险人给第三者造成损害之时，被保险人的赔偿义务就已产生，赔偿责任能够确定，受害者就可以依照法律规定请求保险人支付保险金，该赔付行为与夫妻财产共有制度不存在法律上的冲突和联系。

江苏省江阴市人民法院依照《中华人民共和国侵权责任法》第十六条、第十八条、第二十六条，《中华人民共和国道路交通安全法》第七十六条，《中华人民共和国合同法》第三十九条、第四十条，《中华人民共和国保险法》第十七条、第十九条，《最高人民法院关于适用〈中华人民共和国保险法〉若干问题的解释（二）》第十一条，《最高人民法院关于审理人身损害赔偿案件适用法律若干问题的解释》第二十七条、第二十九条之规定，作出如下判决：

保险公司于本判决发生法律效力之日起10日内赔偿郑甜甜因张晓棋交通事故死亡造成的损失453119.60元。

保险公司不服一审判决提起上诉，江苏省无锡市中级人民法院经审理认为：原审法院认定事实清楚，适用法律正确，所作判决应予维持，判决：

驳回上诉，维持原判。

【法官后语】

本案处理的重点在于对免责条款的审查。笔者认为，应从以下两方面审查免责条款效力。

1. 实体上：免责条款的内容应遵循公平原则

我国《合同法》第三十九条规定提供格式条款的一方应当遵循公平原则确定当事人之间的权利和义务。具体到司法实践中，笔者认为审查免责条款内容是否违背公平原则，可以从保险精算的角度看免责事由与事故的发生是否存在一定的因果关系，即免责事由是否提高了风险，加大了事故发生的概率。本案中，对于被保险车辆造成被保险人家庭成员伤亡的免责条款，笔者认为该免责条款只有在家庭成员间的事故是故意造成时才具有法律效力，这样才能达到防范道德风险的目的。本案张金保系过失行为导致事故发生，受害人系张金保的女儿这一事实与事故发生不存在任何因果关系，其与一般第三人的不同身份亦不会加大事故发生的概率。相同的生命，相同的事故，却得到不同的救济，显然违背了公平原则。保险公司主张原被告系夫妻关系，也是受害人的继承人，具有双重身份，债权债务归于消灭。笔者认为保险公司的主张忽视了家庭成员间独立的法律人格。我国现行法律制度下即便是夫妻关系，其财产制还存在可以约定的分别财产制，即使是夫妻共同财产制的情况下，也存在夫妻之间的侵权诉讼，故家庭成员之间当然可以成立基于侵权行为的损害赔偿义务。

同理，对未年检的车辆发生交通事故保险公司是否免责，应当考察车辆在事故发生时是否因未年检而存在安全隐患，并在一定程度上导致事故发生。本案中事故发生时车辆虽未年检，但事故发生后经检验行车制动合格，灯光系统合格，故保险公司不能简单地以机动车未年检而免除自己的赔偿责任。

2. 程序上：保险人应尽提示及明确说明的义务

免责条款根据其内容可以分为法定免责条款和约定免责条款，保险合同如直接引用法律法规禁止性规定作为免责条款的，根据法律的普遍约束力原则，保险人在缔约时是否尽明确说明义务不影响该免责条款的效力，故只有一般的约定免责条款，其效力才受明确说明义务的影响。具体到本案，机动车未年审的免责条款是否为法定免责条款呢?《合同法》第五十二条第五项将违反法律、行政法规的强制性规定列为合同无效的情形之一，而《最高人民法院关于适用〈中华人民共和国合同法〉若干问题的解释（二)》第十四条规定了上述“强制性规定”，是指效力性强制性规定。我国关于机动车定期年检的规定是管理性的强制规定，并非效力性的强制规定，系国家行使行政管理职能所在，旨在管理和处罚违反规定的行为，并不否认其违法行为在民商法上的效力。故保险公司对机动车未年审免责条款仍应尽到明确说明义务。《最高人民法院关于适用〈中华人民共和国保险法〉若干问题的解释(二)》第十一条对“提示”及“明确说明”作出了具体规定，本案中，保险公司仅履行了提示义务，并未提供证据证实其履行了明确说明义务。

免责条款的存在有其正当性，特别是无证驾驶、酒驾等免责条款的推行，可以达到排除违法行为的目的，对督促驾驶员遵纪守法、维护交通秩序、保障生命安全发挥着重要作用。但现实生活中不乏保险人为免除自己的责任而滥用免责条款，若免责条款的范围过于扩大，将显著降低投保人缔结保险合同的意义，故司法实践对免责条款效力的审查显得尤为重要，其不仅在内容上需要公平分配双方的权利义务，还要在程序上保障投保人的缔约知情权，两者缺一不可，这样才能发挥免责条款的正当作用。

编写人：江苏省江阴市人民法院　陈教智　黄静宇

58

保险免责条款能否对抗不确定的受侵害第三者

——许振仓诉张建强、中国平安财产保险股份有限公司三门峡中心支公司等机动车交通事故责任案

【案件基本信息】

1. 裁判书字号

河南省三门峡市陕州区人民法院（2015）陕民初字第252号民事判决书

2. 案由：机动车交通事故责任纠纷

3. 当事人

原告：许振仓

被告：张建强、中国平安财产保险股份有限公司三门峡中心支公司

【基本案情】

2014年4月20日0时30分，被告张建强持A2证驾驶豫M77317号奥迪牌越野轿车，沿陕县陕州路由西向东行驶至陕州路交通局十字路西60米处，遇情况采取措施不当，将原告许振仓撞倒，造成原告许振仓受伤、车辆损坏的道路交通事故。事故发生后，被告张建强驾车逃逸。原告被送往三门峡市第三人民医院救治。2014年4月21日，被告张建强到公安机关投案自首。2014年5月19日，陕县公安交通警察大队出具道路交通事故认定书，认定被告张建强负此次事故的全部责任，原告许振仓无责任。后双方就赔偿事宜发生纠纷，诉至法院。

法院另查明：被告张建强系豫M77317奥迪越野轿车的所有人。2014年1月28日，被告张建强向被告中国平安财产保险股份有限公司三门峡中心支公司（以下简称平安保险公司）投保机动车交通事故责任强制保险（以下简称交强险）、商业第三者责任保险（以下简称商业第三者责任保险）和不计免赔率。保险期间均为：2014年1月2日0时至2015年1月28日24时止。交强险的赔偿限额合计为12.2

万元（其中死亡伤残赔偿限额11万元，医疗费用赔偿限额1万元，财产损失赔偿限额2000元）；商业第三者责任保险的保险金额为30万元。

【案件焦点】

平安保险公司应否在商业第三者责任保险范围内承担赔偿责任。

【法院裁判要旨】

河南省三门峡市陕州区人民法院审理后认为：订立保险合同，采用保险人提供的格式条款的，保险人应当向投保人说明合同的内容。对保险合同中免除保险人责任的条款，保险人在订立合同时应当在投保单上作出足以引起投保人注意的提示，并对该条款的内容以书面或者口头形式向投保人作出明确说明，未作提示或者明确说明的，该条款不产生效力。本案中，被告平安保险公司提供的机动车车辆保险投保单，被告张建强表示其没有见到，否认其在投保人签章处签字，并向法院申请进行真伪鉴定，而被告平安保险公司既未提供被告张建强收到机动车车辆保险投保单的证据，又拒绝提供鉴定材料原件，致鉴定不能，致使法院对本案争议的事实无法通过鉴定结论予以认定，被告平安保险公司应当对该事实承担对其不利的法律后果，即被告张建强未收到机动车车辆保险投保单、对保险合同中投保人一栏处“张建强”的签名非其本人所签以及被告平安保险公司在订立合同时未向被告张建强明确说明格式合同中免责条款内容的事实成立，故免责条款不发生法律效力。

由于被告张建强驾驶的豫M77317号奥迪牌越野轿车已向被告平安保险公司投保交强险和商业第三者责任保险，且该交通事故发生在保险期间，因而被告张建强所承担的赔偿责任依法应由被告平安保险公司在交强险和商业第三者责任保险的责任限额范围内直接支付给原告，对被告张建强垫付的医疗费64500元，应由被告平安保险公司在商业第三者责任保险的责任限额范围内直接支付被告张建强。

河南省三门峡市陕州区人民法院综合已经查明的事实，依法判决如下：

一、被告张建强赔偿原告许振仓的医疗费等损失共计161178.7元（已扣除被告张建强已支付原告的64500元），该款项由中国平安财产保险股份有限公司三门峡中心支公司直接给付许振仓。限本判决生效后十日内付清；

二、驳回原告许振仓的其余诉讼请求。

宣判后，双方均未上诉。

【法官后语】

本案处理重点主要在于对被告张建强在发生交通事故逃逸后，被告平安保险公司在订立商业第三者责任保险的保险合同时未向被告张建强明确说明免责条款的内容，免责条款是否发生效力的理解。《道路交通安全法实施条例》第九十二条规定："发生交通事故后当事人逃逸的，逃逸的当事人承担全部责任。但是，有证据证明对方当事人也有过错的，可以减轻责任。"这是对逃逸的交通事故肇事人的责任承担原则。《保险法》第十七条第二款规定："对保险合同中免除保险人责任的条款，保险人在订立合同时应当在投保单、保险单或者其他保险凭证上作出足以引起投保人注意的提示，并对该条款的内容以书面或者口头形式向投保人作出明确说明；未作提示或者明确说明的，该条款不产生效力。"这是法定的免责条款不发生法律效力原则。

具体到本案中，逃逸已是经陕县公安交通警察大队确认的一个不争的事实，但由于被告张建强与被告平安保险公司签订的保险合同，是采用保险人提供的格式条款，保险人应当向投保人张建强说明合同的内容，并对保险合同中免除保险人责任的条款，以书面或者口头形式向投保人张建强作出明确说明，而被告平安保险公司对其提供的机动车车辆保险投保单，受到被告张建强否认后，既未提供被告张建强收到机动车车辆保险投保单的证据，又拒绝提供对投保人"张建强"的签字进行真伪鉴定的鉴定材料原件，致鉴定不能，对此，被告平安保险公司应当对该事实依法承担对其不利的法律后果。故法院认定本案免责条款不发生效力、被告平安保险公司在商业第三者责任保险范围内赔偿原告损失是正确的。

值得注意的是，发生交通事故后当事人逃逸，属于商业第三者责任保险的免赔范围，但商业第三者责任保险是订立保险合同的双方当事人对因交通事故而受侵害的第三者得到实际赔偿而设定，保障的是不确定的第三者的合法权益，保险合同中设定的免责条款只能约束保险合同双方当事人，不能对抗不确定的受侵害第三者，只要交通事故发生，不确定的第三者受到侵害，保险赔偿的条件就成就，保险人以肇事人逃逸为由免除自己的全部赔偿责任，违反我国民法规定的公平原则和保险法的立法目的，对不确定的第三者亦极不公平，值得商榷。

编写人：河南省三门峡市陕州区人民法院　张东超　王中英

59

交通事故发生后，保险公司能否以保险合同中“非医保不赔”条款免除赔偿责任

——史珊珊诉王兴成等机动车交通事故责任案

【案件基本信息】

1. 裁判书字号

上海市奉贤区人民法院（2015）奉民一（民）初字第3791号民事判决书

2. 案由：机动车交通事故责任纠纷

3. 当事人

原告：史珊珊

被告：王兴成、上海传宏基础工程有限公司、中国人民财产保险股份有限公司徐州市贾汪支公司

【基本案情】

2014年8月10日21时许，在上海市松江区九泾路进沧泾路北约200米处，被告王兴成驾驶沪D89839重型自卸货车沿九泾路机动车道由北向南行驶至上述地点右转弯时，与驾驶电动自行车沿九泾路非机动车道由北向南行驶的原告史珊珊发生碰撞，事故致原告车损、人伤。2014年9月17日，上海市公安局松江分局交警支队出具道路交通事故认定书1份，载明：被告王兴成具有驾驶超过核定载重的重型自卸货车上道路行驶，在右转弯过程中未确保安全通行等违法行为，原告史珊珊具有驾驶安全技术状况不符合标准的电动自行车上路行驶的违法行为，综合双方的过错，认定被告王兴成承担事故主要责任，原告史珊珊承担事故次要责任。事故发生后，原告先后至上海市第六人民医院、上海市松江区九亭医院进行治疗。

原告史珊珊诉称，此次交通事故致原告车损、人伤。2015年4月21日，原告

所受损伤经上海华医司法鉴定所鉴定，鉴定意见为：被鉴定人史珊珊肢体交通伤，后遗全身广泛瘢痕形成、左上肢、左手功能障碍，分别构成九级伤残、八级伤残、八级伤残。损伤后治疗休息期自受伤之日起至本次评残日前一日，营养期180日，护理期自受伤之日起至本次评残日前一日。原告认为本次交通事故给其造成的损失有：医疗费人民币198148.11元（以下币种同）、住院伙食补助费1650元、营养费7200元、误工费16766元、护理费9960元、残疾赔偿金381680元、被抚养人生活费88508元、精神损害抚慰金20000元、交通费1367元、鉴定费1900元、律师代理费23000元，合计750179.11元。事故发生后，被告上海传宏基础工程有限公司（以下简称工程公司）为原告垫付了医疗费138571.66元。被告王兴成驾驶的沪D89839货车的所有人为被告工程公司，该车在被告中国人民财产保险股份有限公司徐州市贾汪支公司（以下简称财产保险公司）投保交强险、商业第三者责任保险（以下简称“商业三者险”），故原告诉讼来院，请求判令：三被告对原告的损失予以赔偿，其中被告财产保险公司在交强险和商业三者险的限额内先行赔付，精神损害抚慰金在交强险内优先赔偿；不足部分由被告王兴成与被告工程公司连带赔偿80%的赔偿责任。

被告财产保险公司辩称，对事故经过、责任认定无异议。肇事车辆沪D89839货车在我司投保交强险、赔偿限额为1000000元的商业三者险及不计免赔险，保险期间内发生本起交通事故，愿意在交强险限额内承担赔偿责任。因被告王兴成存在超载的违法行为，根据商业保险合同，应扣除10%的绝对免赔率，故超出交强险且属于商业理赔的部分我司承担70%的赔偿责任。对原告各项赔偿请求的意见如下：医疗费应扣除10%的非医保用药；误工费、护理费认可；营养费认可20元/天；住院伙食补助费认可；残疾赔偿金认可伤残系数35%，标准由法院依法确定；被抚养人生活费，考虑到原告伤情确实比较严重，同意按照35%的系数计算，具体标准由法院依法确定；精神损害抚慰金应按35%的伤残系数计算，并考虑事故责任比例；交通费认可500元；鉴定费、律师费不属于保险理赔范围。

被告工程公司辩称，对事故经过、责任认定无异议。我司已在被告财产保险公司投保了交强险、商业三者险及不计免赔险，故原告的损失应由保险公司先行承担，对不属于保险理赔的损失原因按事故责任比例承担。事发后，我司已为原告垫付医疗费138571.66元，应在本案中一并处理。被告王兴成系我公司员工，在履行职务行为过程中发生本起交通事故，相应责任由我司承担。对原告各项赔偿请求的意见如下：医疗费不应扣除非医保用药，应由被告财产保险公司承担；鉴定费、律师费也属于被告财产保险公司的理赔范围，不应由我司承担；其他费用的意见与被告财产保险公司意见一致。另外，原告超出交强险赔偿限额的损失，认为被告财产保险公司应按事故责任承担80%的赔偿责任，不应扣除绝对免赔率10%。

被告王兴成未作答辩。

【案件焦点】

超出交强险限额且属于商业三者险赔偿范围的损失，保险公司能否以保险合同中“非医保不赔”条款免除赔偿责任。

【法院裁判要旨】

上海市奉贤区人民法院认为，机动车发生交通事故造成人身伤亡、财产损失的，由保险公司在交强险责任限额内予以赔偿；不足部分，由承保商业三者险的保险公司根据保险合同予以赔付；仍有不足的，依照《中华人民共和国道路交通安全法》和《中华人民共和国侵权责任法》的相关规定由侵权人予以赔偿。本案事故车辆沪D89839货车在被告财产保险公司处投保了交强险和商业三者险，该车驾驶员即被告王兴成在本起事故中承担事故主要责任，故被告财产保险公司应在交强险的各项责任限额内（其中死亡/伤残赔偿限额为110000元，医疗费用赔偿限额为10000元，财产损失赔偿限额为2000元）对原告的损失承担赔付责任。原告请求精神损害抚慰金在交强险的责任限额内优先受偿，于法有据，法院依法予以支持。

超出交强险限额且属于商业三者险赔偿范围的损失，依法应由被告财产保险公司根据保险合同予以赔付。本案中，被告工程公司与被告财产保险公司对商业三者险的赔偿范围和赔偿比例存在较大争议。被告工程公司认为，原告所有的损失均属于保险理赔范围，超出交强险赔偿范围的损失，被告财产保险公司均应按责承担80%的赔偿责任。被告财产保险公司则认为，根据商业三者险保险条款的约定：医疗费应扣除10%的非医保用药；鉴定费、诉讼费、律师费不属于保险理赔范围；被告王兴成存在超载行为，应增加绝对免赔率10%。法院认为，商业三者险保险条款是被保险人即被告工程公司在投保商业三者险时，由保险人即被告财产保险公司提供的格式合同条款，其条款是否合法有效应视具体情况进行分析。

关于医疗费是否应当扣除非医保用药的问题。法院认为，尽管被告人财产保险公司提供的商业三者险保险条款第二十七条约定“保险人按照国家基本医疗保险的标准核定医疗费用的赔偿金额”，但该条款并未明确约定非医保用药保险公司不予赔偿。根据《中华人民共和国合同法》第四十一条的规定，对格式合同条款的理解发生争议的，应作出不利于提供格式条款一方的解释。其次，国家基本医疗保险是为补偿劳动者因疾病风险造成的经济损失而建立的一项具有福利性的社会保险制度，性质上与商业三者险不同。商业三者险是商业性保险，不具有公益性质，保险人收取的保险金额远高于国家基本医疗保险，投保人对加入保险的利益期待也远高于国家基本医疗保险。如果保险公司按照商业性质收取保费，却按照国家基本医疗保险的标准进行理赔，明显减轻其理赔责任，限制了投保人的权利。可见，被告财产保险公司提出扣除非医保用药的意见违背了合同权利义务对等的原则。最后，受害人因交通事故受伤进行治疗，用药的种类和剂量已不属于其控制的范围，且从保护受害人人身健康权的角度出发，保险公司也不应通过所谓的合同约定对用药范围予以限制。综合上述理由，法院认为，被告人财产保险公司提出的医疗费应扣除非医保用药10%的意见于法无据，法院不予采信。

最终，上海市奉贤区人民法院判令：

一、被告财产保险公司应于本判决生效之日起十日内在机动车交通事故责任强制保险的限额内赔偿原告史珊珊120000元（包括精神损害抚慰金17500元）；

二、被告财产保险公司应于本判决生效之日起十日内在商业第三者责任保险的限额内赔偿原告史珊珊380029.38元；

三、原告史珊珊应于本判决生效之日起十日内返还被告工程公司76281.75元；

四、驳回原告其余的诉讼请求。

【法官后语】

《机动车交通事故责任强制保险条例》第二十三条明确规定，机动车交通事故责任强制保险在全国范围内实行统一的责任限额。责任限额分为死亡伤残赔偿限额、医疗费用赔偿限额、财产损失赔偿限额以及被保险人在道路交通事故中无责任的赔偿限额。机动车交通事故责任强制保险责任限额由保监会会同国务院公安部门、国务院卫生主管部门、国务院农业主管部门规定。基于此条例，交强险条款中约定保险公司有权根据国家基本医疗保险标准在交强险的责任限额内核定赔偿金额，部分保险公司在商业三者险条款中也约定其有权按照国家基本医疗保险的标准核定医疗费用的赔偿金额。在保险实践中，该约定被直观地称为“非医保用药不赔”条款，或称“非医保不赔”。我国自2007年7月1日实行强制性保险以来，许多交强险中的条款被直接引用到商业保险中来，而且效仿以格式条款的方式加以固定，“非医保不赔”条款的引用就是最常见的例子。大部分保险公司在机动车辆第三者责任保险条款中明确规定，保险事故发生后，保险人按照国家有关法律、法规规定的赔偿范围、项目和标准以及本保险合同的约定，在保险单载明的责任限额内核定赔偿金额。保险人按照国家基本医疗保险的标准核定医疗费用的赔偿金额。

“非医保不赔”条款广泛应用于保险合同之中，商业三者险顺其自然地引用了交强险中的该项规定，自成一派，在同当事人订立保险合同时反复适用。但在司法实践中，“非医保不赔”条款却不为各地法院所认同，究其合法性值得商榷。

其一，“非医保不赔”条款与我国《合同法》《保险法》之规定相违背。“非医保不赔”作为一项格式条款，其对应的主体具有广泛性和社会性，合同法早已对其进行了规制。根据《合同法》第四十条之规定，格式条款具有本法第五十二条和第五十三条规定情形的，或者提供格式条款一方免除其责任、加重对方责任、排除对方主要权利的，该条款无效。同时，《保险法》第十九条亦作了相同规定。商业三者险作为交强险的补充，由投保人额外支付保费，同保险公司签订保险合同，旨在更大程度地保障当事人的合法权益。但是，保险公司则在保险条款中约定非医保部分不赔，大大加重了投保人、被保险人的责任，相应地减少了保险人的义务，与投保人当初投保的意图不符，也与投保人缴纳的高额保费不相匹配，更与《合同法》和《保险法》的规定不符，应归于无效。

其二，作为格式条款，保险公司同当事人订立合同过程中并未履行合理的提示及说明义务，有违反法律之规定。我国《保险法》第十七条第二款规定，对保险合同中免除保险人责任的条款，保险人在订立合同时应当在投保单、保险单或者其他保险凭证上作出足以引起投保人注意的提示，并对该条款的内容以书面或者口头形式向投保人作出明确说明；未作提示或者明确说明的，该条款不产生效力。目前，大多数保险公司在同投保人订立的保险合同及保险条款之中，仅于赔偿部分约定：保险人按照国家基本医疗保险的标准核定医疗费用的赔偿金额，但却未向当事人予以提示，并作相应的说明义务。保险条款的书面文件往往呈现多页，字体小等特征，绝大多数当事人不会注意保险条款的具体内容，而保险人也仅仅是对该保单具体保什么，不保什么做简要介绍，对赔偿部分则往往会忽视。另外，有些保险公司会对“非医保不赔”格式免责条款进行提示，用黑体加粗以引起当事人的注意，但在说明义务上存在着缺陷。可见，在实践中保险人对该条款的说明义务是远远不够的。

其三，“非医保不赔”条款同我国民法、保险法的基本原则相违背。民法基本原则中的公平与等价有偿原则，即民事主体应遵循文明社会所公认的公平合理的价值观念去进行民事活动，并遵循文明社会所公认的价值观念去分享从事民事活动之所得；民事主体在民事活动中实现自己的经济利益，应按照价值规律的要求，付出相应的代价，除法律另有规定或者合同另有约定外，取得他人的财产利益或得到他人的劳务，都应当向对方支付相应的价款或酬金。但“非医保不赔”作为保险公司一方的霸王条款，强行免除自身责任，加重了对方义务，使投保人、被保险人无法得到充足的保障，在保险事故发生时仍需为非医保用药买单，与公平、等价有偿原则、损失补偿原则均不符。

其四，“非医保不赔”条款的来源不合法。交强险作为国家强制性保险，具有国家强制力，且有《机动车交通事故责任强制保险条例》作为法律依据。交强险条款中约定保险公司有权根据国家基本医疗保险标准在交强险的责任限额内核定赔偿金额。但对于商业第三人责任保险而言，该险为自愿险，当事人可以选择购买也可以选择不购买，不受外界任何约束，与交强险迥然不同。

回归本案，原告史珊珊因为此次交通事故造成左手功能障碍，构成八级伤残，其治疗所使用的药品包括医保用药和非医保用药。保险公司提出商业三者险“非医保不赔”无论从合法性还是从合理性上看均是站不住脚的，是与当事人的合法权益相背道的。因此，笔者认为从司法审判立场上看，“非医保不赔”条款是无效的，应当充分保障当事人的合法权益，维护当事人的正当诉求，体现司法实质正义。

编写人：上海市奉贤区人民法院　林庆强

60

利用机动车实施故意伤害犯罪是否属于交强险理赔范围

——袁在钦诉杨华等机动车交通事故责任案

【案件基本信息】

1. 裁判书字号

北京市第二中级人民法院（2015）二中民终字第13188号民事判决书

2. 案由：机动车交通事故责任纠纷

3. 当事人

原告（被上诉人）：袁在钦

被告（上诉人）：长安责任保险股份有限公司北京市分公司

被告（被上诉人）：杨华、杨志广、北京华控高科电气有限公司

【基本案情】

2014年12月31日22时，在北京市丰台区金泰城西街T10007号灯杆处，杨华驾驶京MU0325号轻型厢式货车由北向南行至上述地点，与在上述地点的袁在钦发生纠纷，杨华驾车将袁在钦撞倒并拖拽，造成袁在钦受伤，事故发生后杨华弃车逃逸。2015年1月4日杨华到公安机关投案自首。事发后，公安机关交通管理部门依法进行了现场勘查、调查取证等工作。此事故经北京市公安局公安交通管理局丰台交通支队认定杨华为全部责任，袁在钦无责任。事故发生后袁在钦被送往北京市红十字会急诊抢救中心住院治疗，共计住院22天，出院主要诊断为腹部闭合性损伤，其他诊断为结肠带破裂、肝破裂、左肘关节外侧副韧带断裂、左肱骨小头骨质部分缺损、左侧11/12肋骨骨折、双侧胸腔积液，脑外伤后神经反应、全身多处表皮擦伤等。袁在钦支付医疗费98252.84元。2015年4月30日，袁在钦在北京市红十字会急诊抢救中心司法鉴定中心进行鉴定，袁在钦肝破裂修补术后符合X级伤残，结肠破裂修补术后符合X级伤残，左上肢目前状况符合X级伤残。累计伤残赔偿指

数为20%。袁在钦支付鉴定费3947.81元。

京MU0325车辆由杨志广出钱购买，挂靠在北京华控高科电气有限公司（以下简称华控高科公司），每年缴纳管理费、保险代缴费用共计7400元。杨志广与杨华系父子关系。该车辆由杨志广与杨华共同驾驶从事运输经营活动。事故发生时，该车辆在长安责任保险股份有限公司北京市分公司（以下简称长安保险北京分公司）投保了交强险及额度为100000元含有不计免赔条款的商业三者险。

杨华经原审法院（2015）丰刑初字第768号判决，犯故意伤害罪，判处有期徒刑五年。杨志广在事故发生后给付袁在钦医疗费30000元，杨华在刑事案件审理中给付袁在钦10000元。上述费用将在本案诉讼请求中进行折抵。

【案件焦点】

长安保险北京分公司是否应当在交强险限额内赔偿袁在钦主张的相应损失。

【法院裁判要旨】

北京市丰台区人民法院认为：杨华驾驶京MU0325机动车与袁在钦发生交通事故，致袁在钦人身受伤。事故经交管部门认定，杨华负全部责任、袁在钦无责任。杨华驾驶的机动车在长安保险北京分公司投保了交强险及第三者责任商业保险。故应该由长安保险北京分公司在交强险限额内先行赔偿；不足部分，依照《中华人民共和国道路交通安全法》和《中华人民共和国侵权责任法》的相关规定由杨华予以赔偿，又华控高科公司是京MU0325机动车的挂靠公司，故华控高科公司与杨华承担连带责任。长安保险北京分公司辩称杨华构成故意伤害罪是故意行为不属于交通事故，但《中华人民共和国道路交通安全法》第一百一十九条第一款第（五）项规定："交通事故"，是指车辆在道路上因过错或者意外造成的人身伤亡或者财产损失的事件，"过错"包括故意和过失，所以长安保险北京分公司的辩称法院不予采纳，本次事故应认定为交通事故。袁在钦主张长安保险北京分公司在商业三者险限额内赔偿的请求，证据不足，法院不予支持；长安保险北京分公司不同意在交强险限额内进行赔偿的主张，证据不足，法院不予支持；杨志广虽为肇事车辆的实际车主，并且是杨华之父，但在民法范畴内两人仍为独立的民事主体，且袁在钦并未提供充分证据证明杨志广与杨华存在雇佣关系，且杨志广对于本次事故的发生不存在过错，故袁在钦要求杨志广承担赔偿责任的请求法院不予支持。

判决后，长安保险北京分公司不服，上诉至北京市第二中级人民法院。北京市第二中级人民法院经审理认为：首先，关于本案争议的交强险，我国目前的交强险制度更加强调交强险的基本保障功能，即首要功能在于对受害人的保护，也更为重视对受害人损失的填补功能。相对来说，侵权人风险分散的功能则应让度于此，居于次要地位。交强险在其责任限额范围内与侵权责任在一定程度上相互分离，法律条文的规定上亦非一一映射。在具体规则而言，一旦发生交通事故，保险公司就要在责任限额范围内承担赔付义务。在保险公司而言，其先承担赔偿责任的基础即在于其保障功能的设定。

其次，根据《最高人民法院关于审理道路交通事故损害赔偿案件适用法律若干问题的解释》第十八条第一款第（三）项之明确规定："有下列情形之一导致第三人人身损害，当事人请求保险公司在交强险责任限额范围内予以赔偿，人民法院应予支持：……（三）驾驶人故意制造交通事故的。保险公司在赔偿范围内向侵权人主张追偿权的，人民法院应予支持。追偿权的诉讼时效期间自保险公司实际赔偿之日起计算。"一方面，根据本案已经查明及已为生效刑事判决所确认的事实，杨华驾车行至北京市丰台区金泰城西街一灯杆处，与袁在钦发生纠纷，将袁在钦撞倒并拖拽，造成袁在钦受伤，后弃车逃逸，直至投案自首。其行为已触犯《中华人民共和国刑法》，被认定为故意伤害罪。在该刑事判决中并未否定前述交通事故事实的认定。及至本案审结之时，上述交通事故认定书仍然有效，同时，司法解释之规定并未对制造交通事故的"故意"作特别限制，且关于民事法律中的故意与刑事法律中的故意不应仅限于定性区别而完全割裂来看，而交通事故确已客观发生，至于其主观或后果等是否符合刑事犯罪的构成要件以及是否应当因此而引入另一法律体系予以救济在该条文中并未限定，故法院认为长安保险北京分公司关于上述司法解释该处文义的理解与适用直接予以限缩阐释是为不妥。

北京市第二中级人民法院依照《中华人民共和国民事诉讼法》第一百七十条第一款第（一）项之规定，法院判决如下：

驳回上诉，维持原判。

【法官后语】

本案处理重点主要在于利用机动车实施故意伤害犯罪是否属于交强险理赔范

围。《道路交通安全法》第七十六条之规定，机动车发生交通事故后，先由交强险的保险公司在交强险责任限额范围内予以赔偿。《最高人民法院关于审理道路交通事故损害赔偿案件适用法律若干问题的解释》第十八条明确规定："有下列情形之一导致第三人人身损害，当事人请求保险公司在交强险责任限额范围内予以赔偿，人民法院应予支持：……（三）驾驶人故意制造交通事故的。保险公司在赔偿范围内向侵权人主张追偿的，人民法院应予支持。追偿权的诉讼时效期间自保险公司实际赔偿之日起计算。"司法解释之规定并未对制造交通事故的"故意"作特别限制，且关于民事法律中的故意与刑事法律中的故意不应仅限于定性区别而完全割裂来看，而交通事故确已客观发生，至于其主观或行为后果等是否符合刑事犯罪的构成要件以及是否应当因此而引入另一法律体系予以救济在该条文中并未限定。司法解释条文规定的实质还包括了基于交强险的保障功能，为了使受害人不因侵权人的无资力而陷入损失难以填补的境地，同时为了降低交强险中的道德风险，惩罚违法驾驶的行为人而赋予保险公司追偿权。对于终局的赔偿责任而言，由保险公司承担求偿权的成本及责任人无力赔偿的风险是符合《道路交通安全法》《保险法》及相关司法解释和条例的立法本义与体系规制的。上述责任承担的明确及保障体系的确立，既不以损害保险公司利益为前提，亦不会造成放纵违法行为人的后果，相较于保险公司所主张的不承担责任，更有利于实现立法目的。

我国目前的交强险制度更加强调交强险的基本保障功能，即首要功能在于对受害人的保护，也更为重视对受害人损失的填补功能。相对来说，侵权人风险分散的功能则应让度于此，居于次要地位。

编写人：北京市丰台区人民法院　李舒慧

61

被保险人是否有权放弃交强险保险索赔

——李小龙诉王战成、中国平安财产保险股份有限公司利辛支公司机动车交通事故责任案

【案件基本信息】

1. 裁判书字号

江苏省无锡市锡山区人民法院（2015）锡法民初字第00492号民事判决书

2. 案由：机动车交通事故责任纠纷

3. 当事人

原告：李小龙

被告：王战成、中国平安财产保险股份有限公司利辛支公司

【基本案情】

2013年6月10日，王战成驾驶其所有的皖S1J088小型轿车与李小龙驾驶李某林所有的苏E8MA50小型轿车，在G2高速北京方向1120公里处发生碰擦。事故发生后，经交警部门认定，王战成负事故全部责任。皖S1J088小型轿车向中国平安财产保险股份有限公司利辛支公司（以下简称保险公司）投保了交强险和商业三者险，事故发生在保险期限内。苏E8MA50小型轿车维修花费2900元，李某林出具声明，该费用已由李小龙支付，权利也由李小龙主张。2013年8月5日，王战成向保险公司出具书面申请，放弃对三者险及车上人员的赔付，不需保险公司赔付，仅赔付自己的车损。

【案件焦点】

被保险人放弃保险索赔是否有效，是否要根据交强险和商业险的性质区分对待。

【法院裁判要旨】

江苏省无锡市锡山区人民法院认为：交强险具有法定性，用以保障受害人得到及时有效的基本赔偿。《中华人民共和国道路交通安全法》明确规定了机动车发生交通事故造成人身伤亡，财产损失的，由保险公司在交强险限额范围内予以赔偿。故王战成对交强险部分的赔偿无权放弃，且保险公司提供的书面申请中，也不能看出王战成放弃了交强险部分的理赔，故保险公司应当在财产限额2000元范围内承担赔偿责任。王战成放弃了商业三者险的理赔，系其真实意思表示，故超出交强险限额的部分应当由王战成承担赔偿责任。在李小龙主张的损失中，车损2900元由保险公司定损，并实际产生，法院予以确认，该费用已由李小龙实际支付，其主张权利符合法律规定。综上，保险公司应当赔偿李小龙车损2000元，王战成应当赔偿李小龙900元。

江苏省无锡市锡山区人民法院依照《中华人民共和国侵权责任法》第六条、第十九条、第四十八条，《中华人民共和国道路交通安全法》第七十六条，《最高人民法院关于审理道路交通事故损害赔偿案件适用法律若干问题的解释》第二十五条，《中华人民共和国民事诉讼法》第一百四十四条、第一百六十二条之规定，判决如下：

一、保险公司于本判决生效之日起十日内赔偿李小龙2000元；

二、王战成于本判决生效之日起十日内赔偿李小龙900元；

三、驳回李小龙的其他诉讼请求。

【法官后语】

机动车辆保险是一种重要的风险转嫁方式，在大量的风险单位集合的基础上，将少数被保险人可能遭受的损失转嫁到全体被保险人身上，而保险人作为被保险人之间的中介对其实行经济补偿。交强险基础费率、赔偿限额法定，必须购买，商业险则由投保人根据个人需要自行决定险种和保险额度投保。

被保险人在发生交通事故后，根据保险合同约定，请求保险公司支付保险赔偿款。同时，根据《机动车交通事故责任强制保险条例》第二十七条“被保险机动车发生道路交通事故，被保险人或者受害人通知保险公司的，保险公司应当立即给予答复，告知被保险人或者受害人具体的赔偿程序等有关事项”以及第三十一条

“保险公司可以向被保险人赔偿保险金，也可以直接向受害人赔偿保险金……”规定，以及《保险法》第六十五条第一款、第二款规定：“保险人对责任保险的被保险人给第三者造成的损害，可以依照法律的规定或者合同的约定，直接向该第三者赔偿保险金。责任保险的被保险人给第三者造成损害，被保险人对第三者应负的赔偿责任确定的，根据被保险人的请求，保险人应当直接向该第三者赔偿保险金。被保险人怠于请求的，第三者有权就其应获赔偿部分直接向保险人请求赔偿保险金”，不论是交强险还是商业险，第三者都有权向保险公司申请支付保险赔偿款。这两种请求权指向的结果是同一的，即保险公司仅支付一笔保险赔偿款，最终赔偿的是第三者的损失。

本案中，如果原告李小龙早于被保险人王战成放弃保险索赔之前向保险公司申请支付保险赔偿款，那王战成的请求权也就相当于自动行使了，就不存在放弃的可能。而本案恰是在李小龙提出申请前，被保险人王战成放弃保险索赔。有观点认为不论是交强险还是商业三者险，最终赔偿的都是第三者的损失，被保险人无权放弃，故先在交强险限额内赔偿，不足部分按责任比例由商业险赔偿。但也有观点认为，保险是一种合同行为，被保险人是合同相对人，责任保险承保的是被保险人的法律赔偿风险，也就是说被保险人对第三者造成损失应承担的经济赔偿责任转移由保险公司承担，既然这是被保险人的权利，就可以依据自由意志自行处分，如若放弃，第三者的损失全部由被保险人自己承担。

笔者认为被保险人放弃保险赔偿的行为应当综合上述观点看待：交强险具有法定性，体现国家政策意志，以保障救济优先，放弃无效；商业三者险部分应尊重被保险人的真实意思表示，交强险不足部分，由自愿放弃保险赔偿的被保险人自行赔偿。理由如下：

《机动车交通事故责任强制保险条例》第十四条规定，保险公司不得解除机动车交通事故责任强制保险合同。交强险与一般商业保险不同，具有法定性，体现国家政策意志，它不仅具有和其他商业保险一样分散意外事故损失的保险功能，而且兼具社会救济的保障功能，国家建立强制保险制度是为了保障交通事故受害者得到及时有效的经济保障和医疗救治。《道路交通安全法》第七十六条规定机动车发生交通事故造成人身伤亡、财产损失的，由保险公司在机动车第三者责任强制保险责任限额范围内予以赔偿，不足部分再根据责任比例承担赔偿责任。而赔付规则上，交强险的责任承担不需要考虑事故第三人有无过错，只要保险车辆与事故损害后果之间存在因果关系，保险公司即应赔偿，没有免赔额和免赔率。且交强险中，被保险人基于保险约定向保险公司申请支付保险赔偿款，其本质是替第三者行使，除已向第三者支付赔偿外，自身无权获得赔偿款，故也无权放弃，保险公司也不得以被保险人放弃为由拒绝支付交强险部分的赔偿。

第三者商业责任险，即第三者责任险，在交强险出台后已成为非强制性保险，由于交强险赔偿限额比较低，一般作为交强险的补充投保。商业险与交强险相比，体现了自由磋商的现代契约精神，商业性明显，投保人可以根据需要保障的风险赔偿额度自由选择保险额档次，并承担相应档次的保费，保险公司以盈利为目的，仅在被保险人依法确定的责任限额内予以赔偿，并在合同中约定了较多的责任免除事项和免赔率。在法无明文禁止的情况下，被保险人作为合同相对方作出放弃理赔的意思表示，是对其合同规定权利的自由处分，当然此种处分必然会给其财产安全带来风险，保险公司作为金融服务经营者，应进行必要的风险提示。如确实是真实意思表示，法律应当支持，不利后果由被保险人自己承担。

编写人：江苏省无锡市锡山区人民法院　王玄　宣锦虹

62

施工车辆非“通行时”发生事故是否属于交强险赔偿范围

——孟细平诉中国人民财产保险股份有限公司海安支公司等机动车交通事故责任案

【案件基本信息】

1. 裁判书字号

江苏省南通市中级人民法院（2015）通中民终字第02406号民事判决书

2. 案由：机动车交通事故责任纠纷

3. 当事人

原告（被上诉人）：孟细平

被告（被上诉人）：南通科达建材股份有限公司

被告（上诉人）：中国人民财产保险股份有限公司海安支公司

【基本案情】

2014 年 7 月 20 日，南通市永川建设工程有限公司（以下简称永川公司）将江苏锦航机械制造有限公司制造车间（以下简称车间）木工、钢筋工、瓦工工程分包给丁凤彬施工。2014 年 9 月 28 日，原告及顾和建、崔世元根据丁凤元的安排在车间工地从事浇柱子工作。被告科达公司当天则安排吴志华驾驶苏 F9693T 号混凝土泵车在工地打混凝土。12 时许，吴志华准备开始操纵泵车，浇筑由北向南第二排单独的一根柱子。试车时，因休息时间较长，加之室外温度较高，导致泵车混凝土输送管内的混凝土堵塞，未能打出混凝土。为防止发生意外，吴志华便向站在施工现场脚手架上的原告及顾和建、崔世元喊话，要求他们远离输送管。此后，吴志华即开始操纵泵车输送混凝土，因输送管仍堵塞，软管便发生甩动，击打到原告，将原告打伤。当晚，吴志华向海安县公安局 110 报警，称有人被泵车软管打伤。

原告受伤后当即至海安县人民医院门诊住院治疗，诊断为：骨盆骨折、髋关节脱位（右侧），共住院治疗 30 天，用去医疗费用 72175.69 元（系永川公司垫付）。后原告因腹泻分别于 2015 年 1 月 16 日、1 月 17 日、1 月 20 日、1 月 31 日、3 月 8 日至南通大学附属医院、如皋市人民医院、海安县人民医院门诊治疗，共用去医疗费用 1956.94 元（其中含无病历佐证的 424.48 元及合作医疗补偿的 5 元）。

2015 年 4 月 23 日，南通三院司法鉴定所根据法院的委托，对原告的伤残程度、休息期限、护理期限及人数、营养期限、内固定在位是否影响伤残等级出具司法鉴定意见书。原告为此支付鉴定费用 1660 元。

【案件焦点】

施工车辆道路外非“通行时”发生事故是否属于交强险赔偿范围。

【法院裁判要旨】

江苏省南通市海安县人民法院经审理认为：交强险在性质上作为一种强制性保险，其设立目的是以该强制性责任保险保障受害人能及时从保险公司得到经济赔偿，具有强烈的保障性。本案中，泵车系特种机动车辆，除在道路上行驶外，作业系其基本功能，且作业中的风险远大于车辆运行过程中的风险。因此，“机动车通行”宜作扩大解释，结合特种车辆营业场所的特殊性，营业不仅限于通行，还包括打混凝土作业，打混凝土作业亦是通行的前后延伸状态和目的，且科达公司投保时专门投保了特种车辆保险，故中国人民财产保险股份有限公司海安支公司（以下简称保险公司）作为保险人对此应明确清楚。

江苏省南通市海安县人民法院依照《中华人民共和国侵权责任法》第六条第一款、第十五条第一款第（六）项、第十六条、第二十二条、第三十四条第一款，《机动车交通事故责任强制保险条例》第二十一条第一款、第二十三条第一款、第四十三条，《中华人民共和国民事诉讼法》第六十四条，《最高人民法院关于民事诉讼证据的若干规定》第二条之规定，判决如下：

一、被告保险公司在交强险赔偿责任限额范围内赔偿原告孟细平医疗费、住院伙食补助费、营养费、护理费、误工费、交通费、残疾赔偿金、精神损害抚慰金合计 117999.03 元；

二、被告保险公司在第三者责任险赔偿限额范围内赔偿原告孟细平医疗费、住院伙食补助费、营养费合计 51860.12 元；

三、原告孟细平返还被告科达公司 75535.69 元，扣除被告科达公司应负担的案件受理费及司法鉴定费 2453 元，原告孟细平尚应再给付被告科达公司 73082.69 元；

四、驳回原告孟细平的其他诉讼请求。

保险公司持原审答辩意见提起上诉。南通市中级人民法院经审理认为：《最高人民法院关于审理道路交通事故损害赔偿案件适用法律若干问题的解释》第二十八条规定，机动车在道路以外的地方通行时引发的损害赔偿案件，可以参照适用本解释的规定。《机动车交通事故责任强制保险条例》第四十四条规定，机动车在道路以外的地方通行时发生事故，造成人身伤亡、财产损失的赔偿，比照适用本条例。但应当注意上述规定中的参照适用情形，不仅仅是机动车发生事故的地点在道路以外，还应当符合发生事故的机动车处于“通行”状态的条件。当机动车停放在道路以外的地方，或者机动车处于停车状态下的施工作业等情况下发生的事故，则不属于参照适用的情况。交强险的保障范围应当理解为对机动车通行事故受害人的权益保障，而不应扩大到所有与机动车相关的事故中，否则不符合交强险的制度目的，同时也将增加保险公司的赔偿责任，从而加重交强险投保人的费率负担。本案中，吴志华驾驶的苏F9693T号混凝土泵车停放在工地打混凝土作业过程中发生意外事故致孟细平受伤，不属于参照适用上述司法解释及交强险赔偿的规定，原审适用法律错误，应当予以纠正。据此，确认原审核定的孟细平的损失合计182824.18元(不包括鉴定费1660元)，因吴志华在案涉事故中承担主要责任，孟细平承担次要责任，再依据案涉特种车辆在保险公司投保50万元的第三者责任保险（含不计免赔)，故由保险公司承担80%的赔偿责任即146259.34元。

江苏省南通市中级人民法院依照《中华人民共和国民事诉讼法》第一百七十条第一款第（二）项之规定，判决：

一、维持海安县人民法院（2015）安开民初字第00361号民事判决第三项；

二、维持海安县人民法院（2015）安开民初字第00361号民事判决第四项；

三、撤销海安县人民法院（2015）安开民初字第00361号民事判决第一项；

四、变更海安县人民法院（2015）安开民初字第00361号民事判决第二项为：中国人民财产保险股份有限公司海安支公司在第三者责任险赔偿限额范围内赔偿孟细平医疗费、住院伙食补助费、营养费、护理费、误工费、交通费、残疾赔偿金、精神损害抚慰金合计146259.34元。

【法官后语】

1. 机动车“道路以外”发生事故参照适用交强险条例

本案中，混凝土泵车属于重型专项作业车辆，该车辆在封闭的建筑工地静止作业时发生交通事故，事故原因混凝土泵车在工地打混凝土。故本案并非发生在一般道路上的交通事故。根据《机动车交通事故责任强制保险条例》第三条规定：“本条例所称机动车交通事故责任强制保险，是指由保险公司对被保险机动车发生道路交通事故造成本车人员、被保险人以外的受害人的人身伤亡、财产损失，在责任限额内予以赔偿的强制性责任保险。”第四十四条规定：“机动车在道路以外的地方通行时发生事故，造成人身伤亡、财产损失的赔偿，比照适用本条例。”由此可以看出，对于机动车发生道路交通事故造成人员伤亡的，适用交强险。但对于“道路以外”的机动车事故，可以参照适用。

2. 道路以外机动车事故参照适用的前提条件为“通行时”

实际上，“道路以外”机动车事故并非交通事故，不应由交强险来赔付，但考虑到交强险的公益性和保障性，在我国相关保障制度和救助基金尚未建立或完善的情况下，将机动车在道路以外通行时发生的事故纳入交强险的赔偿范围，更有利于保护受害第三人的利益。但如果一律予以赔偿对于保险公司而言，并不公平，且与安全事故存在竞合。故交强险条例明确规定了道路以外事故的参照条件为“通行时”，限制了交强险的赔偿范围，对于通行的概念，应当按照通常意义予以理解适用，不存在扩大解释的空间，本案中混凝土泵车在静止状态下作业，并非通行状态，不应当适用《机动车交通事故责任强制保险条例》第四十四条，保险事故不属于交强险赔偿范围。

3. 案涉保险事故适用商业险赔偿

对于通行状态并没有作出约定在“道路以外”机动车事故中，机动车在未处于通行状态下，不适用交强险，但按照商业险条款的约定，事故损失应由商业险涵盖赔付。商业险往往并不在条款中对事故发生时车辆的具体用途、行驶状态作硬性规定，仅规定车辆在“使用”过程中发生事故即可获赔。机动车在各种场合作业（如装卸货、起重、临时停车修理等）时或行驶时都属于使用。故本案保险公司应当承担商业险的赔偿责任。

编写人：江苏省南通市中级人民法院　王吉美　谷昔伟

63

同一起交通事故多个被侵权人交强险金额分配

——曹德龙诉中国平安财产保险股份有限公司辽阳中心支公司、孙丽华机动车交通事故责任案

【案件基本信息】

1. 裁判书字号

辽宁省辽阳市辽阳县人民法院（2015）辽县民一初字第00191号民事判决书

2. 案由：机动车交通事故责任纠纷

3. 当事人

原告：曹德龙

被告：孙丽华、中国平安财产保险股份有限公司辽阳中心支公司

【基本案情】

2013年11月16日18时许，被告孙丽华驾驶辽K36L25号轿车，由东向西行驶至兰唐线辽阳县兴隆镇小赵台村路段时，与由南向北横过马路行人曹德龙、赵明相撞，致曹德龙、赵明受伤，车辆损坏。经辽阳县公安局交通管理大队认定，被告孙丽华负事故主要责任，原告曹德龙及赵明负事故次要责任。原告曹德龙伤后被送往辽阳县中心医院救治，住院121天，诊断为右股骨粗隆间粉碎性骨折、腰1左侧横突骨折、头外伤等，花掉医疗费41095.17元（其中被告孙丽华垫付5000元）。住院期间Ⅱ级护理，出院时医嘱建议休息1个月。2014年12月4日，原告曹德龙因右股骨粗隆间骨折术再次进入辽阳县中心医院住院治疗18天，花掉医疗费5161.28元。住院期间Ⅱ级护理，出院时医嘱建议术后3个月内避免重体力劳动。2015年3月9日经辽阳县中心医院法医司法鉴定所鉴定，原告曹德龙因交通事故致右股骨粗隆间粉碎性骨折造成目前的右下肢丧失功能27.51%，评定为九级伤残。原告曹德龙在该事故发生前在辽阳县慧煊铸造有限公司工作，月收入3500元。肇事车辆辽K36L25号轿车向被告中国平安财产保险股份有限公司辽阳中心支公司（以下简称保险公司）投保了机动车第三者责任强制保险，该交通事故发生在保险期限内。

【案件焦点】

本案交通事故致原告曹德龙及赵明受伤，属同一交通事故致多个被侵权人受伤的案件，应怎样确定机动车第三者责任强制保险责任的赔偿限额。

【法院裁判要旨】

辽宁省辽阳市辽阳县人民法院审理认为：被告孙丽华驾驶机动车，忽视交通安全，在没有交通信号灯的道路上，未能在确保安全、畅通的原则下通行，是事故形

成的主要原因，应承担主要责任；原告曹德龙在横过机动车道时，未能详细观察过往车辆情况并确认安全后直行通过，是事故形成的次要原因，应承担次要责任。辽阳县公安局交通管理大队出具的道路交通事故认定书，法院予以采信。公民的生命权、健康权受法律保护。原告曹德龙因该交通事故造成身体损害而产生的经济损失，被告孙丽华在交通事故责任范围内应予赔偿。被告孙丽华驾驶的肇事车辆向被告保险公司投保了机动车第三者责任强制保险，该交通事故发生在保险期限内，被告保险公司应在机动车第三者责任强制保险责任限额范围内予以赔偿，超出该责任限额部分由被告孙丽华按事故责任比例70%予以赔偿。

关于原告曹德龙的医疗费损失46256.45元、伙食补助费损失6950元一节，经查，此节的经济损失庭审中二被告予以承认，且经法院审查，此节经济损失查证属实，不违反法律规定，故法院予以确认。

关于原告曹德龙的护理费损失24832.92元一节，经查，原告曹德龙诉讼请求按本地区上年度居民服务业在岗职工平均工资34995元，折算日工资为95.88元的标准计算护理费是符合法律规定的。原告曹德龙二次住院共计139天（121天+18天），住院期间Ⅱ级护理，可依法确认护理人员一人。故原告曹德龙的护理费为13327.32元（95.88元×139天），原告曹德龙诉讼请求中超出部分，法院不予确认。

关于原告曹德龙的误工费损失55768.26元一节，经查，原告曹德龙在辽阳县慧煊铸造有限公司工作，月收入3500元，折算成日工资116.67元。原告曹德龙误工时间为住院治疗时间和医嘱休息时间即为259天（121天+18天+30天+90天），故原告曹德龙的误工费为30217.53元（116.67元×259天），原告曹德龙诉讼请求中超出部分，法院不予确认。

关于原告曹德龙的残疾赔偿金损失102312元及鉴定费损失700元一节，经查，原告曹德龙为城镇居民。原告曹德龙出院后，经司法鉴定，伤残等级为九级伤残，残疾赔偿金可根据其伤残等级，按照本地区上年度城镇居民人均可支配收入25578元标准，自定残之日起按二十年计算，即为102312元（25578元×20年×20%）。原告曹德龙因作伤残等级评定，花掉鉴定费700元，该费用虽未约定在保险合同中，但被告保险公司未提供证据证明在签订保险合同时，其已作出足以能让投保人注意的提示，并对该条款尽到了如实告知义务，故该条款不产生效力，被告保险公司不承担鉴定费的抗辩理由不成立。对原告曹德龙此节诉讼请求，法院予以确认。

关于原告曹德龙的精神损害抚慰金损失25578元一节，经查，原告曹德龙因交通事故身体受到损害，后经司法鉴定伤残等级为九级，其人格、身体利益均受到损害，也造成严重精神痛苦。原告曹德龙有权请求通过财产赔偿的方法缓解其精神痛苦，根据相关法律规定，结合本案案情，精神损害抚慰金可确定为10000元，对原告曹德龙此节经济损失，超出部分，法院不予支持。

关于原告曹德龙的交通费损失2000元一节，经查，原告曹德龙因伤二次入医院治疗，住院期间Ⅱ级护理，交通费的发生应是客观存在的，但其庭审中未能提供证据证明发生交通费损失的相关凭证，鉴于本案实际情况，法院酌予确认交通费800元，对原告曹德龙此节诉讼中超出部分，法院不予支持。

关于原告曹德龙诉讼请求的衣物损失2000元一节，经查，原告曹德龙因该交通事故，衣物受到损失应是客观的，但衣物损失应以实际发生的损失价值为凭，原告曹德龙庭审中未提供证据证明衣物实际发生的损失额，故对原告曹德龙此节诉讼请求，法院不予支持。

综上所述，原告曹德龙的经济损失为医疗费46256.45元，伙食补助费6950元，护理费13327.32，误工费30217.53元，残疾赔偿金102312元，鉴定费700元，精神损害抚慰金10000元，交通费800元。被告保险公司应在机动车第三者责任强制保险责任限额范围内承担赔偿责任。该交通事故致原告曹德龙及赵明受伤，属同一交通事故多个被侵权人的案件，应当按照被侵权人的损失比例确定机动车第三者责任强制保险责任的赔偿限额。交强险责任限额医疗费用项下赔偿限额为10000元，包括被侵权人的医疗费损失和伙食补助费损失。原告曹德龙的医疗费、伙食补助费损失合计53206.45元。赵明的医疗费、伙食补助费损失合计44192.82元，被告曹德龙交强险责任限额中医疗费项下的赔偿数额为5463元［10000元×53206.45元÷（53206.45元+44192.83元）］，超出部分47743.45元由被告孙丽华按事故责任70%比例赔偿。交强险责任限额死亡伤残项下赔偿限额为110000元，包括被侵权人的误工费、护理费、鉴定费、残疾赔偿金、精神损害抚慰金、交通费损失等，原告曹德龙误工费、护理费、鉴定费、残疾赔偿金、精神损害抚慰金、交通费损失，合计155356.85元，赵明的误工费、护理费、交通费，合计26008.06元。原告曹德龙交强险责任限额中死亡伤残项下的赔偿数额为94226元［110000元×

155356.85 元÷（155356.85 元+26008.06 元）]，超出部分 61130.85 元，由被告孙丽华按事故责任 70% 比例赔偿。被告保险公司赔偿原告曹德龙经济损失合计 99689 元。被告孙丽华在事故发生后为原告曹德龙垫付的 5000 元，为节省诉讼成本，减轻当事人负担，可在本案中同时审理，可从被告孙丽华赔偿原告曹德龙的医疗费中扣除，被告孙丽华赔偿原告曹德龙经济损失合计 71212 元［（47743.45 元×70%－5000 元）+61130.85 元×70%］。

辽宁省辽阳市辽阳县人民法院依照《中华人民共和国侵权责任法》第六条、第十五条（六）项、第十六条、第四十八条，《中华人民共和国道路交通安全法》第三十八条、第七十六条，《中华人民共和国保险法》第十七条、第六十六条，《最高人民法院关于审理人身损害赔偿案件适用法律若干问题的解释》第十八条、第十九条、第二十条、第二十一条、第二十二条、第二十三条、第二十五条，《最高人民法院关于审理道路交通损害赔偿案件适用法律若干问题的解释》第十六条、第二十二条，《最高人民法院确定交通事故精神损害赔偿的解释》第十条、第十一条，《最高人民法院关于适用〈中华人民共和国民事诉讼法〉的解释》第九十一条之规定，判决如下：

一、被告中国平安财产保险股份有限公司辽阳中心支公司赔偿原告曹德龙经济损失 99689 元；

二、被告孙丽华赔偿原告曹德龙经济损失 71212 元；

三、驳回原告曹德龙其他诉讼请求。

【法官后语】

交通事故中有多名被侵权人的案件很普遍，但对于多名被侵权人，交强险如何公平赔付，是司法实践中的一个难点，各人民法院的做法也不尽相同。《最高人民法院关于审理道路交通事故损害赔偿案件适用法律若干问题的解释》（以下简称《解释》）的施行，对于这个问题予以明确，统一了司法尺度，也体现了公平原则。

（一）司法解释的规定更趋于公平

按照各被侵权人的损失比例确定交强险对于多名被侵权人的赔偿数额，较之于“交强险项下，先诉先处理”的做法，避免了后起诉的交通事故中被侵权人在交强险项下可能得不到赔偿，避免了交强险无法保护被侵权人权益的情况。能结合各个被侵权人所受损害的不同程度，最大限度地将赔偿款支付到更需要的被侵权人，有利于更大限度地发挥其保障功能。

（二）按照损失比例确定交强险的赔偿数额的具体做法

1. 按照各被侵权人的损失比例确定交强险的赔偿数额，应把各被侵权人的案件并为一案处理，方能达到各被侵权人按比例分享保险公司赔偿款的目的。

2. 如果所有被侵权人的损失依法可以确定，案件均具备起诉条件，部分赔偿权利人起诉而部分赔偿权利人未起诉的，法院应告知未起诉赔偿权利人其他赔偿权利人已起诉的情况，告知其权利。接到通知后，赔偿权利人具备起诉条件而不起诉的情况较少，如果确有人接到通知后仍不起诉的，法院应告知保险赔偿款可能由先起诉的赔偿权利人受偿的法律后果。

3. 法院在告知未起诉部分赔偿权利人时，务必同时限定他们行使权利的期限。赔偿权利人如果明确表示放弃赔偿请求的，则人民法院依法就已经受理的案件进行审理；如果不表示放弃又不表示主张的，应当限定一个合理的期限，期限届满起诉的和已经受理的案件合并审理，一案判决；期限届满不起诉的，则认定为其放弃了赔偿请求，就已经受理的案件进行审理。

4. 对于赔偿权利人因治疗尚未结束等原因、损失额尚未确定的，如果其他赔偿权利人因损失可以确定要求起诉的，可先行受理其起诉，然后中止相关案件的审理，待有治疗需要的被侵权人治疗结束后一并处理。除非尚未治疗结束的赔偿权利人放弃对保险公司赔偿款的受偿请求。

编写人：辽宁省辽阳市辽阳县人民法院　韩芳

64

于投保当日发生交通事故，保单未约定即时生效，保险公司是否承担赔偿责任

——刘爱华诉刘新垒等机动车交通事故责任案

【案件基本信息】

1. 裁判书字号

山东省淄博市中级人民法院（2015）淄民三终字第577号民事判决书

2. 案由：机动车交通事故责任纠纷

3. 当事人

原告：刘爱华

被告（上诉人）：刘新垒

被告（被上诉人）：中国太平洋财产保险股份有限公司淄博中心支公司

被告：孙海英

【基本案情】

2015年1月15日14时30分，孙海英驾驶鲁C0700M号轿车沿淄城路由北向南行驶至事故地点处，遇情况处置不当，车辆将道路中间隔离护栏撞坏后，驶入公路左侧，与沿淄城路由南向北行驶的耿彪驾驶的鲁CC960G号轿车相撞，后该车与刘爱华驾驶的头朝北尾朝南停放于公路东侧的鲁C9931V号轿车相撞，致三车损坏，护栏损坏的交通事故。次日，淄博市公安局交通警察支队淄川大队作出道路交通事故认定书（简易程序），认定孙海英驾车行驶时遇情况处置不当，承担事故的全部责任；耿彪、刘爱华不承担事故责任。

刘新垒系鲁C0700M号轿车的实际所有人，孙海英系事故发生时的驾驶员。2015年1月15日14时许，该车在中国太平洋财产保险股份有限公司淄博中心支公

司（以下简称太保淄博公司）投保机动车交通事故责任强制保险及200000元的第三者责任商业保险，保单载明保险期限均自2015年1月16日零时起至2016年1月15日二十四时止。刘爱华系鲁C9931V号轿车的所有人，受淄博市公安局交通警察支队淄川大队委托，2015年1月21日，淄博市价格认证中心作出道路交通事故车辆财产损失价格鉴定书，鉴定该车因交通事故造成的直接经济损失为11734元。

刘爱华诉至法院，要求赔偿车辆损失、鉴定费、折旧费、交通费等各项损失。原审判决后，上诉人刘新垒不服，提起上诉。

【案件焦点】

于事故当日投保机动车保险，保单约定的保险期限起始时间均为次日零时起，在此情形下，保险公司是否应当在交强险及商业三者险赔偿限额范围内承担赔偿责任。

【法院裁判要旨】

山东省淄博市淄川区人民法院经审理认为：交强险保险合同是双方基于法律的强制性规定签订，具有不同于一般民商事合同的强制性，商业三者险保险合同是双方基于自愿签订，非基于法律的强制性规定签订，属一般民商事合同，双方应按照约定履行义务。本案交强险保单约定次日生效，将造成第三者得不到交强险赔偿的后果，这有悖于交强险设立初衷，故除法律明确规定的免责事由外，在合同签订及交纳保费后，保险公司应在交强险范围内赔偿。商业三者险保险合同是双方基于对保险期限的约定而自愿签订，保险期限作为合同的重要要件，具有特定性，保险人仅就约定的承保期限履行义务，被保险人也应负有注意义务，且投保人和保险人可以对合同的效力约定附期限，故保险期限不应被视为免责条款。

山东省淄博市淄川区人民法院依照《中华人民共和国合同法》第八条、第四十六条，《中华人民共和国保险法》第十三条之规定，作出如下判决：

一、被告太平洋淄博公司在交强险范围内赔偿原告刘爱华车辆损失1000元；

二、被告刘新垒赔偿原告刘爱华超出交强险范围的车辆损失、拆检费、拖车费、四轮定位费、价格鉴定费、清障费12083元；

三、被告孙海英对第二项赔偿款项承担连带赔偿责任；

四、驳回原告刘爱华的其他诉讼请求。

刘新垒提起上诉。山东省淄博市中级人民法院经审理认为：本案争议的焦点是太保淄博公司应否在商业三者险范围内承担赔偿责任。事故发生前，刘新垒在太保淄博公司办理了保险续保手续，并缴纳了各项保险费，保险合同成立。刘新垒收到保单后，对保单记载的内容已知悉，核对保单内容后，若有异议，应通知太保淄博公司进行批改，但刘新垒并未对此提出异议，视为认可。该保险合同属于附期限的合同，自所附期限届至时生效，自期限届满时失效。本案事故并非发生在保险合同约定的保险期限内，故太保淄博公司不应对本次事故负保险理赔责任。保险单记载的保险期限属于保险合同的基本内容之一，不属于格式条款中的免责条款。原审判决认定事实清楚，适用法律正确，程序合法，应予维持。

山东省淄博市中级人民法院依照《中华人民共和国民事诉讼法》第一百四十四条、第一百六十九条、第一百七十条第一款第（一）项、第一百七十四条、第一百七十五条之规定，作出如下判决：

驳回上诉，维持原判。

【法官后语】

对于本案的争议焦点有两种不同的观点。

第一种观点，合同没有生效，保险公司不承担赔偿责任。

保单是保险人与被保险人基于对保险标的、保险期限的约定而自愿签订的保险合同，保险人仅就与被保险人约定的承保期限履行保险义务。且《保险法》第十三条明确规定，投保人和保险人可以对合同的效力约定附条件或者附期限，保单上保险期限的约定应视为生效条件，保单为附生效条件的合同，该保险期限不应被视为免责条款。保险期限属于关键性约定，从一般情况来讲，被保险人会特别留意。

第二种观点，合同已经生效，保险公司应承担赔偿责任。

依照《合同法》第四十四条规定，依法成立的合同，自成立时生效。《保险法》第十三条规定，投保人提出保险要求，经保险人同意承保，保险合同成立来看，合同成立时，合同就即时生效，保险合同一般记载的自次日零时起生效的约定，属于格式合同、霸王条款，应当无效。

笔者认为，设置交强险的目的，就是为了保障机动车道路交通事故受害人依法得到赔偿。本案交强险可以使用，顺应了交强险的设立初衷；商业三者险合同是双方自愿签订的，保险人仅就与被保险人约定的承保期限履行保险义务，对保单上明确记载的保险期限，作为被保险人自身负有注意义务，且《保险法》第十三条明确规定，合同双方可以对合同的效力约定附条件或者附期限，该保险期限不应被视为免责条款，故保险公司在商业三者险范围内不承担赔偿责任。

编写人：山东省淄博市淄川区人民法院　殷筱娣

65

交强险与第三者责任险的区别

——董国全等诉太平财产保险有限公司广东分公司等机动车交通事故责任案

【案件基本信息】

1. 裁判书字号

广东省广州市荔湾区人民法院（2014）穗荔法少民初字第93号民事判决书

2. 案由：机动车交通事故责任纠纷

3. 当事人

原告：董国全、张巧玲、廖爱平、董锐轩

被告：韦庆、陈明光、太平财产保险有限公司广东分公司、吴启辉、刘兴龙、广州市兴邦物流有限公司、中国平安财产保险股份有限公司广东分公司

【基本案情】

2014年2月26日13时20分许，董式强驾驶粤AE8637号重型厢式货车由南往北行驶至环城高速路北行56公里路段时，因车辆发生故障停在第二车道，董式强下车后没有按规定在故障车后摆放危险警示牌，并站在故障车后面第二车道路面上，适遇被告韦庆驾驶粤A691LG号小型普通客车由南往北以84.8公里/小时的速度在第二车道行驶至而采取措施不及，结果粤A691LG号小型普通客车车头碰撞董式强后再撞向粤AE8637号重型厢式货车车尾，造成董式强当场死亡、被告韦庆受

伤及两车不同程度损坏的交通事故。此次事故，经广州市公安局交通警察支队高速一大队作出道路交通事故认定书，认定董式强、韦庆承担事故的同等责任。本案各方当事人对交通事故认定书均无异议。

粤 AE8637 号厢式运输汽车登记车主为兴邦物流公司，由吴启辉为该车在中国平安财产保险股份有限公司广东分公司（以下简称平安保险公司）投保交强险及商业三者险，保险期限均从 2013 年 7 月 21 日起至 2014 年 7 月 20 日止，交强险中有责任死亡伤残赔偿限额为 110000 元，医疗费用赔偿限额为 10000 元，商业三者险的限额为 500000 元，含不计免赔。2013 年 7 月 10 日，吴启辉与兴邦物流公司签订挂靠车辆管理合同，挂靠期限 2013 年 7 月 16 日至 2014 年 7 月 15 日。2013 年 12 月 26 日，吴启辉与刘兴龙签订车辆转让合同，将该车转让给刘兴龙，合同约定自 2014 年 1 月 1 日起，该车的一切收益和风险、车辆交通事故违章等由刘兴龙负责，刘兴龙承诺前述挂靠合同，并承担有关费用。事故发生时，董式强接受安排驾驶该车辆。

粤 A691LG 号客车登记车主为陈明光，陈明光为该车在太平财产保险有限公司广东分公司（以下简称太平保险公司）投保交强险及商业三者险，保险期限均从 2013 年 10 月 17 日起至 2014 年 10 月 16 日止，交强险中有责任死亡伤残赔偿限额为 110000 元，医疗费用赔偿限额为 10000 元，商业三者险的限额为 100000 元，含不计免赔。事故发生时，陈明光安排韦庆驾驶粤 A691LG 号客车送货。

事故发生时，董式强户籍在广东省佛山市南海区狮山镇狮北西二村四巷 × 号。董式强的父母亲是董国全、张巧玲，事故发生时，其父亲董国全已年满 77 岁，其母亲张巧玲已年满 62 岁，董国全、张巧玲户籍同董式强。佛山市南海区狮山镇狮北村村委会出具证明，证实董国全无劳动能力，张巧玲患病生活不能自理。董国全、张巧玲共生育两名子女，儿子董式强，女儿董云兴。董式强与廖爱平为夫妻关系，生育了一名子女为董某某，董式强死亡时，其儿子董某某年龄 10 个月。

庭审中，董国全、张巧玲、廖爱平、董某某确认已经收到了太平保险公司实际支付的 198000 元，自愿按 210000 元计算在本案中扣减太平保险公司应赔偿部分，并自愿按照 210000 元负担相应的受理费。陈明光提出已向董国全、张巧玲、廖爱平、董锐轩支付了 30000 元丧葬费，要求在本案中扣减，董国全、张巧玲、廖爱平、董锐轩对此予以确认。刘兴龙庭审中答辩称其支付了赔偿金给董式强家属，但未提供证据证实。

【案件焦点】

事故发生时原本在本车上的人员离开本车成为第三人，应属交强险的赔偿范围还是属于商业三者险合同的赔偿范围。

【法院裁判要旨】

广东省广州市荔湾区法院审理认为：本次交通事故是由于董式强驾驶机动车发生故障后，没有按照规定摆放警告标志牌且人员没有撤离到安全的地方；韦庆驾车忽视行车安全未按操作规定安全驾驶且驾驶机动车时速超过限速标志标明的最高时速，双方在此次事故中承担同等责任。

法院认为事故发生时，董式强虽然离开了车辆，但仍属于交强险的赔偿范围。董式强作为驾驶人，符合商业三者险合同中约定的特定身份，故平安保险关于商业三者险不应承担赔偿责任的辩解，本院不予支持。最后，兴邦物流公司、吴启辉、刘兴龙在交通事故中对董式强的死亡无责任，故不需承担赔偿责任。韦庆受雇于陈明光为其驾车送货途中发生交通事故致董式强死亡，因此陈明光应承担赔偿责任。

据此，广州市荔湾区人民法院判决：

一、被告中国平安财产保险股份有限公司广东分公司应自本判决发生法律效力之日起十日内，在机动车交通事故强制保险责任限额范围内向原告董国全、张巧玲、廖爱平、董锐轩支付交通事故赔偿金110000元；

二、被告陈明光应自本判决发生法律效力之日起十日内，向原告董国全、张巧玲、廖爱平、董锐轩支付交通事故赔偿金330970.85元；

三、驳回原告董国全、张巧玲、廖爱平、董锐轩的其他诉讼请求。

【法官后语】

本案属于机动车事故责任纠纷案件，本案的争议焦点为：交强险与第三者责任险区别。

首先，两者的强制性不同，“三者险”并不具有强制性，它在本质上是按照商业保险制度建立起来的一种商业性质的保险。对车辆所有者及保险人来说，更注重风险的分散和保险利益的获取，是否投保是双方协商一致的结果；而“交强险”具有强制性，具有类似于社会保险的性质，其更注重的是让第三人的利益能及时得到保障，所有行驶的车辆所有者都被强制要求投保，同时保险公司必须承保而不得拒保。

其次，赔偿的原则不同。“三者险”是按照过错责任来确定保险人所应当承担的责任，具体的赔偿方式保险合同中有具体约定均按照合同的约定进行；而“交强险”保险人的赔偿责任是按照无过错的原则确定的。

再次，二者赔偿责任限额及范围不同。商业三者险的总项责任限额不等，并且不受分项额的限制，只要全部损失总额不超过总的责任限额均可获赔，而且设有免赔率与免赔额。

最后，二者保险人在追偿权上存在不同。商业三者险，保险人承担的是独立赔偿的合同责任，其赔付后无权向有过错的加害方行使追偿权。但交强险中却为保险人设定了有条件的追偿权，即当事故是在特定条件下发生，则保险公司对垫付的抢救费用有权向致害人追偿。

交强险与商业险是机动车事故责任纠纷案件中最重要的赔偿内容，两者的区别是计算各方赔偿的关键，本案同一个人在不同法条里的定义和其体现的法律价值都不同。

编写人：广东省广州市荔湾区人民法院　陈小倩

66

损伤参与度对交强险赔偿责任的影响

——赵祥庆诉孔凡军、日照市荣事达商贸有限公司等机动车交通事故责任案

【案件基本信息】

1. 裁判书字号

山东省日照市中级人民法院（2015）日民一终字第561号民事判决书

2. 案由：机动车交通事故责任纠纷

3. 当事人

原告（被上诉人）：赵祥庆

被告（被上诉人）：孔凡军、日照市荣事达商贸有限公司

被告（上诉人）：中国人民财产保险股份有限公司日照市分公司

【基本案情】

2014年9月1日12时许，被告孔凡军驾驶鲁LB7128号重型特殊结构货车沿204国道由东向南左转弯与原告由南向北无证驾驶的鲁LTP275号三轮摩托车相撞，致原告受伤，双方车辆损坏。2014年9月9日，日照市公安局交通警察支队岚山大队作出日公交认字（2014）第3127号道路交通事故认定书，认定被告孔凡军负事故主要责任，原告负事故次要责任。

被告孔凡军系被告荣事达商贸公司雇佣的司机，持有机动车驾驶证B2E证，事故发生在其执行工作任务过程中，其驾驶的鲁LB7128号重型特殊结构货车系被告荣事达商贸公司所有，该车在被告中国人民财产保险股份有限公司日照市分公司（以下简称中保日照分公司）投保交强险。事故发生后，被告荣事达商贸公司为原告垫付医疗费5000元。

原告伤后当天被送往日照市人民医院住院治疗27天，经诊断为尺神经损伤、颈椎间盘突出、高血压Ⅱ、头部外伤、面部挫裂伤、软组织损伤等。9月28日，原告转入中国人民解放军总医院住院4天，经诊断为颈髓过伸伤、颈椎病等。2014年12月24日，经法院委托，日照方正法医司法鉴定所作出日方司法鉴定所（2014）临鉴字第427号伤残伤情鉴定意见书，原告之损伤构成两处十级伤残。2015年1月27日，经法院委托，日照方正法医司法鉴定所作出日方司法鉴定所（2015）临鉴字第41号伤残伤情鉴定意见书，原告颈椎方面疾病与交通事故的参与度以35%为宜。2015年3月2日，经法院委托，日照光明法医司法鉴定所作出日光法司鉴所（2014）临鉴字第581号司法鉴定意见书，原告2014年9月1日至9月28日在日照市人民医院住院治疗期间，治疗高血压、心脑血管疾病的治疗费用为89.5元；2014年9月28日至10月2日在解放军总医院住院治疗期间，治疗颈椎间盘突出、椎管狭窄的治疗费用为90840.65元。

事故发生后，原告赵祥庆于2014年9月12日向法院申请，要求对被告孔凡军

驾驶的车辆进行保全，保全价值80000元，法院依法作出（2014）岚民保字第265－1号民事裁定书，裁定将被告孔凡军驾驶的鲁LB7128号牌重型特殊结构货车一辆予以扣押，扣押于华日停车场。同日，被告荣事达商贸公司向法院提供80000元现金担保，法院依法作出（2014）岚民保字第265－2号民事裁定书，裁定解除对被告孔凡军驾驶的鲁LB7128号重型特殊结构货车的扣押。2014年12月25日，因原告向法院提出先予执行申请，法院作出（2014）岚民一初字第1830－1号民事裁定书，裁定被告荣事达商贸公司先行支付给原告40000元。

【案件焦点】

在确定交强险赔偿责任时，是否应根据伤残伤情鉴定意见书的参与度对原告损失做相应扣减。

【法院裁判要旨】

山东省日照市岚山区人民法院经审理认为：被告孔凡军主观上具有过失，其肇事行为系构成事故后果的主要原因，应该承担事故的主要责任。被告孔凡军系荣事达商贸公司的工作人员，其因执行工作任务造成原告损害，应由其用人单位即被告荣事达商贸公司承担相应的民事赔偿责任。原告赵祥庆主观上有过失，其肇事行为系构成事故后果的次要原因，应该承担事故的次要责任。结合双方肇事行为的性质、事故责任大小和主观过错程度，确定被告荣事达商贸公司对原告交强险赔偿限额外的损失承担70%的赔偿责任。

被告荣事达商贸公司所有的、被告孔凡军驾驶的鲁LB7128号牌重型特殊结构货车在被告中保日照分公司投保交强险，中保日照分公司应当在交强险的赔偿限额内首先向原告承担民事赔偿责任。

我国交强险立法并未规定在确定交强险责任时应根据受害人体质状况对损害后果的影响做相应扣减，保险公司的免责事由也仅限于受害人故意造成交通事故的情形，结合《中华人民共和国道路交通安全法》第七十六条“机动车发生交通事故造成人身伤亡、财产损失的，由保险公司在机动车第三者责任强制保险责任限额范围内予以赔偿”之规定，被告中保日照分公司应在交强险的赔偿限额内首先向原告承担民事赔偿责任，而不应考虑损伤参与度。三被告辩称应根据日方司法鉴定所（2015）临鉴字第41号伤残伤情鉴定意见书的参与度对原告损失做相应扣减，法院不予采信。

山东省日照市岚山区法院依照《中华人民共和国道路交通安全法》第二十二条第一款、第四十四条、第七十六条,《中华人民共和国侵权责任法》第六条、第十五条第一款第(六)项、第十六条、第十九条、第二十六条、第三十四条、第三十五条、第四十八条,《中华人民共和国道路交通安全法实施条例》第五十一条第(七)项,《最高人民法院关于审理人身损害赔偿案件适用法律若干问题的解释》第十七条、第十九条、第二十条、第二十一条、第二十二条、第二十三条、第三十五条之规定,作出如下判决:

一、在交强险限额内,被告中国人民财产保险股份有限公司日照市分公司赔偿原告赵祥庆医疗费、伤残赔偿金、误工费、护理费、交通费、车辆损失合计70108.5元;

二、被告日照市荣事达商贸有限公司赔偿原告赵祥庆医疗费、住院伙食补助费、评估费、鉴定费合计75281.98元,与其已向原告支付的45000元相抵扣,被告日照市荣事达商贸有限公司还应向原告赵祥庆支付30281.98元;

三、驳回原告赵祥庆的其他诉讼请求。

被告中保日照分公司持原审起诉意见提起上诉。日照市中级人民法院经审理后认为:孔凡军驾驶货车与赵祥庆无证驾驶的三轮摩托车相撞,致赵祥庆受伤,双方车辆损坏,造成道路交通事故的事实清楚,各方均无异议,法院予以确认。原审中赵祥庆提交劳动合同、工资单等证据证明其收入来源于城镇且务工所在地位于城镇。原审据此按照城镇标准计算其伤残赔偿金正确,中保日照分公司上诉主张赵祥庆在一审中提供的误工证明系伪造,未提供相应的证据证明,故其上诉关于原审按照城镇居民标准计算残疾赔偿金错误的主张缺乏事实和法律依据,法院不予支持。赵祥庆在涉案事故发生时虽已满67周岁,但其仍然从事劳动,因涉案交通事故的发生致其收入减少,其误工费理应得到补偿,原审依据赵祥庆提供的劳务合同、证明、工资单等证据确定其误工费损失正确,中保日照分公司上诉关于赵祥庆误工费损失不应支持的主张,不能成立,法院不予支持。案中赵祥庆自身存在颈椎间盘突出、椎管狭窄等疾病,但中保日照分公司未提供证据证明其于交通事故发生后所治疗的颈椎间盘突出、椎管狭窄等疾病存在不合理性、不必要性,故其上诉关于扣除赵祥庆治疗颈椎间盘突出、椎管狭窄费用的主张,不能成立,法院不予支持。日照市中级人民法院认为，原审认定事实清楚，适用法律正确，故依照《中华人民共和国民事诉讼法》第一百六十九条第一款、第一百七十条第一款第（一）项、第一百七十五条之规定，作出如下判决：

驳回上诉，维持原判。

【法官后语】

《道路交通安全法》第七十六条规定，机动车发生交通事故造成人身伤亡、财产损失的，由保险公司在机动车第三者责任强制保险责任限额范围内予以赔偿。从该条款的规定可以看出，交强险具有以下三种特殊属性。第一，交强险的社会保障性。交强险的首要功能在于对受害人的保护，因而具有基本安定社会保障功能，这是对我国交强险的功能定位；第二，交强险赔偿的法定性，根据我国交强险立法精神，交强险责任是一种法定赔偿责任，是最大限度地保护受害人利益而设置的强制性保险，其赔偿的范围、标准、免责事由等均由法律予以强制规定，我国交强险立法并未规定在确定交强险责任时应参照损伤参与度；第三，交强险责任的分离性，交强险在其责任限额范围内与侵权责任在一定程度上相互分离；交强险的赔偿并非以侵权责任的成立为主要依据，即在交强险赔偿金额之内，保险公司直接向受害者承担绝对赔偿责任，没有任何可以抗辩事由，这就意味着交强险不考虑双方事故责任以及过错程度，自然而然也不会考虑损伤参与度。基于此，该案承办法官认为，在确定交强险赔偿责任时考虑损伤参与度没有法律依据，有悖于交强险立法目的。因此，在处理涉参与度的交通事故案件时，我们倾向于在交强险限额内不考虑损伤参与度。而且，我国交强险立法并未规定在确定交强险责任时应根据受害人体质状况对损害后果的影响做相应扣减，保险公司的免责事由也仅限于受害人故意造成交通事故的情形，结合《道路交通安全法》第七十六条之规定，被告中保日照分公司应在交强险的赔偿限额内首先向原告承担民事赔偿责任，而不应考虑损伤参与度。虽然三被告辩称应根据日方司法鉴定所（2015）临鉴字第41号伤残伤情鉴定意见书的参与度对原告损失做相应扣减，但法院不予采信。

此外，交强险不考虑损伤参与度，但超出交强险部分不仅应当考虑事故责任，而且应当考虑损伤参与度。与交强险相对应，商业三者险是机动车的所有人或管理人为了分散因机动车运行所可能导致的侵权责任而购买的保险。在功能上，该保险更加注重对机动车所有人或管理人风险的分散，我国的商业三者险是以交强险赔偿之后，确定侵权人（被保险人）依法应当承担的侵权责任，然后根据商业三者险合同的约定和保险法的相关规定确定商业三者险保险公司的赔偿范围，最后，再由侵权人依照侵权责任法的相关规定承担剩余的侵权责任。

编写人：山东省日照市岚山区人民法院　秦苗苗

五、交通事故损害赔偿程序

67

交通事故纠纷发生后达成的调解协议是否可以撤销

——滕春年诉王万东、中国人民财产保险股份有限公司广西壮族自治区分公司机动车交通事故责任案

【案件基本信息】

1. 裁判书字号

广西壮族自治区南宁市兴宁区人民法院（2015）兴民一初字第2136号民事判决书

2. 案由：机动车交通事故责任纠纷

3. 当事人

原告：滕春年

被告：王万东、中国人民财产保险股份有限公司广西壮族自治区分公司

【基本案情】

2015年2月25日，王万东驾驶桂A52171号轿车与周立稳驾驶的桂ABH281号摩托车发生碰撞，造成滕春年受伤的交通事故，《道路交通事故认定书》载明：王万东全责，周立稳及滕春年无责。事故发生后滕春年经医院诊断为左锁骨骨折。2015年3月29日，滕春年（乙方）与王万东（甲方）在中国人民财产保险股份有限公司广西壮族自治区分公司（以下简称人保广西分公司）处达成《调解协议书》，载明："一、确认本次事故造成甲、乙方损失如下：1. 滕春年医疗费：26178

元，经保险公司核定后为：19637.62元，剩余自费药部分由双方自行协商承担。2.住院伙食补助：1300元。3.误工费：6131.27元。4.护理费：819元。5.营养费：400元。6.滕春年车辆损失：650元。二、以上第1、6项共计20287.62元由保险公司转入甲方账户；以上第2、3、4、5项费用共计8650.27元由人保广西分公司转入乙方账户……四、乙方收到上述赔偿金后，甲、乙双方就此交通事故发生的纠纷就此了结，各方共同遵守本协议，今后互不再就本次事故追究对方及保险公司的任何赔偿责任，并无追加诉讼的权利。"后两被告已按《调解协议书》履行完各自赔付义务。2015年9月30日，广西公众司法鉴定中心出具伤残程度鉴定意见书显示滕春年因本次交通事故导致十级伤残。滕春年遂要求撤销《调解协议书》并继续赔偿滕春年残疾赔偿金等各项费用。人保广西分公司则认为《调解协议书》合法有效，不存在可撤销或者无效情形，且该协议内容所涉及的各项费用均已赔付给原告，不应再继续赔偿。

【案件焦点】

《调解协议书》是否存在可撤销情形。

【法院裁判要旨】

广西壮族自治区南宁市兴宁区人民法院经审理认为：《调解协议书》第一、二项为滕春年与王万东在人保广西分公司处通过协商最终确定的关于滕春年已发生医疗费、住院伙食补助费、误工费、护理费、营养费及车损费的赔偿方案，以上费用系滕春年在现有治疗情况下经过与王万东、人保广西分公司协商并达成协议，并未显失公平，亦未违反其他法律禁止性规定，故对该《调解协议书》第一、二项予以确认。至于《调解协议书》第四项，限制了滕春年追索其他未发生的而王万东、人保广西分公司应予赔偿项目的权利，现滕春年在达成《调解协议书》后经鉴定构成十级伤残，则该条款内容对订立《调解协议书》时尚未知其伤残程度的滕春年显失公平。

广西壮族自治区南宁市兴宁区人民法院依照《中华人民共和国民法通则》第五十九条之规定，作出如下判决：

撤销《调解协议书》第四项中"乙方收到上述赔偿金后，甲、乙双方就此交通事故发生的纠纷就此了结，各方共同遵守本协议，今后互不再就本次事故追究对方及保险公司的任何赔偿责任，并无追加诉讼的权利”的条款内容。

【法官后语】

本案处理的重点主要在于机动车交通事故中多方达成的协议在出现新情况后协议中的内容能否撤销的问题。我国《民法通则》第五十九条规定：“下列民事行为，一方有权请求人民法院或者仲裁机关予以变更或者撤销：(一) 行为人对行为内容有重大误解的；(二) 显失公平的。被撤销的民事行为从行为开始起无效。”

具体到本案中的争议焦点，在于对已达成合意的真实意思表示在出现新情况下是否可以撤销的理解。法院认为滕春年与王万东、人保广西分公司达成的《调解协议书》，在出现伤残情况时“乙方收到上述赔偿金后，甲、乙双方就此交通事故发生的纠纷就此了结”的条款，限制了滕春年追索其他未发生的而王万东、人保广西分公司应予赔偿项目的权利。滕春年作为普通人并不清楚锁骨骨折是否能够构成伤残，纠纷终结对于残疾赔偿金、被扶养人生活费等涉及伤残赔偿项目显然对尚未进行伤残鉴定的滕春年将产生不利影响。一般来说残疾赔偿金等赔偿数额都比较高，一旦构成伤残，对于滕春年显然有损公平原则。本案中滕春年后被评定为十级伤残，对其以后的生活、行为能力等都会产生损益，而此类损益在《调解协议书》中并未进行填补，因此法院最终认定部分条款显失公平，并作出上述判决，撤销了限制滕春年追索其他赔偿项目的条款。

值得注意的是，对于《调解协议书》中其他已经双方协商一致的条款，法院经过审查后予以确认，仅对于《调解协议书》中部分条款予以撤销。

编写人：广西壮族自治区南宁市兴宁区人民法院　李寒

68

有足够证据证实交通事故认定书中的认定内容不符合客观事实的，人民法院对于相关事实应怎样认定

——孟庆珠诉李大汉、安盛天平财产保险股份有限公司淄博中心支公司机动车交通事故责任案

【案件基本信息】

1. 裁判书字号

山东省淄博市中级人民法院（2015）淄民三终字第 571 号民事判决书

2. 案由：机动车交通事故责任纠纷

3. 当事人

原告（被上诉人）：孟庆珠

被告（被上诉人）：李大汉

被告（上诉人）：安盛天平财产保险股份有限公司淄博中心支公司

【基本案情】

2014 年 5 月 29 日，李大汉驾驶长城轿车由南向北行驶至公路左侧，将未取得机动车驾驶证、未戴安全头盔驾驶未按规定登记的摩托车的孟庆珠撞倒，造成孟庆珠受伤的道路交通事故。事故发生后，李大汉从淄博市中心医院逃逸。经淄博市公安局交警支队淄川大队认定，李大汉驾驶车辆上道路行驶，未靠右侧通行、未确保安全车速，且肇事后逃逸，承担事故全部责任。孟庆珠受伤后住院治疗 21 天，李大汉为孟庆珠垫付医疗费 106841.97 元。经鉴定，孟庆珠属四处十级伤残；住院期间 2 人护理，出院后 1 人护理 90 日；后续治疗费需 1 万元。孟庆珠起诉要求被告赔偿各项损失共计 240740.58 元。李大汉辩称道路交通事故认定书认定其肇事逃逸无事实与法律依据，本案应由保险公司承担相关赔偿责任，其已支付的费用应予折

抵。安盛天平财产保险股份有限公司淄博中心支公司（以下简称安盛保险）则辩称其在交强险限额内承担赔偿责任，因交警部门认定李大汉逃逸，故商业三者险不承担责任。

长城轿车所有人系李大汉之子李鹏，在李大汉借用期间发生本案交通事故。该车在安盛保险投保交强险、商业三者险及不计免赔险，商业三者险保险金额为 20 万元。本案交通事故发生在保险期限内。安盛保险和李大汉均同意按照医疗费超出交强险限额 1 万元的部分扣除 10% 的非医保用药比例。

【案件焦点】

本案是否应按交警部门出具的交通事故认定书认定驾驶人李大汉构成肇事逃逸并据此免除安盛保险的商业三者险责任。

【法院裁判要旨】

山东省淄博市淄川区人民法院经审理认为：交警部门认定李大汉负事故全部责任并无不当，予以采纳。因本案交通事故系李大汉在借用李鹏所有的车辆期间发生，李鹏对损害的发生没有过错，赔偿责任应由李大汉承担。李大汉在事故发生后陪同孟庆珠到医院进行救治，并为孟庆珠垫付医疗费用，并未逃离事故现场，不属商业三者险条款第五条第（六）项责任免除的情形，故安盛保险主张免除商业三者险的保险责任不能成立。安盛保险依法应当首先在交强险责任限额范围内赔偿孟庆珠各项损失 96703.5 元。超出交强险责任限额的费用，因长城轿车在安盛保险投保商业三者险和不计免赔险，安盛保险应在商业三者险责任限额范围内赔偿孟庆珠医疗费、住院伙食补助费、后续治疗费 107973.06 元，安盛保险不予赔偿的医疗费、鉴定费、材料费、复印费 13970.89 元，由李人汉予以赔偿。李大汉已为孟庆珠垫付的医疗费 106841.97 元应从其承担的赔偿款项中扣除，超付的 92871.08 元应从安盛保险赔偿给孟庆珠的款项中扣除返还给李大汉。据此一审判决：

一、安盛保险在机动车第三者责任强制保险责任限额范围内赔偿孟庆珠各项损失共计 96703.5 元；

二、安盛保险在机动车第三者责任商业保险责任限额范围内赔偿孟庆珠医疗费、住院伙食补助费、后续治疗费 107973.06 元；

三、李大汉在本案中不再承担赔偿责任；

四、驳回孟庆珠在本案中的其他诉讼请求。

安盛保险不服一审判决提起上诉，其在上诉中主张交通事故认定书明确认定李大汉为逃逸，故其商业三者险责任应予免除。山东省淄博市中级人民法院经审理认为，《最高人民法院关于审理交通肇事刑事案件具体应用法律若干问题的解释》第三条规定，肇事逃逸是指为逃避法律追究而逃跑的行为。本案中李大汉在交通事故发生后与伤者孟庆珠一起去了医院，筹措医疗费10余万元为孟庆珠及时治疗，配合交警部门的询问，不存在为逃避法律追究而逃跑的行为，因此，安盛保险主张李大汉构成逃逸而应免除其商业三者险保险责任，不能成立。一审认定事实清楚，适用法律正确，审判程序合法，应予维持。综上，依照《中华人民共和国民事诉讼法》第一百六十九条、第一百七十条第一款第（一）项、第一百七十五条之规定，判决：

驳回上诉，维持原判。

【法官后语】

本案涉及的主要问题在于，在案件能够证明交警部门出具的交通事故认定书中认定的内容不符合客观事实的情况下，人民法院对于相关事实能否再根据交通事故认定书进行认定。

交通事故认定书是公安交通管理部门通过对交通事故现场进行勘查分析和相关检验鉴定，分析查明交通事故的基本事实、成因和当事人责任后所作出的结论性技术文书。其目的在于分清事故责任并作为处理交通事故的依据。而我国《道路交通安全法》第七十三条也明确规定了公安交通管理部门应出具交通事故认定书作为处理交通事故的证据。实践中公安交警部门在处理交通事故时，也都是在作出交通事故认定书后以其为证据来对事故进行处理。应当说公安交警部门作为职能部门负责在交通事故发生后的第一时间到达事故现场进行事故调查，故其根据调查结果作出的交通事故认定书一般都能较为客观地反映交通事故的基本事实和成因，其据此作出的责任认定也相对较为准确。且对于交通事故认定书本身而言，其在形式上由公安机关作出，本身具有很强的公信力。由此可见，无论是从内容还是形式上来看，交通事故认定书作为处理交通事故的证据都具有很高的证明效力。尤其是在因交通事故损害赔偿问题进入诉讼程序后，由于交通事故认定书是认定交通事故的事发经过、事故成因和事故责任的主要证据，其作为公文书证又具有较高证明效力，因此实践中法院一般都会以交通事故认定书认定的内容来确认案件事实和责任承担。

尽管如此，但这也并不意味着交通事故认定书中认定的内容就应一律成为交通事故损害赔偿案件中法院确认案件相关事实的依据。这是因为，交通事故认定书从性质上看仍属于证据，且属于证据中的书证。既然作为证据，根据《民事诉讼法》第六十三条的规定，其必须在查证属实后才能作为认定案件事实的根据，具体则应根据证据的“三性”即客观真实性、关联性和合法性对其进行综合的审查判断。经审核，如果交通事故认定书符合上述“三性”要求且当事人没有足够证据能够对其内容加以否定，则法院应当依法根据交通事故认定书中认定的内容对案件相关事实予以确认；但是，如果交通事故认定书本身不符合上述“三性”要求，或是虽符合上述“三性”要求但当事人提供了足以推翻其内容的相反证据，则交通事故认定书中的相关内容依法就不能被法院采信。也就是说，虽然交通事故认定书作为公文书证从法律上讲具有较高证明效力，但其内容并非绝对不可推翻。从审判实践来看，交通事故认定书作为证据在关联性和合法性上一般不存在问题，其出现的问题往往在于客观真实性上。即案件中存在其他证据能够证明交通事故认定书中认定的内容不符合客观实际，亦即有相反证据足以推翻其认定的内容。此时法院对于相关事实就不应再根据交通事故认定书进行认定，而应根据相反证据重新予以认定。本案即是如此。本案中交通事故认定书认定驾驶人李大汉构成肇事逃逸，安盛保险也据此主张其商业三者险责任应予免除。然而综合全案证据来看，本案中李大汉提供的证据能够证实事故发生之后，其主动陪同伤者孟庆珠到医院检查并支付医疗费以及积极筹措住院费用的事实，其主观上并不存在逃避法律追究的意图，客观上也不存在逃逸的行为。故交警部门仅以李大汉未在事故现场就认定其构成肇事逃逸不符合客观事实，明显不当。因此，本案虽然交通事故认定书中认定李大汉构成肇事逃逸，但一、二审法院综合全案证据对此未予采信并认定其不构成肇事逃逸，进而认定保险公司不能免除商业三者险责任，无疑是正确的。

编写人：山东省淄博市中级人民法院　荣明潇　胡晓梅

69

侵权行为发生时尚未有胎儿存在，待胎儿出生后能否要求被扶养人生活费

——邓玉强诉马楠楠等机动车交通事故责任案

【案件基本信息】

1. 裁判书字号

河南省鹤壁市山城区人民法院（2015）山民初字第236号民事判决书

2. 案由：机动车交通事故责任纠纷

3. 当事人

原告：邓玉强

被告：马楠楠、马良军、中国太平洋财产保险股份有限公司长沙市岳麓支公司、中国人寿财产保险股份有限公司鹤壁市中心支公司

【基本案情】

2013年10月10日，原告邓玉强驾驶电动二轮车与马楠楠驾驶的豫F51739临时号牌车辆在鹤壁市淇滨区华夏南路与二支渠交叉口相撞，致邓玉强受伤，两车损坏，该事故经交警部门认定，马楠楠负事故的全部责任，邓玉强不负事故的责任，事故发生当日，邓玉强入住鹤壁市中医院治疗。经诊断：左锁骨骨折。住院期间，鹤壁市中医院对原告进行左锁骨切开复位钛板内固定术。

2015年1月4日，原告邓玉强入住鹤壁市中医院，进行左锁骨骨折内固定取出术，2015年2月10日出院，共住院37天，花费医疗费5291.22元。住院期间由姜春辉陪护。邓玉强系鹤壁市非农业家庭户口。

事故发生时，马楠楠是借用马良军的车，马良军与马楠楠系父女关系，豫F51739临时号牌（发动机号G6DA032549）与豫F07570（发动机号G6DA032549）

系同一辆车，涉案车辆在中国太平洋财产保险股份有限公司长沙市岳麓支公司（以下简称太平洋财保长沙岳麓公司）投有交强险，医疗费用赔偿限额为1万元，死亡伤残赔偿限额为11万元，财产损失赔偿限额为2000元，保险期间为2013年7月7日至2014年7月6日，在中国人寿财产保险股份有限公司鹤壁市中心支公司（以下简称人寿财保鹤壁公司）投有商业第三者责任保险，责任限额为50万元，保险期间为2013年7月17日至2014年7月16日，不计免赔率。事故发生后，邓玉强就其医疗费等损失起诉至法院，经河南省鹤壁市山城区人民法院（2014）山民初字第489号民事判决书判决，太平洋财保长沙岳麓公司在医疗费用赔偿限额内赔付邓玉强1万元，在死亡伤残赔偿限额内赔偿邓玉强78125.11元，在财产损失赔偿限额内赔偿邓玉强830元。人寿财保鹤壁公司在第三者责任商业保险限额内赔偿邓玉强20869.04元。

另查明，原告邓玉强与姜春辉之子邓某某于2014年8月26日出生，事故发生之时原告邓玉强的妻子姜春辉尚未怀孕。

【案件焦点】

发生交通事故时，原告妻子并未怀孕，诉讼时其子已经出生，其能否主张其子的被抚养人生活费用。

【法院裁判要旨】

河南省鹤壁市山城区人民法院审理认为：一、被告马楠楠应对原告邓玉强的合理损失承担赔偿责任，被告太平洋财保长沙岳麓公司、人寿财保鹤壁公司应在剩余保险限额内承担赔偿责任。

本案事故经交警部门认定：马楠楠负事故的全部责任，又有河南省鹤壁市山城区人民法院（2014）山民字第489号生效民事判决书所确认，故可以认定酿成本案纠纷的原因是由被告马楠楠的过错所致。根据《中华人民共和国民法通则》第一百零六条第二款规定：“公民、法人由于过错侵害国家的、集体的财产，侵害他人财产、人身的应当承担民事责任。”另外，事故车辆虽然是被告马楠楠借用被告马良军的车辆，但本案当事人均未举证证明车辆所有人马良军对本案损害的发生具有过错，故被告马楠楠应对原告的损失承担赔偿责任。

原告提交的（2014）山民初字第489号民事判决书，能够证明事故车辆在被告太平洋财险长沙岳麓公司投保有交强险及在被告人寿财保鹤壁公司投保有第三者责任商业保险的事实，根据《最高人民法院关于审理道路交通事故损害赔偿案件适用法律若干问题的解释》第十六条规定，同时投保机动车第三者责任强制保险和第三者责任商业保险的机动车发生交通事故造成损害，当事人同时起诉侵权人和保险公司的，人民法院应当按照下列规则确定赔偿责任：（一）先由承保交强险的保险公司在责任限额范围内予以赔偿；（二）不足部分，由承保商业三者险的保险公司根据保险合同予以赔偿；（三）仍有不足的，依照道路交通安全法和侵权责任法的相关规定由侵权人予以赔偿。豫F51739临时号牌系保险车辆，保险事故发生在保险责任期间内，又因法院已判决太平洋财保岳麓公司在医疗费用赔偿限额内赔付邓玉强1万元，在死亡伤残赔偿限额内赔偿邓玉强78125.11元，在财产损失赔偿限额内赔偿邓玉强830元。人寿财保鹤壁公司在第三者责任商业保险限额内赔偿邓玉强20869.04元。故就原告本次诉请的合理损失，被告太平洋财保岳麓公司应当先行在交强险死亡伤残赔偿限额31874.89万、财产损失赔偿限额1170元范围内承担赔偿责任，超出部分由被告人寿财保鹤壁公司在第三者责任商业保险479130.96元责任限额内承担赔偿责任。不足部分损失由被告马楠楠承担赔偿责任。

二、依据原告提交的证据，法院认为，原告的下列损失属于合理损失，法院予以支持。

1. 医疗费5291.22元。鹤壁市中医院出具的住院费票据能够证明原告二次手术住院期间所支出费用5291.22元的事实，法院予以确认；

2. 误工费2270.32元，鹤壁市中医院出具的住院病历、检查证明书、出院证明能够证明原告二次手术住院37天的事实，原告未提交住院期间误工证明，原告系鹤壁市非农业家庭户口，故误工费法院参照上年度城镇居民人均可支配收入22398.03元/年计算，即为22398.03元/年÷365天×37天=2270.32元；

3. 护理费2943.72元。鹤壁市中医院出具的住院病历、检查证明书、出院证明及陪护证等证据能够证明原告住院37天，住院期间由姜春辉陪护的事实。原告未提交有效护理人员工资证明，故护理费应参照上年度居民服务业年职工工资标准29041元/年计算，即29041元/年÷365天×37天×1人=2943.72元；

4. 住院伙食补助费1110元。原告住院37天，参照《河南省省直机关和事业单位差旅费伙食补助管理办法》的规定，住院伙食补助费为30元/天×37天=

1110 元；

5. 营养费 370 元。原告住院 37 天，营养费为 10 元/天 ×37 天 =370 元。

关于原告要求被告支付被抚养人邓某某生活费的诉讼请求，法院认为，事故发生时，原告邓玉强的妻子尚未怀孕，原告要求被告支付被抚养人邓某某生活费的诉讼请求缺乏法律依据，法院不予支持。

综上，原告的合理损失共计 11985.26 元。

根据《机动车交通事故责任强制保险条例》第二十三条规定："机动车交通事故责任强制保险在全国范围内实行统一的责任限额。责任限额分为死亡伤残赔偿限额、医疗费用赔偿限额、财产损失赔偿限额以及被保险人在道路交通事故中无责任的赔偿限额。机动车交通事故责任强制保险责任限额由保监会会同国务院公安部门、国务院卫生主管部门、国务院农业主管部门规定。"参照《机动车交通事故责任强制保险条例》第八条规定，医疗费用赔偿限额和无责任医疗费用赔偿限额项下负责赔偿医药费、诊疗费、住院费、住院伙食补助费，必要的、合理的后续治疗费、整容费、营养费。死亡伤残赔偿限额和无责任死亡伤残赔偿限额项下负责赔偿丧葬费、死亡补偿费、受害人亲属办理丧葬事宜支出的交通费用、残疾赔偿金、残疾辅助器具费、护理费、康复费、交通费、被扶养人生活费、住宿费、误工费，被保险人依照法院判决或者调解承担的精神损害抚慰金。原告的上述损失中，医疗费用赔偿限额项下有医疗费 5291.22 元、住院伙食补助费 1110 元、营养费 370 元，共 6771.22 元。死亡伤残赔偿限额下有误工费 2270.32 元、护理费 2943.72 元，共计 5214.04 元。原告死亡伤残赔偿限额下的损失 5214.04 元未超出被告太平洋财保长沙岳麓公司剩余死亡伤残赔偿限额应负担的部分，故原告的该部分损失由被告太平洋财保长沙岳麓公司予以赔偿。因被告太平洋财保长沙岳麓公司交强险中医疗费用赔偿限额未有剩余，就原告医疗费用赔偿限额项下的损失 6771.22 元不超过被告人寿财保鹤壁公司商业三者险剩余保险限额，该部分损失由被告人寿财保鹤壁公司赔偿。

三、关于被告太平洋财保长沙岳麓公司辩称的其已按原生效判决履行，误工费、护理费已在原案件中处理完毕，原告再次起诉及再行主张无事实和法律依据的抗辩意见，以及被告人寿财保鹤壁公司辩称的原案件司法鉴定意见书认为原告的医疗终结期为 151 天，原告二次手术时间为 2015 年 1 月 4 日，超出了该医疗终结期，与本案不具有关联性的抗辩意见，法院认为，河南省鹤壁市山城区人民法院(2014)山民初字第489号民事判决书仅对原告当时已发生的医疗费、误工费、护理费等费用作出裁判，未对原告二次手术费及二次手术住院期间的误工费、护理费等项目作出裁判，同时，原告二次手术系为左锁骨骨折内固定取出术，为必要的二次手术，故对被告太平洋财保长沙岳麓公司、人寿财保鹤壁公司的上述抗辩意见法院不予采纳。关于被告太平洋财保长沙岳麓公司辩称的原告系重复起诉，由此产生的诉讼费不应由其承担的抗辩意见，依据《诉讼费用交纳办法》第二十九条之规定，诉讼费用由败诉方负担，胜诉方自愿承担的除外。部分胜诉、部分败诉的，人民法院根据案件的具体情况决定当事人各自负担的诉讼费用数额。因此，被告太平洋财保长沙岳麓公司辩称的不承担诉讼费抗辩意见法院不予采纳。

河南省鹤壁市山城区人民法院依照《中华人民共和国民法通则》第九十八条、第一百零六条、第一百一十九条，《中华人民共和国侵权责任法》第四十九条，《机动车交通事故责任强制保险条例》第二十三条，《最高人民法院关于审理人身损害赔偿案件适用法律若干问题的解释》第十七条、第十九条、第二十条、第二十一条、第二十三条、第二十四条，《最高人民法院关于审理道路交通事故损害赔偿案件适用法律若干问题的解释》第十六条，《诉讼费用交纳办法》第二十九条，《中华人民共和国民事诉讼法》第六十四条，参照《河南省省直机关和事业单位差旅费伙食补助管理办法》之规定，判决如下：

一、被告中国太平洋财产保险股份有限公司长沙市岳麓支公司于判决生效后十日内赔偿原告邓玉强各项经济损失5214.04元；

二、被告中国人寿财产保险股份有限公司鹤壁市中心支公司于判决生效后十日内赔偿原告邓玉强各项经济损失6771.22元；

三、驳回原告邓玉强的其他诉讼请求。

【法官后语】

本案争议的内容为原告邓玉强诉求的被扶养人的生活费是否应该得到支持。

根据《民法通则》第九条规定，公民从出生时起到死亡时止，具有民事权利能力，依法享有民事权利能力，承担民事义务。公民的权利义务从出生时到死亡，按照我国现行法律规定，人在出生前与出生后的法律地位完全不同，“出生”是胎儿和公民的分水岭。出生后成为公民方可享有民事权利能力和承担民事义务。

《继承法》第二十八条规定，在遗产分割时，要为胎儿保留其份额；若是死胎的，为其保留的份额要按法定继承顺序进行。虽然胎儿不具有法律上规定的权利义务，但我国对胎儿的权益还是有所保护的。胎儿没有法律权利而体现为法益，胎儿的法益包括人身性法益和财产性法益两种，其中人身性法益主要指胎儿的健康权益、身份权益；财产性法益主要指胎儿的继承利益和接受赠与的利益。而法律所保护的胎儿是从受精卵到出生之前的整个阶段。

当胎儿的母体或者直系亲属遭受人身损害时，胎儿的权益也会间接的遭受损害。司法实践中有诸多案例：若一有身孕母亲发生交通事故造成住院治疗，因治疗需要服用某些孕妇禁忌药物，必然对其胎儿造成损害；胎儿的未来父亲在事故中发生侵害致残，尚未出生的胎儿因其父亲的伤残或多或少会影响到其未来生活费的支付。我国法律对被扶养人生活费的计算方式进行了明确规定，但对胎儿是否享有被扶养人生活费没有作出明确规定，在我国司法实践中也大多是法院自由裁量的范围，有的法院支持，有的法院依据我国尚未明确规定予以驳回，还有的法院变通为酌情数额后加入在精神抚慰金中一并支付。另外，在侵权发生时，尚未有法律意义上的胎儿存在，但到定残日时或者前胎儿存在，侵权人是否应当支付胎儿出生后的被扶养人生活费尚有争议。

根据民法理论及民法精神，民法不仅涵盖公民，也应该包括每个生命体。侵权行为发生时，倘若存在胎儿，则胎儿出生是必然的，那么胎儿的权益受到侵害时，势必会影响到其出生后的权利义务。结合民法精神，承办法官倾向于最大范围保护个体的权利义务，胎儿出生后为健康胎儿的，支持被扶养人生活费。但此前提是，侵权行为发生时，胎儿已经存在，若胎儿尚未存在，就无从必然出生一说。另，若无条件、无时间节点的限制被扶养人生活费起算点，则会导致一起侵权案件后，待被侵权人的多个被扶养人到达一定年龄或者出生时诉讼因侵权人侵权行为造成其被扶养人生活费损失，造成诸多不合理的诉请。从这一原理上讲，被扶养人的确定以侵权行为发生时为准为宜，亦即侵权行为发生时界定被扶养人人数。

本案中，原告邓玉强发生交通事故时，其妻子尚未怀孕，尚未有法律意义上的胎儿，另外本次诉讼为邓玉强后续治疗费用为主诉的诉讼，第一次起诉时未要求其子的扶养人生活费，此次起诉更无法律依据。故此，邓玉强主张的被扶养人生活费无法律依据，应不予支持。

编写人：河南省鹤壁市山城区人民法院　李慧

70

道路交通事故社会救助基金追偿权的行使

——王仰平、王宏宗诉孙守美等机动车交通事故责任案

【案件基本信息】

1. 裁判书字号

上海市松江区人民法院（2015）松民一（民）初字第2203号民事判决书

2. 案由：机动车交通事故责任纠纷

3. 当事人

原告：王仰平、王宏宗

被告：孙守美、上海喆旭包装材料有限公司、中国人民财产保险股份有限公司金华市分公司

【基本案情】

2015年1月5日19时15分许，受害人彭海传驾驶电动自行车沿姚北公路由东向西行驶，被告孙守美为履行被告上海喆旭包装材料有限公司（以下简称喆旭包装公司）的任务，驾驶沪D55529重型自卸货车违反禁令指示由西向东驶入姚北公路，两车即将交会时，受害人彭海传骑车由北向南斜过姚北公路，被告孙守美在制动并向右避让过程中，车辆车头右前部与受害人车辆右前侧发生碰撞，造成受害人彭海传经医院抢救无效死亡。2015年2月10日，上海市公安局松江分局交通警察支队出具交通事故责任认定书，认定受害人彭海传承担主要责任，被告孙守美承担次要责任。沪D55529重型自卸货车登记在被告喆旭包装公司名下，在被告中国人民财产保险股份有限公司金华市分公司（以下简称人保金华分公司）投保交强险和商

业三者险。为维护原告的合法权益，故起诉要求赔偿医疗费 74616.86 元，交通费 2600 元、住宿费 5400 元、误工费 6060 元、死亡赔偿金 954200 元、精神损害抚慰金 50000 元（交强险内优先赔偿）、丧葬费 32706 元、律师代理费 10000 元；要求被告人保金华分公司在交强险责任限额内赔付 120000 元，超出部分在商业三者险内赔付 40%，计 400614.62 元；不属于保险赔付范围的由被告孙守美、喆旭包装公司赔偿 10000 元。

2015 年 1 月 20 日，受害人家属提出道路交通事故社会救助基金垫付抢救费用申请，根据有关规定，该中心于 2015 年 3 月 2 日依法垫付受害人抢救费用共计 55570.55 元。故第三人救助基金中心要求判令本案的责任人偿还垫付款 55570.55 元，并从被告人保金华分公司的保险赔付款中支付相应的垫付款。

【案件焦点】

本案的争议焦点是救助基金中心为行使追偿权能否直接作为第三人参加本案诉讼，救助基金中心能否要求保险公司从应付的保险理赔款中直接返还垫付款。

【法院裁判要旨】

上海市松江区人民法院认为：救助基金管理机构是依法核准成立的机构，其对垫付的费用依法享有向赔偿责任人追偿的权利，依其申请追加其为本案第三人参加诉讼并无不当。被告喆旭包装公司为其车辆在被告人保金华分公司处投保了交强险和商业三者险，故本案的赔偿义务人为被告人保金华分公司。救助基金中心请求在保险赔偿款中直接支付垫付款，原被告对此均无异议。故法院判决：

一、被告中国人民财产保险股份有限公司金华市分公司于本判决生效之日起十日内在交强险责任限额内赔付原告王仰平、王宏宗 120000 元；

二、被告中国人民财产保险股份有限公司金华市分公司于本判决生效之日起十日内在商业三者险范围内赔付原告王仰平、王宏宗 317282.57 元；

三、被告中国人民财产保险股份有限公司金华市分公司于本判决生效之日起十日内在商业三者险范围内支付第三人上海市道路交通事故社会救助基金管理中心 55570.55 元；

四、被告中国人民财产保险股份有限公司金华市分公司于本判决生效之日起十日内在商业三者险范围内赔付被告上海喆旭包装材料有限公司 14980 元；

五、被告上海喆旭包装材料有限公司赔偿原告王仰平、王宏宗8000元（已付）；

六、驳回原告王仰平、王宏宗其余的诉讼请求。

【法官后语】

司法实践中，有些法院在审理机动车交通事故责任纠纷案件时并不审查救助基金垫付情况，多数救助基金管理机构均以原告身份单独提起诉讼，这从形式上来说，并无不当，但这也会造成在审理机动车交通事故责任纠纷案件时忽视了部分具有法律意义的客观事实，可以说是案件事实并未真正查明。因为从某种意义上讲，当救助基金管理机构为交通事故的受害人垫付了抢救费、丧葬费等相关费用后，该受害人就不再享有向交通事故责任人请求该部分损害赔偿的请求权，因为受害人不能就本次交通事故中未遭受的损失请求损害赔偿。若交通事故的受害人因法院未审查救助基金的垫付情况而得到了这部分赔偿，它其实就是一种不当得利，而救助基金单独提起诉讼也是对司法资源的一种浪费。

而基金管理机构作为第三人参加诉讼，不论最终裁判结果是先由交通事故责任人赔偿原告，再由原告偿还救助基金垫付款项，还是由交通事故责任人或保险公司从理赔款中直接向救助基金偿还垫付费用，都更容易做到案结事了，节约司法资源，也可避免出现交通事故案件裁判结果与救助基金追偿案件裁判结果相左的尴尬局面，确保司法的统一和权威。本案的裁判即是审理者根据《民事诉讼法》关于当事人和第三人的相关规定所体现的法理精神，从保障利益相关方的合法权益出发，依法追加救助基金管理机构为第三人参加诉讼从而确保救助基金追偿权有效实现的典型先例。

编写人：上海市松江区人民法院　吴有良

71

交通事故案件中当事人要求重新鉴定的条件审查

——邓东娥诉中华联合财产保险股份有限公司云浮中心支公司、李莹莹机动车交通事故责任案

【案件基本信息】

1. 裁判书字号

广东省云浮市中级人民法院（2015）云中法民一终字第123号民事判决书

2. 案由：机动车交通事故责任纠纷

3. 当事人

原告（被上诉人）：邓东娥

被告（上诉人）：中华联合财产保险股份有限公司云浮中心支公司

被告（被上诉人）：李莹莹

【基本案情】

粤WER023号普通二轮摩托车已在中华联合财产保险股份有限公司云浮中心支公司（以下简称中联云浮支公司）处投保了机动车交通事故责任强制保险（以下简称交强险），其中：医疗费赔偿限额为1万元，死亡伤残赔偿限额为11万元，财产损失赔偿限额为2000元。在保险期内，李莹莹在未取得机动车驾驶证的情况下，驾驶上述车辆与邓东娥发生碰撞，造成邓东娥受伤的交通事故。交警部门因无法查证事故全部事实，未作出道路交通事故责任认定，只出具了事故证明。事发后，邓东娥被送院治疗，经医生诊断为：1. 右桡骨远端粉碎性骨折；2. 右尺骨茎突撕脱骨折；3. 右肩部、右肘部软组织钝挫伤。治疗终结后，邓东娥自行到广东中天司法鉴定所进行伤残等级评定。该所鉴定：邓东娥伤残等级为九级。按伤残九级计残疾赔偿金为52187.92元，加上其他项目，邓东娥因本案交通事故产生72321.6元的损失，李莹莹已经垫付了9506.98元。

一审诉讼中，对于广东中天司法鉴定所对邓东娥的伤残等级鉴定，中联云浮支公司认为未查清被鉴定人的关节活动度，而评定为九级伤残，不符合《道路交通事故受伤人员伤残评定》（国家标准GB18667－2002）规定，要求重新鉴定。对此，一审法院去函广东中天司法鉴定所咨询。该所复函称：邓东娥伤后经医院诊断为：右桡骨远端粉碎性骨折、右尺骨茎突撕脱性骨折，在本次鉴定中，鉴定人查阅了邓东娥的X线片，其受伤部位不涉及任何关节活动度的测量问题，按照鉴定采用的条文规定，邓东娥只需出现“关节活动功能障碍”即可，无需计算具体的关节活动度。

中联云浮支公司在二审诉讼中提交了广东华泰法医临床司法鉴定所通过对书面鉴定材料进行审查形成的《文证审查意见书》，拟证明邓东娥不符合九级伤残，要求对邓东娥重新进行伤残等级鉴定。

【案件焦点】

司法鉴定机构根据一方当事人的委托，对其作出伤残等级鉴定，另一方当事人在诉讼中要求重新鉴定的，法院应否采纳。

【法院裁判要旨】

广东省罗定市人民法院一审审理认为：李莹莹与邓东娥发生交通事故，因双方均未保护现场及未及时报案，致本案事故无法查清。根据《广东省道路交通安全条例》第四十四条第一款第（二）项的规定，李莹莹作为机动车一方应承担本次事故的主要责任，邓东娥承担次要责任，李莹莹在本案中承担事故损失80%的赔偿责任。广东中天司法鉴定所是一所具有鉴定资质的鉴定机构，其所依据的客观病情与邓东娥的病历资料记载一致，对于中联云浮支公司所提及的等级评定过高等问题，广东中天司法鉴定所作了合理解释。中联云浮支公司虽对鉴定意见有异议，但未能提供充分的证据反驳，对其重新鉴定的申请不予准许。李莹莹驾驶的车辆已在中联云浮支公司处投保了交强险，且本案事故发生在保险期限内，邓东娥因本案事故造成损失72321.6元，未超出交强险限额赔偿范围，扣除李莹莹已经垫付的9506.98元，中联云浮支公司应赔偿62814.62元给邓东娥。综上，一审法院依照《中华人民共和国侵权责任法》第十六条、第二十二条，《中华人民共和国道路交通安全法》第七十六条，《中华人民共和国保险法》第六十五条，《最高人民法院关于审理人身损害赔偿案件适用法律若干问题的解释》第十七条、第十八条、第十九条、第二十一条、第二十二条、第二十三条、第二十四条、第二十五条的规定，作出如下判决：限中联云浮支公司于本判决发生法律效力之日起十日内在交强险限额内赔偿事故损失62814.62元给邓东娥。

宣判后，中联云浮支公司提起上诉，并提交了广东华泰法医临床司法鉴定所的《文证审查意见书》，认为一审采用的伤残鉴定结论错误，要求对邓东娥伤残等级重新进行鉴定。

广东省云浮市中级人民法院二审审理认为：邓东娥经治疗终结后委托广东中天司法鉴定所进行伤残鉴定，该鉴定所通过对邓东娥进行文证审查和活体检查，出具的《司法鉴定意见书》程序合法，适用法律正确，应认定为合法有效。中联云浮支公司提供广东华泰法医临床司法鉴定所出具的《文证审查意见书》，只是通过对书面的鉴定材料进行审查，并没有对伤者进行临床、活体鉴定，在证明力大小上，并不足以推翻广东中天司法鉴定所出具的司法鉴定意见书。因此，中联云浮支公司要求重新鉴定的上诉主张，缺乏理据，不予支持。依照《中华人民共和国民事诉讼法》第一百七十条第一款第（一）项之规定，作如下判决：

驳回上诉，维持原判。

【法官后语】

本案处理的重点主要在于广东中天司法鉴定所出具的《司法鉴定意见书》应否采纳，应否委托鉴定机构对邓东娥的伤残等级重新鉴定。

当事人要求对方赔偿伤残赔偿金的，必须以存在伤残为前提，以残疾等级为基础，根据“谁主张，谁举证”的民事诉讼原则，受害方应提出证据证明自己存在伤残的事实及等级。由于伤残等级评定属于专门性问题，应通过专门的鉴定机构作出。

对于鉴定机构出具的司法鉴定意见，属于民事诉讼证据的一种，对其采纳与否，应当进行合法性、合理性、关联性的审查，而非对其无条件的采用。人民法院对有缺陷的鉴定意见不予采纳，可作重新委托鉴定机构鉴定的处理。但司法鉴定毕竟是由专业人员对专门性问题作出的评定，审判人员对于该专门性问题又难以凭自身的知识结构及从日常的生活经验作出准确判定，故对于此类证据的否定，有严格的限制。对此，《最高人民法院关于民事诉讼证据的若干规定》第二十七规定，对人民法院委托有关部门作出的鉴定意见，当事人申请重新鉴定，法院予以采纳的，应具有以下情形之一：（一）鉴定机构或者鉴定人员不具备相关的鉴定资格的；（二）鉴定程序严重违法的；（三）鉴定结论明显依据不足的；（四）经过质证认定不能作为证据使用的其他情形。对于当事人自行委托鉴定的，重新鉴定的条件规定得宽松一点，即“另一方当事人有证据足以反驳并申请重新鉴定的。”当然，对于当事人自行委托的鉴定出现第二十七条规定的情形的，也会引起重新鉴定的后果，因为该四种情形是司法鉴定不得违反的最低要求，第二十八条规定的条件实际上涵盖了第二十七条规定的四种情形，且除四种情形外有足以反驳对方证据的，也可以重新鉴定。但是，亦非只要另一方当事人提出证据，即引起重新鉴定，而是要求该证据达到了足以反驳鉴定意见的程度。此外，司法解释还规定，可以通过补充鉴定、重新质证或者补充质证等方法解决的，不予重新鉴定。那么，在司法实践中，对于当事人自行委托鉴定机构作出的鉴定意见，另一方当事人提出异议要求重新鉴定的，应作如下审查：首先，应审查是否出现了上述司法解释第二十七条规定的四种情形。其次，没有上列四种情形的，要审查提出异议的一方有没有证据对鉴定意见足以反驳，对其程度的判断需结合对鉴定方法、鉴定依据等因素予以审查。最后，如果存在上述的情况，审查是否可通过补充鉴定、重新质证等方法予以补救。

本案中，邓东娥自行委托广东中天司法鉴定所作伤残等级鉴定，而中联云浮支公司提出该鉴定意见未对邓东娥关节活动度鉴定，依据不足，并提交了另一鉴定机构提出不同观点的意见书。针对当事人提出的异议，法院发函广东中天司法鉴定所，该机构作了合理的解释。而且，广东中天司法鉴定所在进行文证审查和活体检查基础上作的鉴定，程序合法，而中联云浮支公司提交的意见书，只是通过对书面的鉴定材料进行审查形成，证明力小于前者，并未达到司法解释规定的足以反驳对方的要求。据此，驳回中联云浮支公司要求重新鉴定的请求。

编写人：广东省云浮市中级人民法院　李艳徽

图书在版编目（CIP）数据

中国法院 2017 年度案例·道路交通纠纷／国家法官学院案例开发研究中心编．—北京：中国法制出版社，2017．2

ISBN 978－7－5093－8136－6

Ⅰ．①中…　Ⅱ．①国…　Ⅲ．①公路运输－交通运输事故－民事纠纷－案例－汇编－中国　Ⅳ．①D920．5

中国版本图书馆 CIP 数据核字（2016）第 304940 号

策划编辑：李小草（lixiaocao2008@ sina. cn）

责任编辑：李小草、都威（duwei@ zgfzs. com）　　封面设计：温培英、李宁

中国法院 2017 年度案例·道路交通纠纷

ZHONGGUO FAYUAN 2017 NIANDU ANLI · DAOLU JIAOTONG JIUFEN

编者/国家法官学院案例开发研究中心

经销/新华书店

印刷/三河市紫恒印装有限公司

开本/730 毫米×1030 毫米　16 开　　印张/ 17．25　字数/ 149 千

版次/2017 年 3 月第 1 版　　2017 年 3 月第 1 次印刷

中国法制出版社出版

书号 ISBN 978－7－5093－8136－6　　定价：53．00 元

北京西单横二条 2 号　　值班电话：66026508

邮政编码 100031　　传真：66031119

网址：http：//www. zgfzs. com　　**编辑部电话：66010405**

市场营销部电话：66033393　　**邮购部电话：66033288**

（如有印装质量问题，请与本社编务印务管理部联系调换。电话：010－66032926）